平话金融丛书

人民币汇率
高阶矩风险

HIGH-ORDER MOMENT RISK OF
RMB EXCHANGE RATE

张 杰◎著

成都师范学院学术专著出版基金资助

经济管理出版社
ECONOMY & MANAGEMENT PUBLISHING HOUSE

图书在版编目（CIP）数据

人民币汇率高阶矩风险/张杰著 . —北京：经济管理出版社，2022.9
ISBN 978-7-5096-8722-2

Ⅰ.①人…　Ⅱ.①张…　Ⅲ.①人民币汇率—汇率波动—风险管理—研究　Ⅳ.①F832.63

中国版本图书馆 CIP 数据核字（2022）第 177535 号

组稿编辑：王光艳
责任编辑：杜羽茜　王光艳
责任印制：黄章平
责任校对：徐业霞

出版发行：经济管理出版社
　　　　　（北京市海淀区北蜂窝 8 号中雅大厦 A 座 11 层　100038）
网　　址：www. E-mp. com. cn
电　　话：（010）51915602
印　　刷：北京市海淀区唐家岭福利印刷厂
经　　销：新华书店
开　　本：720mm×1000mm/16
印　　张：13
字　　数：222 千字
版　　次：2022 年 9 月第 1 版　　2022 年 9 月第 1 次印刷
书　　号：ISBN 978-7-5096-8722-2
定　　价：68.00 元

前　言

外汇市场是我国金融市场的重要组成部分，一方面，其关系着我国进出口贸易、资本市场对外开放、吸引国外投资以及国内通货膨胀等重要问题；另一方面，在近十余年间，我国外汇市场经历了数次汇率制度改革，在进一步促进我国外汇市场发展的同时也加剧了我国外汇的风险。特别是 2015 年汇率制度改革，中国人民银行调整了人民币对美元汇率中间价报价方式，引入做市商机制，人民币对美元汇率开始出现双向波动现象，甚至在某些时期出现了贬值倾向，这与以往人民币汇率走势特征表现出明显的不同，这种双向波动现象的出现表明，随着市场改革的进行，我国外汇市场风险也在逐步加剧。加之随着改革开放不断深入，我国对外贸易规模不断扩大，越来越多的国内企业开始走向国际市场发展，汇率风险也开始成为国内企业所面临的主要金融风险之一。

在人民币汇率波动加剧及人民币国际化趋势加快的双重背景下，对人民币汇率风险进行更为全面和深入的研究具有重要理论与实践意义，一方面有助于相关部门制定更有针对性的政策，加强政策调控；另一方面有助于市场投资者采取更为有效的风险规避措施以减少损失。传统上对于包括外汇在内的各类资产风险研究中对风险的衡量主要是通过采用中低阶矩指标如波动率（方差）或变化率（现有文献中的做法通常是对资产价格进行对数差分得到）为代理指标，但是随着研究的不断深入，越来越多的学者意识到单纯依靠波动率或变化率指标衡量资产风险存在一定不足：第一，波动率或变化率指标尤其是变化率指标所能提供的风险信息量有限，虽然其指标含义较为直观，也易为投资者所理解，但是对于反映市场更深层次的信息，如投资者结构及其偏好、市场及投资者预期，其解释力度相对不足。而随着市场不断完善，投资者结构及其偏好、市场及投资者预期等因素对资产风险的影响会越发显著。第二，传统资产定价理论假设资产收益是符合正态分布的。以汇率为例，如果汇率收益服从正态分布，则投资者可以依据正态分布的性质大致估算出由汇率波动（波动率）所导致的资产收益的变化，进而对投资决策做出调整。但事实上，学者们发现金融市场中资产收益往往不服从正态分布假设，而是存在尖峰厚尾分布及分布不对称等现象。这意味着早期使用波动率指标的做法可能难以全面、准确刻画资产收益分布特征。为解决这一问题，学者们开始对传统资产定价模型进行改进，在原有基础上引入新的指标（如偏度与峰度）对资产收益分布的状态进行刻画。例如，偏度指标可以描述资产收益分布的不对称现象，峰度指标则可描述资产收益分布的尖峰厚尾现象（上述指标具体说明详见正文），而偏度与峰度指标在统计学理论中属于高阶矩指标，其指标内涵恰好可以弥补波动率指标的不足。第三，在实证研究中，有学者逐步发现，单纯依靠波动率或变化率指标时部分模型精度表现不尽如人意，为解决这一问题，部分学者尝试在研究框架中引入高阶矩指标，结果发现模型估计效果有了明显改善。上述现象均表明，在以往风险研究框架中原本未被纳入研究框架的高阶矩指标似乎不应该被忽视。

国外学者在高阶矩领域开展研究较早。在我国，许启发（2006）开启了金融市场动态高阶矩研究的先河；随后方立兵和曾勇（2016）、史代敏等（2017）等学者进一步明确了高阶矩风险的概念；崔金鑫和邹辉文（2020）研究了中国股市行业间的高阶矩风险溢出现象；夏仕龙（2021）改进了 CAPM 模型，使资产投资收益研究由二阶矩拓展到三阶矩和四阶矩。但现有研究多集中于股票市场等投资性较强的金融市场，而外汇市场相关研究较少，我国外汇市场是我国金融体系的重要组成部分，从这个角度来看，其与股票市场等其他金融市场之间存在联系，但我国外汇市场又具有一定特殊性，如当前市场参与主体相对股票市场而言还较为单一，所受管制较多，这使得我国外汇市场与股票市场又存在一定区别。整体来看，我国在岸人民币市场经过多年发展，虽然同国外发达国家市场相比还存在一定差距，但制度化建设已初见成效，市场参与者的类型与数量有所增加，市场理性程度也有一定提高，在这种背景下，我国在岸人民币市场高阶矩风险处于何种状况是一个值得进一步探索的问题。由此，本书沿用了上述学者的思路，将高阶矩指标作为相应风险的代理变量（本书将其称为高阶矩风险因子，下同）引入模型，以研究人民币汇率高阶矩风险及其影响。具体而言，本书是在前人研究的基础上进一步将高阶矩指标（这里指方差、偏度和峰度）纳入汇率风险研究框架，希望此举能够在一定程度上拓展已有汇率风险研究内容，有助于市场参与者及货币管理部门更为全面地掌握我国外汇市场的风险特征，从而为市场参与者及货币管理部门决策提供更多有用信息。

需要特别指出的是，本书是以前人研究为出发点在波动率指标基础上引入三阶矩和四阶矩指标进行汇率风险研究，而并非将波动率指标（方差）排除在外。为统一描述，本书中所指的高阶矩指标是指方差（二阶矩指标）、偏度（三阶矩指标）和峰度（四阶矩指标）。

已有文献中学者们也对外汇市场和其他市场间的关系进行了丰富的研究，这些文献的研究重点主要集中于水平项（价格）与波动率溢出，而本书在前人研究基础上，研究内容由低阶矩扩展到高阶矩，较为系统、完整地分析了在岸人民币汇率市场高阶矩风险的影响，在一定程度上拓展了已有研究，也为市场风险管理提供了一些新的研究思路。

在具体研究方法上，本书借鉴了国外学者近年来所应用的一些较新的计量方法或统计检验手段，将其运用到对我国外汇市场的研究中，如本书运用了 GARCH 模型的改进形式 GARCHSK 模型以检验高阶矩风险的存在性问题，利用协高阶矩概念及相应的卡方检验验证市场间的风险传染现象，这些方法的引入能为今后外汇市场（或其他金融市场）的研究提供新的研究手段。

目　录

4 在岸人民币市场汇率高阶矩风险对其他市场的影响 99

5 人民币汇率高阶矩风险对出口的影响 157

1

绪 论

1.1 研究背景与研究意义

改革开放以来，我国外汇市场经历了数次重大改革。在改革开放之初我国总体上采取的是钉住一篮子货币的汇率制度，虽然这个阶段的汇率制度并非传统意义上的固定汇率制度，但是在此阶段我国市场经济尚处于初级发展阶段，市场化运作机制尚未真正建立起来，计划经济在整个经济体系中仍有较大影响，外汇市场发挥的作用有限，汇率对社会资源的调控能力也受到极大限制。同时在20世纪80年代到90年代初中期，我国还长期实行汇率双轨制，即官方汇率与贸易外汇内部结算价共存（1985年后贸易外汇内部结算价调整为贸易外汇调剂结算价在沿海部分地区继续实施）。汇率双轨制在一定程度上提高了企业出口创汇的积极性，使得汇率在国家经济体系中的资源调控作用得到了一定增强，但是同时存在两种汇率价格使得外汇市场价格秩序混乱，在此背景下人民币汇率价格不能全面、真实反映市场供需状况，双轨制甚至会对汇率产生扭曲（张化桥，1987）。

1994年我国开始实施有管理的浮动汇率制度，取消了以往双轨并行的汇率制度，公布人民币与主要发达国家货币（如美元）的参考汇率。这次汇率改革首次提出要以市场供求为基础，表明我国外汇市场改革开始以市场化为目的，同时辅以相应的管理措施（如央行必要干预、汇率波动范围限制），这在较大程度上改善了过去双轨制导致的外汇市场混乱局面，更重要的是为外汇市场适应我国日益发展的对外贸易格局打下制度基础，汇率开始成为一个重要工具，在发展国内经济以及促进对外经济交往（包括对外贸易与吸引外资）中发挥了重要作用（韩继云，1991），并为随后1997年亚洲金融危机中我国金融市场与进出口的稳定起到了保驾护航的作用。但是，由于制度建立需要较长时间，在此期间我国外汇市场也出现了货币管理政策不够透明、政策引导性不强等问题。同时，另一个更为值得重视的问题也开始显现，即在当时背景下人民币汇率的形成虽然是参考一篮子货币，但美元币值对人民币币值的影响最为突出，美元币值的变化会对人民币币值产生显著影响，人民币汇率受外部冲击而发生剧烈变化的概率在不断增加，即产生汇率风险的可能性开始变大，例如在1997年亚洲金融危机中尽管我国成功稳定了金融市场，但美元的升值事实上也造成了人民币汇率指数的上升。图1-1给出了1997年亚洲金融危机前后人民币与美元名义和实际有效汇率指数走势。

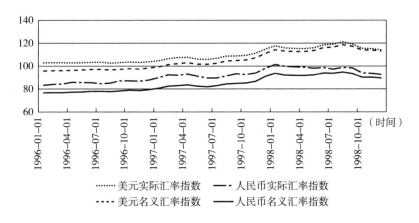

图1-1　1997年亚洲金融危机前后人民币与美元名义和实际有效汇率指数走势

资料来源：国际清算银行网站。

由图1-1可以看出，此阶段美元与人民币汇率指数走势无论是在名义上还是在实际中均高度相似，美元价格走势对人民币价格走势产生显著影响，如果美元币值发生剧烈变化，那么人民币币值也将随之出现相应波动，则此时将可能出现汇率风险。

随着我国对外开放不断深入，自20世纪90年代中后期开始，我国对外经济交往的规模与范围不断扩大，进出口商品结构与贸易伙伴国呈现多元化趋势。2001 年我国加入 WTO 标志着我国对外经贸活动进入全新高速发展阶段，作为拉动经济发展"三驾马车"之一的出口的快速发展使得外汇市场的地位进一步提升。2005 年汇率制度改革（以下简称汇改），使我国汇率制度由之前钉住美元的汇率制度开始向浮动汇率制度转变（丁志杰，2006），由此可知，2005 年汇改既是为适应新时期对外经济发展的新要求所做出的调整，也是为了进一步推动我国外汇市场改革使之更加符合市场化要求。由于各类金融市场包括外汇市场在此期间迅速发展，金融市场风险包括外汇市场风险存在的问题进一步得以显现。市场风险是市场化过程中产生的不可避免的问题，如何在促进市场发展的同时有效控制风险是一个矛盾统一体，不难看出 2005 年汇改的目的之一也是解决这一矛盾，其具体措施中值得关注的一点是人民币不再单一钉住美元，这表明人民币汇率形成机制，开始表现出去美元影响的趋势。近年来美元地位受到新兴货币的挑战，虽然短期内其世界货币霸主地位难以被彻底撼动，但美国自身经济发展速度放缓，加之 2008 年金融危机冲击使得美元价格走势存在诸多不确定因素，有部分学者从避风港货币的角度研究认为美元是一种风险货币，如 Lee（2017）、邹宏元和张杰（2019），去美元化影响显然有助于降低汇率风险产生的概率，同时将更多种类的货币纳入货币篮子中对于我国外汇市场也起到了风险分散的作用。由于汇改使"闸门"得以放松，加之受到中国经济强劲发展及美元疲软等因素的影响，2005 年汇改后人民币对美元汇率开始了长达 10 年的升值时期。如图 1-2 所示，2014 年人民币对美元汇率达到历史最高点（6.06）。根据国际清算银行同年公布的人民币名义有效汇率指数数据来看，2014 年人民币币值升值约 6.4%。

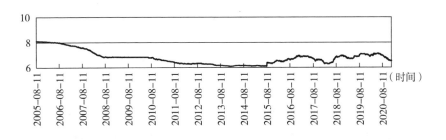

图 1-2 2005~2020 年人民币对美元汇率

从这一时间段可以看出，人民币对美元汇率走势与当时国内外经济基本面基本吻合，但也要注意到，随着人民币对美元汇率不断走高，人民币对美元汇率的这种单方面升值的迹象表明汇率变化开始成为市场常态，汇率风险特征相较以往更为明显，加之中国国内经济体制改革也在不断深化，特别是 2012 年后国内经济增速放缓，经济基本面中的不确定性因素在不断累积，汇率风险出现的概率进一步增大。

为适应新时期发展要求，2015 年中国央行进一步调整了人民币汇率中间价报价机制，引入做市商机制，以银行间外汇市场收盘价作为报价依据。这次汇改可以看作是 2005 年汇改的进一步深化，将市场化目标提到一个更高的层面。由于在此期间国内资本市场开放正在有条不紊地进行之中，国内各类型金融市场已有相当程度的发展，国内外汇市场同国际市场联系日趋紧密，制度建设与技术框架也逐步趋于完善，在此阶段进行汇改有利于发挥良好的制度环境带来的作用；同时从货币管理部门角度来看，由于市场调控方式不断丰富，加之引入逆周期申慎管理手段，货币管理部门对市场风险的管理能力不断提高，在制度与管理手段相对完善的背景下，人民币对美元汇率的单边升值趋势发生了变化，人民币对美元汇率开始出现双向波动趋势，见图 1-3。

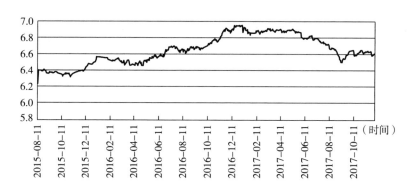

图 1-3　2015 年 8 月~2017 年 10 月人民币对美元汇率

从图 1-3 可以看出，2015 年汇改后人民币对美元汇率双向波动呈现常态化趋势，与以往的汇率走势表现出显著不同，上升与下降趋势交替出现。当然，尽管人民币对美元汇率出现双向波动现象，但波动的幅度处于可控范围之内，没有出现明显的"井喷"或"断崖"式变化。整体来看，出现双向波动现象意味着汇率波动率相较汇改之前有所增大，汇率风险表现得更为明显。特别是在 2019 年 8 月 5 日，人民币对美元汇率"破 7"引发了一些关于国内汇率风险的争议。当然，对待此问题仍需要辩证看待，一方面，产生这种现象是经济下行压力的体现，外汇市场走势体现了经济基本面状况，笔者认为这从侧面印证了我国外汇市场经过多年发展后市场有效性得以提升，市场价格反映了更多经济信息，这具有一定的积极意义。另一方面，货币管理部门并没有对此进行过度干预，这说明货币管理部门对市场态势具备充分的信心与管理手段，通过政策工具进行外部调节而非直接干预，让汇率走势真实反映市场供求，体现了汇改的真正目的，即在风险可控的条件下让市场供需成为资产价格走势的决定因素（余永定、肖立晟，2017）。

从 40 余年我国外汇市场的发展历程来看，人民币汇率制度开始逐步由不完全的浮动汇率制度向有管理的浮动汇率制度转变，汇率形成机制的市场化进程不断加快，在此过程中，人民币汇率波动加剧，汇率价格形成更多由市场因素决定，汇率风险随着外汇市场的发展逐步显现出来，且显现程度越发明显；同时，随着国内对外开放不断深入，对外贸易发展迅速，在"走出去"的发展背景下，大量国内企业开始进入国际市场发展，这对于国内企业进一步发展壮大有重要意义。但是，也要注意到，随着外汇市场改革不断进行，人民币汇率波动加剧，国内经济与世界经济联系越发紧密，在这样的背景下，汇率风险已成为国内各类市场参与者（包括各类企业与投资者）所面临的主要经济风险之一。

汇率风险大小通常意义上是由其收益波动率衡量的，收益波动率越大则汇率风险越大。在企业及投资者的资产负债表中，外币及由外币计价的各类外汇资产均是其资产的重要组成部分，而汇率是这类资产国内价格的表现形式，因此，从这个角度来看，汇率风险与一般资产价格风险并无本质区别。但汇率本身又涉及货币概念，是不同国家货币购买力比率的表现，一国货币在其国内执行的是货币交易媒介职能，同时由于汇率的链接使得一国货币与其他国家货币之间通过跨国商品及服务贸易产生联系，因此汇率风险可能在国际经济交往中特别是在商品及服务贸易过程中产生，并通过国际货币体系得以传播。所以，风险形成过程所涉及的领域非常广泛，对汇率风险进行研究是具有显著现实意义的。现实中，2008 年金融危机后，世界经济恢复缓慢，各国市场竞争加剧，贸易保护主义势力有所抬头，国内各类市场参与者所面临的汇率风险状况更为错综复杂。在这种情况下，需要对人民币汇率风险有更为清晰的认识，货币政策制定者才能准确制定更有针对性的汇率风险防范政策，各类企业与投资者才能制定更有效的风险管理策略以降低由汇率风险带来的损失。

在资产定价理论中，风险是与收益紧密相关的概念，需要注意的是，传统资产定价理论假设资产收益是符合正态分布的，如果汇率收益率服从正态分布，则投资者与企业管理者可以依据正态分布的性质估算出由汇率变化所导致的资产收益的变化，进而做出投资及风险管理决策。但多年来学者们发现，金融市场中资产收益通常不服从正态分布假设，而是存在尖峰厚尾及分布不对称等现象。此时，如果单纯采用传统的收益波动率指标（或变动率指标）来衡量汇率风险，则难以全面、准确刻画资产收益分布状态，甚至可能会导致投资者与货币管理部门做出错误的决策。此时使用高阶矩指标对资产收益分布进行描述就显得更为重要（许启发，2006；王鹏等，2009）。具体来看，传统上对于包括外汇在内的资产风险研究主要是利用中低阶矩指标，如波动率（方差）或变化率（反映在文献中即是对资产价格进行对数差分）进行研究，但是随着研究的进一步深入，越来越多的学者意识到单纯依靠波动率或变化率指标衡量资产风险存在一定缺陷。第一，波动率或变化率指标尤其是变化率指标所能提供的信息量有限，虽然其指标含义较为直观，也易为投资者所理解，但是对于反映市场更深层次的信息，如投资者结构及其偏好、市场及投资者预期，其解释力度相对不足，而随着市场不断完善，投资者结构及其偏好、市场及投资者预期等因素对资产收益的影响越发显著。第二，传统资产定价理论假设资产收益是符合正态分布的。但事实上，学者们发现金融市场中资产收益常常不服从正态分布假设，而是存在尖峰厚尾及分布不对称现象。这意味着早期使用的波动率指标的方法难以全面、准确刻画资产收益分布状态，而此时需要引入新的指标对资产收益分布的描述进行补充说明。例如，偏度指标可以描述资产收益分布的不对称现象，峰度指标则可描述资产收益分布的尖峰厚尾现象（指标具体说明详见下文），而偏度与峰度指标属于高阶矩指标，其指标内涵恰好可以弥补波动率指标的不足。第三，在实证研究中有学者逐步发现单纯依靠波动率或变化率指标，部分模型精度表现不尽如人意，为解决这一问题，作为探索的思路之一，部分学者尝试在模型框架中引入更高阶矩的指标（如偏度与峰度），结果发现模型精度或实证结果有了明显改善。这些现象表明，在以往文献的风险研究框架中高阶矩指标似乎本不应该被忽视。

从统计学的角度来看，变化率（一阶矩指标）、方差（二阶矩指标）、偏度（三阶矩指标）和峰度（四阶矩指标）均是描述变量的重要统计指标，通过这些指标可以描述变量不同的动态变化特征。运用到经济学上特别是在实证经济研究中，上述四个指标又可描述经济变量的风险状况：变化率和方差可以描述资产价格变化幅度，其有助于投资者对即期市场风险做出判断。偏度可以用于描述投资者风险偏好状况，指标刻画了资产收益率非对称性状况，是变量离差三次方的平均数与标准差三次方之比，某类资产收益偏度越偏向正值且数值越大，则表明存在一定的利用较少资金获取较大收益的概率；反之，偏度越偏向负值且数值越小，则意味着负收益出现的累积概率大于正收益出现的累积概率，则此时此类资产偏度风险增大。峰度可以用于描述市场及投资者预期，是变量离差四次方的平均数与标准差四次方之比，峰度越大，变量肥尾特征越明显，意味着变量越容易出现极端离群值，预期资产收益可能发生剧烈波动。显然，从统计学与经济学的定义来看，忽略高阶矩指标可能会造成风险定义的不完整，从而在后继研究中造成纰漏。

基于此，本书从高阶矩指标出发，研究人民币汇率的高阶矩风险并进一步分析汇率高阶矩风险的影响，以期能为各类市场参与者提供更多更为有效的决策信息。需要特别指出的是，之前学者利用中低阶矩指标特别是波动率指标进行的研究对汇率理论发展产生了重大推动作用，其历史贡献已得到公认。本书是以前人研究为出发点在波动率指标基础上引入三阶矩和四阶矩指标（偏度与峰度）进行汇率风险研究而并非将波动率指标排除在外，因此为统一描述，本书中所指的高阶矩指标是指方差、偏度和峰度，引入偏度与峰度的做法是为了再进一步拓展研究思路以期能够在原有研究的基础上更加深入。

在现有文献中，Bianconi 和 Cai（2017）、史代敏等（2017）学者分别利用非条件高阶矩指标与条件高阶矩指标作为高阶矩风险的代理变量研究了其对股票市场收益的影响，本书沿用了上述学者的思路，将高阶矩指标作为高阶矩风险的代理变量（本书将其称为高阶矩风险因子，下同）引入模型框架，以研究人民币汇率高阶矩风险及其影响。

为达到研究目的，本书逻辑框架大体上是从三个角度展开的，具体描述如下：第一个角度，考察国内外汇市场中人民币汇率高阶矩指标的波动聚集性及时变性特征，这个角度的研究可以看作判断人民币汇率高阶矩指标所代表的高阶矩风险因子是否对人民币汇率收益产生了影响；第二个角度，从高阶矩的角度探讨其是否对国内其他市场产生影响，从而提供更多关于人民币汇率风险的信息；第三个角度，从高阶矩的角度探讨人民币汇率对中国出口的影响。这三个角度的研究属于依次递进的关系，其中第一个角度的研究属于基础性研究，只有在确定人民币汇率高阶矩风险因子对市场存在影响的基础上，第二个角度、第三个角度的研究才具有前提基础，即如果人民币汇率高阶矩风险因子对市场不存在影响，那么显然，研究引入高阶矩风险因子的意义也就无从谈起，第一个角度的研究更多是从高阶矩自身出发，第二个角度、第三个角度的研究则进一步考察了其影响，是在前一个角度研究基础上的进一步拓展应用。

1.2　研究目标及研究方法

1.2.1　研究目标

本书主要的研究目标是研究人民币对主要世界性货币汇率的高阶矩风险存在及其影响问题。传统国内汇率风险研究多是基于低阶矩指标展开的，这种做法暗含着汇率收益率服从正态分布这一假设条件，但在实际中包括汇率收益在内的大量金融资产收益并不服从正态分布，而高阶矩指标的内涵恰好能够弥补中低阶矩指标在此领域的不足，使其能够成为分析汇率风险乃至其他资产收益风险的有益补充工具（Biancon and Cai，2017）。本书在这一背景下将人民币汇率的高阶矩指标纳入人民币汇率风险研究框架，以研究汇率高阶矩风险存在与否及其是否会对我国其他金融市场产生实质性影响等问题，进而为政策制定者及市场参与者提供更全面有效的信息。具体来看，本书有如下几个具体研究目标：

第一，根据本书研究内容，在定义了高阶矩风险含义的基础上，首先对在岸人民币市场汇率中高阶矩风险因子是否对市场收益存在影响这一问题予以确定，这也是后续研究的基础，本书选取了在岸市场人民币对几种主要世界性货币的汇率作为构建其高阶矩风险指标的基础。具体做法是利用 GARCHSK 模型族，计算相应汇率的条件方差、条件偏度和条件峰度作为相应汇率的高阶矩风险指标，并着重考察其高阶矩对人民币汇率收益的影响。本书采用的 GARCHSK

模型族是由 GARCH 模型发展而来的（Bollerslev，1986），能够对相对高频数据（如日度及更高频率数据，本书采用日度数据）进行分析，使结果更为细化；同时，基于 GARCHSK 模型族所计算的条件高阶矩指标还可以用于分析高阶矩指标的时变性特征（可通过其计算的回归系数进行判断）。此外，本书对比了 GARCH 模型族与 GARCHSK 模型族回归结果及模型检验状况，结果显示，GARCHSK 模型族消除序列自相关的能力强于 GARCH 模型族，且 GARCHSK 模型族回归系数结果相较于 GARCH 模型族更为稳健，更加吻合模型约束条件。在此基础上，本书还进一步对 GARCH 模型族与 GARCHSK 模型族的波动率预测能力进行了分析，结果显示，GARCHSK 模型族的波动率预测能力整体上优于 GARCH 模型族。从整体上来看，引入高阶矩有助于提高模型估计精度及模型稳健性。

　　第二，在前述研究基础上，本书接下来从高阶矩的角度研究了在岸人民币市场汇率风险对其他市场的影响，选取了股票市场、香港离岸人民币市场及房地产市场作为研究对象。鉴于股票市场是我国最为重要的资本市场，而人民币对美元汇率是我国外汇市场中最具有代表性的汇率，本书利用人民币对美元汇率研究汇率风险对我国股票市场收益的影响。传统研究外汇市场对股票市场的风险溢出影响主要以汇率波动率或变化率为汇率风险的代表指标，如前所述，利用波动率或变化率指标进行研究只能代表部分汇率风险对股票市场的影响，学者们在实证研究中也发现了"汇率风险之谜"的现象，即未发现企业面临显著的汇率风险，为解决这一问题，有学者提出使用汇率变化率的高阶矩指标（如峰度和偏度）来刻画汇率风险是解决问题的途径之一（Harvey and Siddique，2000；Leon et al.，2005），引入高阶矩指标的原因在于其能更全面刻画资产收益的分布。出于这一方面的考虑，本书在研究人民币对美元汇率是否会对我国股票市场收益产生显著影响时，在保留传统波动率指标的基础上进一步引入偏度和峰度指标以考察这两类高阶矩指标是否也会对股票市场收益产生影响，如果偏度和峰度指标对股票市场收益会产生影响，则表明偏度和峰度指标所代表的风险能为市场所反映。需要指出的是，不能认为这一现象的出现就单纯意味着金融市场风险增大，还需要认识到这反映了我国金融市场的信息传递机制已有长足发展，多年的金融改革成效初显；同时其对投资者具有警醒意义，过去未关注到的高阶矩风险应当为投资者所关注。

　　随着外汇市场地位不断提升，汇率风险在开放经济体系中的影响范围不断扩大，同时多层次金融市场的建立也使各金融市场间的相互影响机制更为错综复杂，因此外汇市场与其他金融市场之间会产生风险传染（溢出）效应。传统市场间风险传染（溢出）效应研究多集中于波动率角度，而对更高阶矩的风险传染（溢出）的研究则相对缺乏，特别是在当前各种金融市场迅速发展、制度不断完善的背景下，以往单纯由波动率所无法描述的市场风险影响因素，如投资偏好与预期等因素在现阶段是否也会对市场间风险传染（溢出）产生作用，对这一问题有待研究。国内目前专门针对外汇市场进行此方面研究的文献较为稀少，出于探索研究目的，本书利用协高阶矩的方法分析了在岸人民币市场对离岸人民币市场风险传染的状况，出于全面考虑，本书还同时研究了离岸人民币市场对在岸人民币市场风险传染的状况。本书在研究市场间高阶矩溢出影响时利用的是近年来国外学者应用的协高阶矩指标方法，该方法的优点在于其结论通俗易懂，且国外学者还对其进行了统计学检验，其方法论经过了严密的数学论证。

同时，本书还从高阶矩的角度研究了外汇市场风险对我国房地产市场的影响，鉴于中国特殊的国情，商品房在中国既具有消费品的性质（居住），又具有投资品的性质（近年来房价快速上涨）。房地产市场在经历近 20 年的快速发展后，其存量规模不可小觑，对国内宏观经济已产生较大影响，基于此，本书选取房地产作为研究对象之一。根据现有文献及理论可知，外汇市场主要是通过货币流动性作为中介对房地产市场产生影响，在借鉴前人研究方法的基础上，本书采用面板向量自回归方法从高阶矩的角度研究了外汇市场对房地产市场的影响。

第三，在进行前述研究之后，本书还研究了另外一个与汇率紧密相关的领域，即出口问题。出口是拉动我国经济增长的重要动力之一，且出口本身是与汇率紧密相关的经济活动，故对出口问题进行研究具有实际意义。2008 年金融危机后，世界经济恢复较为缓慢，加之国内经济结构调整步伐加快，经济增长速度开始放缓，在此复杂背景下，汇率对出口的影响究竟如何，是一个值得探讨的问题。传统文献中研究汇率与出口关系时，主要集中于出口价格传递等问题，本书与传统文献研究内容有所不同，主要从高阶矩的角度考察汇率风险对出口额度的影响，这样做有助于进一步看清当前复杂背景下我国出口的真实状况，有助于相关部门制定更有针对性的贸易政策。

1.2.2 研究方法

本书主要采取了如下研究方法:

1.2.2.1 文献法

通过文献阅读了解国内外关于高阶矩风险研究现状,在明确研究意义的基础上对现有学者关于高阶矩风险产生的机制与原理相关模型进行了回顾,并简要介绍了部分学者关于高阶矩风险的实证研究,其结果说明引入高阶矩概念有助于更为全面地刻画汇率风险(当然也包括其他市场风险)。

1.2.2.2 理论分析法

在提出问题—分析问题—解决问题的逻辑思路上,利用已有文献或理论框架对汇率高阶矩风险进行定义,分别从统计学与经济学的角度阐明高阶矩风险的内涵,指出高阶矩风险(这里主要指偏度与峰度)相对于原有的中低阶矩指标有何异同,使用高阶矩风险的意义何在,为本书立论提供依据,同时还指明了高阶矩的应用是在原有波动率研究基础上的延伸。

1.2.2.3 实证分析法

在理论分析的基础上,对人民币汇率高阶矩风险相关问题利用各类计量模型进行实证检验,以实证结果为依据判断国内汇率高阶矩风险的实际情况及影响。本书利用多种回归方法,在运用实证分析的同时,采用不同的回归形式(如时间序列和面板数据)或在模型设定中采用由简到繁的方法,区分不同模型设定形式对回归结果产生的不同影响。在第 3 章中采用了 GARCHSK 模型及其改进模型对样本汇率进行建模,通过模型中的偏度方程和峰度方程系数判断在岸人民币市场高阶矩对汇率收益是否存在影响。在第 4 章中运用协高阶矩及卡方检验方法研究了在岸人民币市场与其他金融市场间的高阶矩风险传染问题;利用面板回归分析了人民币对美元汇率高阶矩风险对我国上市企业收益的影响;利用面板向量自回归研究了汇率风险对房地产市场的影响。

1.3 本书结构安排

本书逻辑路线如图 1-4 所示，主要结构安排如下：

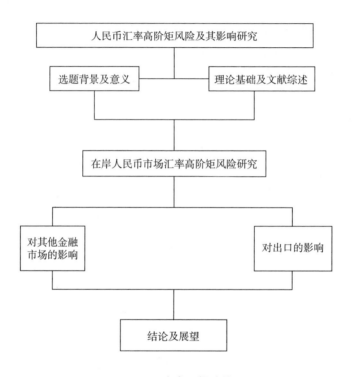

图 1-4 本书逻辑路线

第 1 章提出了研究的问题。在提出本书研究背景、研究目的及研究意义的基础上，概括了本书的研究思路、研究方法及主要内容，并提出了本书的创新点和不足之处。

第 2 章为理论基础与文献综述部分，首先，对早期经典汇率模型进行了简要介绍；其次，以早期的购买力平价理论、利率平价理论等传统理论作为切入点，引入了汇率风险相关模型，基于有效市场理论对汇率风险的产生（主要是从波动率的角度）进行了相关理论回顾，同时介绍了早期对于波动率研究的主要方法；

再次，对现有国外关于高阶矩风险的理论模型进行回顾，从一般化的角度阐述了关于高阶矩风险理论；最后，针对现有国内外学者对汇率风险（包括高阶矩风险）的相关文献进行了简要介绍。

第3章首先对汇率高阶矩风险指标相关基本概念进行了介绍，以明确高阶矩风险的含义，重点介绍了方差、偏度和峰度指标内涵，为后续分析奠定基础，并对外汇市场高阶矩风险进行了机理分析。其次介绍了近年来国外学者所应用的用于计算条件高阶矩指标的 GARCHSK 模型及其改进模型。GARCHSK 模型及其衍生模型可用于计算相对高频数据，本书中为日度数据，使用日度数据是为了能够在之后的分析中对高阶矩指标动态性特征进行更为细致的分析。最后研究在岸人民币市场高阶矩指标的聚集性与时变性等问题，本书利用 L-J 统计指标和 LM 统计量两种方式分析了在岸人民币市场样本汇率高阶矩风险因子的聚集性，在此基础上利用 GARCHSK 模型族对样本汇率数据进行回归以判断其高阶矩是否存在时变性。出于对比目的，本书比较了 GARCHSK 模型族与 GARCH 模型族的结果。结果表明：①我国在岸人民币汇率高阶矩风险因子存在显著的聚集性与时变性，可能导致汇率风险的发生；②考虑偏度与峰度指标的 GARCHSK 模型族的估计结果及检验结果要优于未考虑偏度与峰度指标的 GARCH 模型族，引入偏度与峰度等高阶矩指标在一定程度上有助于模型改进；③在对比了 GARCHSK 模型族及 GARCH 模型族回归结果及检验结果后，本书还进一步对 GARCHSK 模型族及 GARCH 模型族的波动率预测能力进行了检验，结果显示 GARCHSK 模型族的波动率预测能力要强于 GARCH 模型族。

第4章则从高阶矩的角度研究了在岸人民币市场汇率风险对其他市场的影响，本书以股票市场、香港离岸人民币市场及房地产市场为研究对象。对于股票市场，本书基于整体与分行业的角度研究在岸人民币市场汇率高阶矩风险对我国股票市场收益的影响，利用个体股票样本所组成的面板数据对整体、二级分行业、金融业与制造业三级分行业数据分别进行回归以探讨在岸人民币市场汇率高阶矩风险对不同层面的股票收益影响。结果显示，汇率高阶矩风险因子对我国股票市场收益产生普遍的、显著的负面影响，投资者应当注意汇率高阶矩风险对股票市场可能产生的不利影响。对于香港离岸人民币市场，则利用国外学者近年来提出的协高阶矩概念及其相应的卡方检验方法研究了在岸人民币市场对香港离岸人民币市场汇率风险传染问题，出于全面考虑同时也研究了香港离岸人民币市场对在岸人民币市场的汇率风险传染问题，结果显示在岸人民币市场对香港离岸人民币市场存在汇率风险传染现象。对于房地产市场，本书采用面板向量自回归方法从高阶矩角度研究了汇率风险对房地产市场的影响，结果显示高阶矩指标所刻画的汇率风险对房地产市场收益产生了有限的负面影响。

第5章则从高阶矩的角度研究了在岸人民币市场汇率风险对我国出口的影响，本书从出口额角度展开研究，结果显示高阶矩指标所刻画的汇率风险对我国出口产品额无论是在整体上还是从分门类的层面上均产生了负面影响。

第6章为结论及展望。

1.4　创新与不足

本书的研究有以下创新：

第一，从选题上来看，本书较为全面地研究了在岸人民币市场汇率高阶矩风险，目前国内学者对在岸人民币市场汇率风险研究较为丰富，如姜乔和顾柳柳（2017）、张大永和姬强（2018）等学者从风险影响的角度研究了在岸人民币市场汇率与股票、利率和石油市场间的关系，但是这一类研究侧重于价格水平或波动率的溢出而未涉及更高阶矩的风险影响。本书在前人有关汇率风险研究的基础上引入高阶矩指标进行研究，能够拓宽对汇率风险的研究思路。同时国内部分学者已经对资产高阶矩风险进行了研究，如王鹏（2013）、史代敏等（2017），但他们更多是对股票市场的研究，而专门针对国内汇率高阶矩风险的研究则几乎没有，本书则专门针对国内汇率高阶矩风险进行研究，以期能够在一定程度上更进一步研究这一领域。

第二，在研究内容中，本书从高阶矩的角度研究了外汇市场对其他市场的影响，现有文献中学者们也对外汇市场和其他市场间关系进行了丰富的研究，如杨雪峰（2016）、宋清华和黄峰（2017），这些文献的研究重点主要集中于水平项（价格）与波动率溢出，而本书在前人研究的基础上，研究内容由低阶矩扩展到高阶矩，较为全面地分析了在岸人民币市场与其他市场间的关系，在一定程度上拓展了已有研究，也为市场的风险管理提供了一些新的研究思路。

第三，在具体研究方法上，本书借鉴了国外学者近年来所应用的一些较新的计量方法或统计检验手段，将其运用到对我国外汇市场的研究中，如本书运用了

GARCH 模型的改进形式 GARCHSK 模型，以检验高阶矩风险的聚集性与时变性问题，利用协高阶矩概念及其卡方检验验证市场间的高阶矩风险传递现象，这些方法的引入能拓展今后对外汇市场（或其他金融市场）的研究手段。

本书研究存在的不足：

首先，本书是在已有理论与实证模型框架下进行的，限于笔者能力，针对国内具体情况的理论探讨不足，而在结合当前中国国情方面，研究还显得不够深入，比如汇率高阶矩风险传递机制的具体过程是怎样的？汇率的高阶矩风险对于整体宏观经济的影响程度如何？其次，尽管近年来我国汇率市场化程度不断加深，但相关资本市场依然受到较多政策管制，当然这与我国是发展中国家，需要稳定的发展环境有关。那么货币管理部门制定的各种汇率相关政策对人民币汇率风险又会产生怎样的影响？各种政策究竟会对汇率风险特别是高阶矩风险产生怎样的影响？政策性效果又该如何评价？限于笔者的研究水平，本书未对上述内容进行系统研究。

2

理论基础与文献综述

本章主要介绍汇率风险的理论基础及相关文献综述。其中，汇率风险的理论基础主要包括汇率波动风险、高阶矩风险的机制及作用原理，由于现有学者对高阶矩风险的理论是从一般化角度出发进行研究的，故本章理论回顾中高阶矩风险部分也是从一般化角度介绍相关模型；文献综述部分则对近年来国外部分学者针对汇率风险特别是高阶矩风险的相关研究进行了简述，并对研究现状做出评价。

2.1 关于汇率风险的理论基础

2.1.1 汇率风险的定义

对于汇率风险的理论研究由来已久，根据吴晓和谢赤（2010）的分类，汇率风险可从狭义与广义两个角度分别加以描述，其中狭义角度的汇率风险仅指汇率本身变化所产生的风险及其影响，而广义角度的汇率风险则在狭义角度的基础上进一步考虑了与汇率相关的政策风险、交易风险及信用风险。从广义角度来看，学者将汇率风险作为一个系统进行分析，除了考虑汇率风险的成因外，还将汇率风险的管理、测算与识别纳入定义框架中，对汇率风险的主体、管理目标和管理方法在汇率风险演变的不同阶段分别加以识别。

具体来看，早期学者对汇率风险的代表性研究包括 Rodriguez（1974）、Hodder（1982）和 Levi（1984）等。Rodriguez（1974）将汇率风险定义为"外币价值波动带来的收益或损失"，并将汇率风险细化为四种具体形态：①跨国公司海外子公司分布于不同国家或地区，在进行业务交易时采用不同货币，不同货币间汇率的波动会使子公司面临不同的汇率风险；②跨国公司在编制报表时，其海外业务利润需要由业务所在国货币转化为母公司所在国货币，在此期间，如果两国货币汇率发生变化则可能导致其海外利润发生变化继而产生汇率风险；③跨国公司在编制合并报表时，其海外子公司资产负债表中资产与负债由于汇率变动而导致的波动最终会体现在母公司合并报表中，进而影响母公司资产与负债数额的变化，这也是一种汇率风险的表现；④企业未来交易行为（如尚未履约的合同或套期保值活动）所产生的现金流会受到即期汇率预期影响，从而导致汇率风险产生。Adler 和 Dumas（1984）在前述定义基础上将汇率风险应用到企业资产负债表层面，认为可将汇率风险看作企业资产负债表中由外币所标价的部分（既可能是资产也可能是负债），由于汇率的非预期变化所带来的损益波动，该定义实际上体现的是企业营业收益对汇率变化的敏感度。Michael 等（2001）进一步从风险敞口的角度对汇率风险进行了定义，他认为汇率走势与利率走势在多数情况下并不与利率平价理论结论一致，当两者发生错位现象时，外汇市场会出现异常波动，尽管企业会通过一系列套期保值措施来减小自身的风险敞口，但是由于资本不可能完全自由流动，套期保值措施依然无法完全消除企业风险敞口，由此产生汇率风险并且该风险不可完全避免。国内学者田玲（2004）从银行的角度出发对汇率风险进行了定义，即"商业银行因汇率变动而蒙受损失以及预期收益难以实现的可能性"，虽然该定义仅从银行角度出发，但其中已经体现出了前述几位国外学者在定义中提及的波动及预期等有关汇率风险的基本因素，因此也可将此概念扩展至其他类型企业或市场中。综上可以看出，Rodriguez（1974）及其余几位学者将定义重点集中于汇率风险产生的主体、机制及其影响上，对汇率风险概念从不同角度进行了界定，但从前述广义角度的汇率风险定义来看，其未将汇率风险看作一个动态变化的概念，对其系统性特征未从管理的视角出发进行具体的针对性或动态性描述。后继学者针对早期研究的不足之处进行了改进。

邹宏元等（2010）将汇率风险按照产生的原因划分为交易风险、折算风险与经济风险。交易风险是指企业交易过程中因汇率变化导致应收账款与应付账款价值发生变化而产生的风险，具体过程如图 2-1 所示。

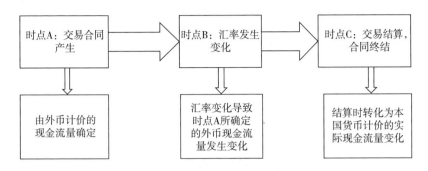

图 2-1　交易风险发生的具体过程

由图 2-1 可知，交易风险发生于时点 A 到时点 C 的整体交易过程中，其中时点 C 是交易的完结时点，在时点 C 之前交易并未完成，如果在时点 C 之前的某一特定时刻如时点 B 汇率发生变化，那么在时点 A 时已经确定的由外币计价的交易现金流量在时点 B 已发生变化，但是受合同时限约束，到时点 C 交易完结时，在时点 A 确定的由外币计价的交易现金流量在时点 C 已发生变化，此时交易风险发生。由交易风险产生机理及过程可知，只要企业处于交易过程之中交易风险就一直存在，直到交易过程结束。还应当进一步注意到，企业交易是一个相对广泛的经济概念，交易的对象除了商品与服务项目外，企业的外币借贷与外汇投资（买卖）也可被纳入广义的企业交易范围中，在此情况下企业如果进行外币借贷与外汇交易等行为也会产生交易风险（吴晓和谢赤，2010）。在企业进行外汇借贷时，其身份可分为借入方（如向第三方机构进行外汇融资）和贷出方（如利用自有外汇进行海外投资或进行资金拆出），汇率的不同变化会对其不同身份产生不同的影响，当本国货币升值时，作为借入方企业会获利，但作为贷出方企业会产生损失；当本国货币贬值时，情况则正好相反。企业进行外汇买卖的汇率风险则主要体现在银行进行外汇交易的过程中，如前所述，银行自身在为获取汇率差价收益（自营外汇交易）时或代理客户进行外汇交易（代理外汇业务）时，特别是在代理外汇业务的过程中，由于买入与卖出外汇数额很难相同，其作为交易个体往往处于多头或空头状态，当本国货币升值时处于多头方的银行会受到损失，而当本国货币贬值时处于空头方的银行会获取收益。当然，由于存在汇率衍生市场，银行可以在衍生市场上根据自身多空位置进行相应操作来规避汇率风险。

折算风险是指由于汇率变化使得企业资产负债表中某些以外币计价的资产或

负债项目价值随之发生变化而产生的汇兑风险。这种风险更多出现于跨国公司对外经营过程中。由于这种风险与企业资产负债表密切相关，因此其也是一种会计风险，其产生的根源在于结算时的汇率与会计记账时的汇率发生偏离。如果跨国企业合并报表前子报表中存在不同类型货币计价的情形，折算风险就会产生。现代跨国公司在不同国家和地区设立子公司，按照经营惯例，子公司在日常经营中是依照其所在国家和地区的货币进行记账，在一个经营周期期末时再由母公司进行报表合并，而母公司在一个经营周期期末进行报表合并时是以期末的汇率进行会计入账，将子公司的资产与负债项目由其所在国的货币转化为母公司所在国的货币，这时如果当初子公司入账时的汇率与母公司在期末进行报表合并时的汇率不一致就会造成合并后报表损益。这种风险与前述交易风险既存在一定相同之处又有明显不同，相同之处在于两类风险的产生均是由不同时点上的汇率不一致所导致的，不同之处在于折算风险更多体现在企业账面价值中而非发生在企业具体经营活动中，带有一定主观评价色彩。尽管如此，折算风险依然会对企业产生一定影响，比如一国政府如果是按照企业会计账面数值对其进行征税，那么折算风险就会影响企业纳税额度；再如各国证券市场均要求上市企业定期公开其会计信息，如果折算风险导致企业账面信息发生变化，则会改变投资者对企业未来运营状况的预期，进而影响其股价。

经济风险是指由预期外的汇率变化对企业未来经营产生影响，并导致其收益变化的风险。该类风险主要对企业生产成本及销售产生影响。如果一国外汇市场初期汇率保持稳定，由于突发事件导致汇率发生变化，则企业成本会随之变化，企业成本中固定成本投入时间较早，且可以以折旧方式逐步摊销，受汇率影响相对较小[1]，但原材料等变动成本往往随行就市，受汇率影响较大。以原材料成本为例，当本国货币贬值时，国外原材料价格会上涨，此时企业购买同样数量原材料需要支付更多本币以兑换成等额外币，这使得企业面临的成本压力上升，反之情况则相反。从销售的角度来看，企业销售市场可分为国内与国外两个市场，对于国外市场，本币贬值，此时企业以外币计价的出口价格会下降，如果产品需求弹性较小则有利于企业出口创收，反之则不利于出口；对于国内市场，本币贬值会使进口商品价格上涨，国内企业在价格上具有一定竞争优势，如果产品需求弹性较小，企业在国内的销售价格可以维持不变甚至小幅上涨（上涨幅度要依据本

---

① 除非在汇率突变时期企业恰好进行大规模固定资产购入、销售或更新。

币贬值程度及产品需求弹性大小决定)。由上述分析可以看出,经济风险的影响机制相对于前两种风险更为复杂,影响范围同时涉及国内与国外市场,影响时间也更为长远;从整体影响力角度看,经济风险是企业所面临的三种汇率风险中最需要得到重视的风险(李广学、严存宝,2013)。

2.1.2 早期汇率理论模型回顾

由前文论述可知,外汇市场连接着不同国家银行、企业与投资者,在不同类型市场参与者中起着中介作用,随着世界经济全球化加速,外汇市场的风险会通过一国金融市场与外贸体系迅速传播,使市场参与者面临汇率风险。由风险理论可知,外汇市场风险的出现与外汇市场价格形成机制紧密联系,而外汇市场价格形成问题实际上是对汇率决定因素问题的研究,因此汇率决定因素问题会在一定程度上演化为影响汇率风险因素的问题(周浩,2009)。综上,研究汇率风险问题首先要从汇率决定因素问题入手。历史上,关于汇率的早期理论研究主要集中于确定汇率的决定因素上,由于早期市场发展不完善、汇率决定因素的复杂性及国家间实际情况的不同,这些关于汇率决定因素的早期理论在实证中并未被一致认可,但是这些早期理论开创了汇率决定因素研究的先河,为后续学者提供了最基础的研究思路与框架,后续学者也在对这些模型的不断改进中逐步发展出了新的理论,且随着市场不断发展,后续学者也逐步将汇率风险问题纳入理论研究框架之中。鉴于此,本书先对部分较为经典的早期汇率决定理论模型进行简要回顾,这些理论主要包括购买力平价理论、利率平价理论、国际收支理论和超调汇率模型等。

2.1.2.1 购买力平价理论

Cassel(1992)在其著作《1914年以后的货币和外汇》中提出了购买力平价理论(Purchasing Power Parity,以下简称PPP理论),该理论认为,由于同时存在国内消费者对国外商品需求和国外消费者对国内商品需求,因此国内外货币可以相互兑换,则本国货币与外国货币的交换比率就是汇率,汇率表示国内外货币的购买力比率,物价水平可以通过购买力表示(两者为倒数关系),因而汇率实际是由两国物价水平所决定的。PPP理论可分为绝对购买力平价与相对购买力平价两种形式,其中绝对购买力平价可表示如下:

$$\sum_{t=0}^{m} \alpha_t \times p_t = ex \times \sum_{t=0}^{m} \alpha_t \times p_t^* \tag{2-1}$$

其中，α_t 表示不同可贸易品贸易权重，p_t 与 p_t^* 分别代表国内外可贸易品价格，ex 为直接标价法表示的汇率，加总则有：

$$P - ex \times P^* \tag{2-2}$$

变形后可得：

$$ex = P/P^* \tag{2-3}$$

式（2-3）即为绝对购买力平价理论的表现形式，表明汇率是由国内外不同货币计量的可贸易品价格之比所决定的。

相对购买力平价理论在绝对购买力平价理论的基础上认为，由于交易成本的存在，各国可贸易商品量与不可贸易商品量占总商品量的权重存在区别，这种结构性区别使得同一货币在衡量不同国家商品价格水平时会发生偏差，以公式表示为：

$$Ex = P \times \Phi/P^* \tag{2-4}$$

其中，Φ 为偏离系数，对式（2-4）两边进行一阶差分可得：

$$\Delta ex = \Delta P/\Delta P^* \tag{2-5}$$

其中，Δ 代表差分符号，式（2-5）即为相对购买力平价理论的表现形式，说明汇率变化是由国内外物价水平变化（通胀率）所决定的，如果本国通胀率水平高于国外通胀率水平则本币将贬值。可以看出，购买力平价理论特别是相对购买力平价理论已经开始涉及汇率变化的概念，也即涉及汇率风险的概念，同时开创了基于货币数量角度分析汇率的先例。但是该理论认为，汇率及其变化完全由物价水平决定，是单纯的货币现象，从这一点来看该理论不是一个完整意义上的汇率决定模型，且购买力平价理论成立需要满足较为苛刻的条件，包括贸易完全自由化、国内外物价水平变动趋势具有趋同性且物价水平是影响汇率的唯一因素等，这些条件在现实中难以得到满足。从学者们的实证研究结果来看（Pippenger，1993；Cooper，1994），该理论在中短期内并不为实际数据所支持。即便如此，其理论贡献仍不可被忽视，其模型框架仍是当今汇率理论研究的出发点之一，如之后的巴拉萨—萨缪尔森模型的提出就借鉴了其将商品分为可贸易品与不可贸易品的思路，并进一步演化为可贸易部门和不可贸易部门，对贸易理论的发展产生了深远影响。

2.1.2.2 利率平价理论

利率平价理论由凯恩斯等提出，该理论认为，利率变动会引起汇率的相应调整，当国家间利率不一致时，资本趋利性会使资金由低利率国家流向高利率国家，低利率国家货币因需求减少而贬值，高利率国家货币因需求增加而升值，也就是产生了套利行为，但是由于汇率波动的存在依然会使套利行为无法完全覆盖投资的风险敞口，因此投资者需要进行掉期交易以防范汇率风险，而掉期交易的结果又会使低利率国家货币在即期外汇市场上升水，高利率国家货币在远期外汇市场上贴水，当套期行为结束后，汇率再次回到均衡水平。该理论可进一步划分为套补的利率平价（Covered Interest-Rate Parity，CIP）理论与非套补的利率平价（Uncovered Interest-Rate Parity，UIP）理论。

CIP 理论假设本国金融市场年收益率为 r，国外金融市场年收益率为 r^*。如果投资者欲投资于本国市场，则一年后本国投资收益为 $1+r$；如果投资者投资于国外金融市场则需将本国货币兑换为外国货币，进行国外投资，投资期满后再将外国货币兑换回本国货币，这一过程可以表示为：

$$1/ex+1/ex\times r^* = 1/ex\times(1+r^*) \tag{2-6}$$

$$1/ex\times(1+r^*)\times ex_f = ex_f/ex\times(1+r^*) \tag{2-7}$$

其中，ex_f 为投资期满后的即期汇率，由于 ex_f 是无法事先知道的，因此投资期满后投资者收益面临极大的不确定性，此时投资者可以在远期市场上购买一笔一年期的远期合约 f 以消除风险，投资期满后投资者则收益为：$f/ex\times(1+r^*)$，ex 为直接标价法表示的汇率，f 为远期汇率。投资者通过比较 $1+r$ 与 $f/ex\times(1+r^*)$ 的大小，即可选择投资于国内还是投资于国外。如果 $1+r<f/ex\times(1+r^*)$，则众多投资者会选择投资者于国外市场，此时对外币需求增加导致即期市场上外币升值、本币贬值，又由于存在套补行为，对本币远期汇率需求增加，本币远期升值；反之亦然。

与 CIP 理论不同，UIP 理论认为投资者不以套补手段规避风险，而是以自身预期为基础，在交易过程中承担了部分汇率风险，在此理论背景下投资者预期未来一年后的汇率为 Eex_f，那么投资于国外金融市场的到期收益为 $Eex_f/ex\times(1+r^*)$，类似于 CIP 理论，投资者可通过比较选择投资于国内还是投资于国外，当经过市场运动最终达到新的平衡时，则有：

$$1+r=Eex_f/ex\times(1+r^*) \tag{2-8}$$

经差分可得：

$$E\beta = r - r^* \tag{2-9}$$

其中，$E\beta$ 表示预期的远期汇率波动率，如果国内利率高于国外利率则预期本币在未来将贬值。该理论要求资金能够自由流动且没有交易成本，这些条件在现实中显然是不成立的。从实证结果来看，Baldwin（1990）和 Varies（1994）指出，交易费用是利率平价理论在实证中无法成立的主要原因，这也印证了该理论的假设条件要求过高的不足。但是该理论指出了由利率差所引起的资金流是导致汇率波动的主要因素，这一点已经开始把市场及市场机制概念引入模型框架中，并且考虑到了投资者行为影响因素，对后继学者的研究思路有较大启发。事实上，不难发现，现有较多理论框架中常用的市场机制作用及投资者行为因素在该理论中已得到体现，同时无论是在 UIP 理论还是在 CIP 理论中，风险始终是模型推导过程中的重要决定因素之一，UIP 理论中考虑到了套补行为以规避风险，CIP 理论更是直接引入预期概念，将风险与投资者行为联系在一起，这说明模型创立者在进行模型设定时已经开始考虑汇率风险问题了。

2.1.2.3 国际收支理论

国际收支理论的主要内容：当一国贸易收支出现顺差时，外币的供给大于外汇需求，此时外币贬值，本币升值；反之，当一国贸易收支出现逆差时，外币升值，本币贬值。具体分析一国贸易收支对汇率的影响需要进一步区分一国贸易收支出现顺差或逆差现象是短期的还是长期的，短期内贸易收支出现顺差或逆差可由政府干预解决，长期内贸易收支出现顺差或逆差则会对汇率产生持续的、幅度较大的影响，需要政府对贸易结构、货币政策等进行系统性调整。不难看出，国际收支理论中贸易收支作为模型的核心因素也受到多重因素的影响，汇率通过自身调整达到贸易收支平衡，汇率与贸易收支之间存在紧密联系，以公式表示如下：

$$\text{在均衡条件下，} TP = CA + FK \tag{2-10}$$

其中，TP 代表国际收支，CA 代表经常账户，FK 代表资本与金融账户。假定经常账户由进出口决定，那么经常账户的主要决定因素包括国内外国民收入与实际汇率；资本与金融账户则主要由国内外利率及预期汇率变化决定。综上则有：

$$TP = F(Y, Y^*, P, P^*, i, i^*, ex, Eex_f) \tag{2-11}$$

其中，Y 代表国内国民收入，Y* 代表国外国民收入，P 代表国内价格水平，P* 代表国外价格水平，i 和 i* 分别代表国内外利率水平，Eex_f 代表预期汇率。由于该理论研究重点依然是汇率的决定因素，因此，汇率可以看作模型自身需解决的问题，即汇率可以看作内生变量，此时将其他变量视作外生变量，则有：

$$ex = F(Y,\ Y^*,\ P,\ P^*,\ i,\ i^*,\ Eex_f) \tag{2-12}$$

国际收支理论综合吸收了前述利率平价理论与购买力平价理论的优点，将更多的宏观变量引入模型体系中，摆脱了单纯依靠货币进行分析的思路，从更全面的角度阐述了汇率决定理论。该理论将预期因素纳入模型框架，说明模型本身也考虑到了风险问题。此外，该理论将模型中引入的宏观变量作为外生变量看待，而这些宏观变量在市场化背景下也呈现波动变化趋势。

2.1.2.4　超调汇率模型

Dornbusch（1976）提出的超调汇率模型将国内市场分为货币市场与商品市场，其中商品市场由于受到生产周期、合同时间及市场信息等因素限制，当受到外部冲击（如国际游资冲击）时其价格变化相对缓慢；而作为金融市场组成部分之一的外汇市场，对信息冲击敏感性强，当受到外部冲击时，其价格会迅速做出反应，但是该反应值往往会超出价格完全弹性条件下的购买力平价水平所对应的汇率水平，即出现超调现象，随着商品市场价格缓慢调整到位，利率水平也会逐步下降并最终形成新的均衡价格水平，此时购买力平价再次成立。超调汇率模型是在 20 世纪 70 年代金融监管放松，国际资金流动频繁的背景下提出的，其吸收了凯恩斯理论的部分思想。二战后凯恩斯理论学者对凯恩斯理论进行了调整，其中一个重要领域便是凯恩斯理论对价格的认识开始由价格刚性观点逐步转化为价格粘性观点，超调汇率模型便是在这一背景下吸收了价格粘性这一合理观点对开放型经济进行的全面总结。在当时背景下，国际资金频繁流动对国际金融体系及汇率的稳定产生了较大影响，该模型针对这一现象进行了明确的政策性分析，国际资金流动频繁会对各国金融市场产生冲击进而发生超调现象，而超调现象表现为汇率的急剧变化，其本身就是一种汇率风险的体现，这种变化会对各国金融市场秩序产生破坏性影响，显然各国货币管理部门应当对此进行干预。应当说超调汇率模型已经体现出非常明显的汇率风险干预思想，这与 20 世纪 70 年代布雷顿森林体系崩溃、各国汇率风险加剧的背景不谋而合，其模型背后的逻辑是，在证明汇率超调现象存在的基础上各国货币管理部门应当针对超调现象引致的汇率风险进行相应调整。

可以看出，尽管早期汇率模型对汇率变化所带来的不利影响有所研究，但是这些汇率理论模型（如超调汇率模型）并非专门针对汇率风险进行研究，其研究重点还是汇率的决定因素以及宏观经济体系下汇率的动态变化过程。这些理论模型均有严格的假设前提，且每一个理论均强调某一决定因素，但显然汇率形成机制的复杂性表明汇率的决定并不能通过某一个因素来全面描述，因此这些汇率理论模型均存在一定的不足。此外，当学者们对这些模型进行实证分析时，鲜有结果符合模型理论预期，这也从另一个角度说明了这类型模型还存在一定缺陷。当然，这些理论模型在当时特定背景下提出特定的汇率决定因素为后续学者进一步研究汇率提供了一系列的依据和参考，其历史贡献不容忽视，因此后续学者们也在不断改进这些模型或者改变研究思路，在此过程中专门研究汇率风险的模型开始逐步出现。

2.1.3 汇率风险理论回顾

随着国际金融体系不断完善，国家间经济交往日益密切，加之20世纪70年代布雷顿森林体系崩溃，各国开始采用浮动汇率制度，汇率波动加剧，金融市场与企业面临的汇率风险也上升，汇率风险的影响日趋显著。Fama（1970）提出的有效市场假说将风险与市场结合在一起，把市场分为弱式有效、半强式有效及强式有效三种类型，弱式有效市场仅能反映历史信息，半强式有效市场能反映历史信息和市场公开信息，强式有效市场能反映历史信息、市场公开信息和内幕信息。运用在外汇市场中，如果外汇市场是强式有效的，则信息不对称现象将得到遏制，投资者无法利用所掌握的信息进行套利以获取额外收益。可以利用如下公式对有效市场假说理论进行描述：

$$NF_t = \alpha + \beta FF_{t-n} + \varepsilon_t \tag{2-13}$$

其中，NF 代表即期汇率，FF 代表远期汇率，α 代表投资者投资风险偏好，$\alpha>0$、$\alpha=0$、$\alpha<0$ 分别代表投资者风险厌恶、风险中性、风险偏好。如果 $\beta=1$ 说明远期汇率与即期汇率之间是一致的，即强式有效市场假说成立。但是在实际中，投资者风险偏好的选择存在异质性，且汇率变化也会受到相关政策影响，从而存在人为干预现象，因此完全强式有效的市场条件难以满足。以我国为例，赵磊和陈果（2012）、赵胜民等（2013）、杨娇辉等（2015）的实证检验就表明我

国资本市场有效性程度较低。那么在一个非强式有效的市场中，其所反映的信息量有限，加之市场参与者风险偏好的异质性，市场波动产生的信息将会被不同市场参与者吸收与解读，市场各方不一致的反应会使波动信息的反馈机制发生错位，使市场预期进一步产生偏差，市场风险开始酝酿并产生。

由上述分析可知，汇率风险的发生是与市场紧密联系的，而汇率的波动往往是受到外部冲击引起的，Diboogl（2001）认为，引起汇率波动的原因主要来自宏观领域，包括货币政策冲击、物价水平变化、进出口结构调整等。Kempa（2005）则进一步认为，固定汇率制度可以消除由名义冲击（如价格水平变化）引起的汇率波动，浮动汇率制度可以消除由实际冲击（如产出、进出口结构变化等）引起的汇率波动，显然当今大部分国家所采取的浮动汇率制度（即便是有管理的浮动汇率制度）也并不能完全消除引致汇率波动的所有动因，再考虑到国际金融体系发展尚不健全及投机行为的存在，这使得汇率波动现象不可避免且波动幅度呈现增大趋势，汇率波动风险开始成为金融市场中主要的风险之一，学者们也开始对汇率波动风险进行理论研究。

此外，二战后至20世纪70年代之前，布雷顿森林体系下各国采用钉住汇率制，限制了资本在国际的流动，这在当时对于稳定汇率、促进市场管理起到了一定作用。20世纪60年代初，现代意义上的国际金融体系开始逐步建立。20世纪70年代，西方发达国家掀起了一波金融开放浪潮且国家间金融市场一体化趋势不可逆转，此时的布雷顿森林体系钉住汇率制已无法满足各国金融体系发展的需要而最终崩溃，国际资本频繁流动成为国际金融市场中的常态，其规模日益扩大，对各国金融市场产生了深远影响。Smith（1990）也指出，在布雷顿森林体系崩溃后，金融开放格局使得远期、期货、掉期和期权等衍生工具大量使用，即便是经营最为稳健的企业也面临着前所未有的风险。由于资本具有逐利性，马歇尔、萨缪尔森和马克思等学者均认为资本存在的最终目的是实现价值增值（吴强，1993），而价值增值必须在资本不停的运动过程中才能实现，国际资本频繁流动正是资本在运动过程中实现增值目的的现象表征。国际资本流动对各国而言均是一把双刃剑，对于市场机制健全的国家，适当的国际资本流动有助于促进国内市场对外开放、缓解企业融资约束、调节国际收支平衡，但是一味容许国际资本无限制流动，对各国特别是金融市场发展相对滞后的发展中国家的市场风险监管是一个巨大挑战。美联储前任主席格林斯潘对此曾有经典评价，他指出："国际游资带来高风险，风险反映在银行，产生在市场，表现在对汇率的冲击；弱的银行体系与开放的资本项目相结合是'等着发生事故'。"① 因此，在 Fama 提出有效市场假说并从市场机制角度分析风险问题后，部分学者开始结合时代背景提出了国际资本流动导致汇率风险的相关理论。

Salant 和 Henderson（1978）指出，在固定汇率制度下，一国货币市场受到国际资本冲击时，政府可以通过买入或卖出本国货币以维持货币稳定，但政府同时还肩负着促进经济增长的义务，随着国家经济规模扩大，货币发行量不断增加使得国内面临通胀压力，此时本币贬值、外币升值（这里指实际汇率），央行不得不抛售外汇以稳定汇率，国际资本及投机者根据固定汇率制的特点预测到外币将会升值，于是大量外资在本国市场上卖出本币买入外币，央行不得不继续抛售外币以稳定汇率直到外汇储备耗尽，固定汇率制度崩溃，从而产生汇率风险。

Mckinnon 和 Pill（1996）指出，如果一国逆差持续扩大，而国内货币监管措施不到位，会使国内通胀水平上升，国内资产价格上升，此时大量国际资本通过本国银行体系进入国内资产市场进行投机交易，本国货币会持续升值，当国际资本撤离时会大量抛售本币又会引起本币贬值，如果货币监管部门无法采取措施稳定币值，本币势必经历较大波动，产生汇率风险。

Menkhoff 等（2012）指出，高利率货币（套利交易投资货币）和汇率波动之间存在显著的负相关关系，而低利率货币（套利交易融资货币）为投机者提供了对冲汇率风险的工具，这种机制为国际资金（包括国际投机者）提供了套利机会，即从低利率国家借款并投资于高利率国家。他们发现，在高利率国家投资的货币收益会因为高风险而得到更多风险补偿，而低利率国家货币融资成本低（借出方要求的回报率低），在这一过程中国际资金的流向对不同国家产生不同影响，高利率国家货币升值（需求增加）而低利率国家货币贬值。

Ross（1989）指出，由于市场价格波动包含大量市场信息，因此价格波动与市场信息流之间存在紧密联系，借助价格波动传递的信息可有助于研究市场间的关联状况。Forbes 和 Chinn（2004）检验了世界前五大经济体股票市场与其余 40 个国家股票市场之间的联系，结果前五大经济体股票市场对其余市场均存在显著影响。Khalifa 等（2014）基于马尔科夫区制转换模型研究了海湾七国（Gulf Co-operation Council，GCC）股票市场与标准普尔 500 指数、世界石油市场间的溢出

---

① 来源于 1998 年 5 月 7 日美联储银行结构与竞争主题会议纪要。

效应，发现 GCC 与两个市场之间的传播模式不同，GCC 股票市场与标准普尔 500 指数的联系强于与石油市场的联系。石油与科威特和阿布扎比市场之间存在很强的相互依赖关系。西得克萨斯中间基原油（West Texas Intermediate，WTI）对依赖石油、房地产和旅游业的迪拜也有溢出效应，此外石油与沙特阿拉伯、卡塔尔和阿曼市场间是相互独立的。标准普尔 500 指数与沙特阿拉伯、迪拜和阿布扎比之间存在相互依赖关系，也对科威特和阿曼有溢出效应。

国内学者冯菊平（2006）指出，国际资本流动可带来即时性风险与过程性风险，即时性风险是指当一国经济状况出现不平衡时，国际资本察觉后会在较短时间内通过该国金融市场（包括股市、汇市、基金等渠道）大量涌入，企图在短时间内凭借资金数量优势强行改变该国资本市场价格趋势，从而获利并迅速撤离。这一过程持续时间短，该国金融管理部门来不及做出反应，从而给该国金融市场造成巨大冲击，此时该国货币市场供求会在短时间内发生剧烈变化，国际资本进入该国时会将资金兑换为本国货币，投机完成后又会将本国货币兑换为外币，汇率会在此期间剧烈波动，汇率风险由此产生，这种风险具有很强的不可预知性且直接作用于市场，破坏性较大。过程性风险则更多体现在银行层面，国际资本多为短期资本，如果银行在借贷过程中出现了利用国际资本投资于长期项目或获利能力不强的项目时则会积累风险，乃至出现偿付困难，对于这种风险，加强银行系统的监控就可以有效避免。李仲飞和姚京（2004）利用 GARCH 模型与格兰杰检验研究了沪深股市之间的相互影响效应，结果表明，两者之间存在显著的相互溢出效应。陈锋和高展军（2010）利用 BEKK-GARCH 模型研究了上海金属期货与现货市场之间的联系，发现上海金属期货与现货市场之间存在非对称的溢出效应，特别地，不同金属期货与现货市场之间还存在交叉溢出影响。董兵兵（2012）研究了希腊债市与股市之间的相互影响，指出在希腊国内仅存在债市对股市的单向溢出影响。何德旭和苗文龙（2015）基于动态 GARCH 模型从美国、日本、德国和英国等发达国家的利率与股市两个角度研究其对中国利率与股市的影响，指出样本国家利率对中国利率存在显著的溢出效应，而样本国家股票市场对中国股票市场影响相对较小，但在 2008 年金融危机后样本国家股票市场对中国股票市场影响的溢出效应开始增强。孙春（2018）研究了中国碳市场与欧盟碳市场之间的价格波动溢出效应，指出两个市场之间存在相互影响与引导的非对称关系，其中欧盟碳市场对中国碳市场的影响更强。

2.1.4　高阶矩风险理论

根据本书研究内容，在探讨汇率风险相关理论的基础上，本书还需进一步对汇率高阶矩风险相关理论研究进行回顾。早期对于汇率风险的界定多采用汇率的波动率或变化率来表示，而波动率或变化率指标可以由汇率走势较为直接地显示出来，因此前述无论是早期汇率决定理论还是汇率风险理论中所提出的汇率风险概念，均是建立在汇率走势发生剧烈变化基础上的，是可以由汇率走势加以说明的。但当风险概念进一步上升至更高阶矩的时候（这里指偏度和峰度），其内涵就发生了变化，相对于波动率或变化率而言，偏度和峰度指标所代表的金融风险含义（自然也包括汇率风险在内）并不能够完全由市场价格走势所体现，具体来说偏度可以用于描述投资者风险偏好状况，峰度可以用于描述市场及投资者预期。显然这两个指标涉及投资者偏好及预期等因素，而这些指标在较大程度上是无法通过市场价格来直接体现的，由于指标内涵的变化，汇率风险理论（自然也包括其他市场研究）的思路也需要随之改变，通过前面的分析可以看出，这两个指标所体现的风险实际上与投资者行为及心理密切相关，因此不能单纯依靠市场自身动态变化这一思路进行研究，还需要进一步将投资者行为及心理因素纳入研究框架。从现有高阶矩文献来看，学者们也考虑到了这一问题（相关模型文献阐述详见下文），在模型中多以投资心理及行为这一角度作为切入点，这与之前利用波动率或变化率指标研究汇率风险时多从市场自身角度出发的思路有所不同。在此需要特别指出三个问题以免产生歧义：①在研究资产波动风险问题的同时，高阶矩风险的研究也逐步受到学者们的重视。尽管学术界对高阶矩风险的重要性已取得一致意见，但对高阶矩风险的产生及作用机制尚存在不同看法，因此学者们关于高阶矩风险的理论研究目前主要集中于高阶矩风险的产生及作用机制领域。②国内学者关于高阶矩风险研究尚处于起步阶段，理论上更多是参照国外学者既有理论，研究内容主要集中于实证领域，在理论创新方面显得不足，限于笔者研究能力，本书也是在借鉴现有国外学者理论与实证框架的基础上对国内外汇市场进行相关研究。③国外学者关于高阶矩风险的理论研究是基于一般金融市场角度进行的，同时在实证领域将其理论研究具体化到各不同金融市场中（如股票市场、原材料市场及衍生工具市场等），在理论上未单独对外汇市场进行分析，而外汇市场是金融市场的重要组成部分，因此目前国外学者关于高阶矩风险的理论实际上同样可以运用于外汇市场中，鉴于此，本书关于汇率高阶矩风险的理论和文献回顾均是参照国外学者文献，从一般资产的角度出发进行描述的，而在后文的实证部分则将高阶矩概念运用到我国汇率风险研究中。

从偏度角度来看，Pindyck（1984）指出，资产价格主要是由资本边际收益及投资者预期所决定的，利用模拟实验，该学者发现，当投资者认为宏观经济风险不可避免时，金融市场中的资产都是高风险性的，即便即期资产价格波动并不明显，投资者的风险预期也会显著增强，此时投资者更多表现出风险厌恶；当某种因素（比如技术进步）使得某类资产预期收益上升时，那么即便该资产风险较大，投资者仍会将其纳入投资组合之中，此时投资者更多表现出风险偏好。在上述两种极端情况下，资产收益分布会产生显著的左偏或右偏现象。

French 等（1987）以股票市场为对象研究了股票收益与风险溢价的关系。他们通过对美国股票市场的研究发现，投资者预期风险越大，其要求的风险溢价越大。同时发现，股票市场波动的不可预测性与超额持有期收益之间存在着显著的负相关关系，如果预期风险溢价与预期风险正相关，那么风险的增加将增加未来预期风险溢价，并降低当前股价，即投资者的预期会改变投资者偏好，这一研究结论类似于 Pindyck（1984）的研究结果。

Campbell 和 Hentschel（1992）研究指出，资产风险大小的变化会对投资者要求的收益利率产生重要影响。他们基于美国历史统计数据指出，股票收益为负的情形要远多于收益为正的情形，因此股票收益偏度往往偏向负数，由于波动的记忆性，即期如果出现一个股市利好消息，之后会连续出现利好消息，因此最初这条利好消息会加剧股市预期波动（风险），投资者会提高其要求的风险补偿，投资者这一行为会弱化"好消息"对资产价格的拉升作用；同样地，即期如果出现一个股市利空消息，股票价格会出现下降，且波动持续性会放大利空消息所带来的不利影响。他们进一步指出，由于存在这样一种"放大机制"，投资者预期往往会降低"好消息"对资产价格的拉升作用，同时强化"坏消息"对资产价格的拉低作用，使得资产收益率分布出现左偏现象。

上述几位学者的研究结论组成了早期关于偏度风险研究的"波动率反馈效应"理论，近年来也有学者从新的角度对偏度风险进行研究，如 Hong 和 Stein（2003）在其模型中引入市场做空机制，形成新的理论。该理论主要内容为，在金融市场存在卖空限制的条件下，在初始阶段看跌投资者并不会参与到市场交易中，因此其所掌握的私人信息不会在市场中被披露；如果看涨投资者逐步退出市场，看跌投资者占投资者总数的比例将会提高，其逐步会演变为潜在"支持买家"，此时其掌握的信息会逐步在市场中被披露出来。当市场价格真正出现下跌状况时，原先被累积隐藏的看跌投资者信息会突然暴露出来，此刻即便市场中存在利好消息，但由于不存在买入限制，利好消息往往会在市场中被迅速平滑释放，其对市场的影响不能抵消看跌投资者信息井喷式爆发的影响，只要交易量达到一定的阈值，大概率会出现市场价格大幅下跌的状况，市场收益的分布也呈现负偏态势。

Xu（2007）在假设投资者是非完全理性的基础上提出一个模型，其同样假设市场不允许卖空，投资者被分为"高精度投资者"与"低精度投资者"，两者对资产价值意见一致，但对所能观测到的市场公开信号（如公司财报）的准确性意见不一致。其中"高精度投资者"认为，市场公开信号的准确度要高于"低精度投资者"，显然"高精度投资者"根据市场公开信号调整资产估值的心理预期会更积极。当出现一个正向的市场信号时，"高精度投资者"对资产的估值高于"低精度投资者"，此时"低精度投资者"希望卖空资产，但是由于存在卖空限制，市场只能依据"高精度投资者"的反应（买入无限制）做出调整，市场价格会上升；反之，如果出现负向的市场信号，由上述机制不难看出市场只能依据"低精度投资者"的反应做出调整，但是卖空机制的限制使得资产价格下跌有限，即市场对好消息的反应强于对坏消息的反应。同时该学者通过研究发现，市场收益与滞后收益之间存在负相关关系，这意味着当后续价格调整出现时也会对市场偏度进行修正，随着修正的不断进行，偏度会逐步由正向负转移，最终形成负偏态势。

从峰度角度来看，Bollerslev 和 Engle（1993）所提出的 ARCH/GARCH 模型体现了早期研究中峰度风险产生的机制，即是由于波动聚集性的存在影响投资者预期。

Romer（1993）认为，市场存在信息不对称现象，市场信息以碎片形式分布，被掌握于投资者手中，同时市场参与者也难以对能观测到的市场信息进行完全准确的分析与揭示，在此背景下，市场中存在部分未被揭示的隐藏信息，随着时间推移，市场中的隐藏信息和投资者所掌握的碎片化信息逐步积累，如果投资者理性程度的提高及市场信息不对称现象减弱，在某一时刻所有的信息同时出现并为市场及投资者所吸收的概率会增大，在信息量突然增大的情况下，市场预期会发生变化从而引致峰度风险。

Abreu 和 Brunnermeimer（2003）的理论则认为，市场中部分投资者存在有限理性行为，这种有限理性行为对市场信息做出非理性反应从而引起市场价格的异常波动，此外，理性投资者出于自身利益最大化的考虑并不会针对这种有限理性行为进行调整以修订市场偏差，而会允许该现象存在以获取更高超额收益，在此过程中市场价格的异常频繁波动可以看作一种内生性行为，从而产生峰度风险。

2.2　汇率风险的相关文献

2.2.1　汇率波动研究文献

2.2.1.1　国外研究现状

现有对汇率波动的研究主要是从汇率波动的聚集性、波动持续性等角度展开，研究工具主要借助于 ARCH/GARCH 模型族。

从汇率波动的聚集性来看，Engle（1982）提出了 ARCH 模型，开始利用金融时间序列数据的波动聚集性和异方差性来研究金融资产价格的波动特征，该模型利用模型回归残差判断序列波动性，认为波动是具有记忆性的，如果之前残差项的方差增大，那么现期残差项的方差也会随之增大。运用到外汇市场，如果前期汇率价格波动增大，那么即期市场价格波动也会随之增大，这就是资产价格波动聚集性特征。ARCH 模型理论上可以存在无穷个参数，这对模型估计造成极大困难，为克服这一难题，Bollerslev（1986）在 ARCH 模型的基础上提出了 GARCH 模型，其基本思想依然建立在波动记忆性上，但 GARCH 模型可以以有限参数描述序列波动聚集性。同时 Engle（1982）及其合作者在 ARCH 模型的基础上进一步建立了 ARCH-M 模型来分析异方差风险的收益补偿问题。为了研究资产收益率是否存在杠杆效应，Nelson（1990）提出了 EGARCH 模型。

从汇率波动持续性来看，Engle（1982）针对此问题而提出的 ARCH 模型便是对风险持续性现象的最初研究。Bollerslev 和 Engle（1993）基于 ARCH 模型和

GARCH 模型对风险持续性进行了进一步研究，并提出了基于 GARCH 模型的风险持续概念。之后学者对风险持续性问题进行了一系列研究，如 Jondeau 和 Rockinger（2003）首次提出了条件方差、条件偏度和条件峰度的持续性概念。在大量实证文献中，由于 GARCH 模型族能够较好地描述金融时间序列数据的波动聚集性问题，所以对 GARCH 模型及其拓展模型的使用也很广泛。其中，Hsieh 等（1998）对五个国家的汇率进行了研究，表明汇率之间的波动关系不是线性的，而是存在复杂的非线性关系，并且建立 GARCH 模型对不同的阶数进行比较，证实了 GARCH（1，1）模型能够更加精确地反映实际汇率的波动情况。Mike 和 Philip（2008）基于六种不同的 GARCH 模型进行实证分析，研究结果表明，基于不同 GARCH 模型下的 VaR 方法相比风险矩阵方法的测量效果更好。Wang 等（2014）基于 2008～2012 年人民币对美元汇率数据，通过 Copula-GARCH 模型对两种资产的联合分布进行实证研究，分析了在风险最小的情况下持有两种外汇资产的最优比例。

在 GARCH 模型发展的同时，其他风险测量理论也得到迅速发展，如 VaR 概念的提出。VaR（Value-at-Risk）方法最先是 1993 年由 30 国集团（G30）在《衍生品的实践和规则》的研究报告中作为度量市场风险的模型提出，其主要作用是对金融资产的收益率进行统计分析，基本思想是利用历史数据预测未来的收益率分布，并逐渐成为金融界衡量市场风险的主流方法之一。Jorion（1990）将 VaR 定义为，在给定的置信水平和目标时期下企业或投资者预期的最大损失额度（或最坏情况下的损失额度）。1994 年摩根公司推出了用于计算 VaR 的 Risk Metrics 风险控制模型，这标志着用于风险度量的 VaR 方法开始走向成熟。计算 VaR 的方法主要有德尔塔—正态分布法、历史模拟法、蒙特卡罗模拟法。

2.2.1.2　国内研究现状

国内学者刘姝伶等（2008）基于 GARCH 模型和 ARIMA 模型对人民币对美元汇率波动现象进行建模，结果发现，GARCH 模型建模效果更优。张海波和陈红（2012）利用 GARCH 模型对我国汇率风险价值进行了测度，研究发现，随着持有期增长，人民币对美元汇率风险也在增大。陆静和杨斌（2013）以人民币四种外汇交易数量为基础研究商业银行汇率风险问题，指出人民币汇率具有尖峰厚尾特征，且人民币汇率收益序列存在明显波动聚集性现象。蒋先玲和王婕（2017）基于 GARCH 模型研究了上市银行汇率风险暴露问题，结果显示，近年来上市银行外汇风险有所上升，主要原因是汇率波动扩大导致外汇风险敞口也随之扩大。樊智和张世英（2002）对中国股市数据的方差持续性和协同持续性进行了研究。李汉东和张世英（2002）研究了具有方差持续性的套利定价模型，指出方差的持续性会对长期投资的资产收益产生影响，进而影响资本资产的长期定价。李汉东和张世英（2003）还探讨了方差持续性的概念和性质，并分析了条件方差持续性对资本资产定价模型的影响。唐勇等（2006）基于股票市场的高频时间序列数据，从实证角度验证了条件方差对资产定价的影响。蒋翠侠（2007）基于脉冲响应分析对股票市场的波动持续性和协同持续性进行研究，并提出了风险规避的策略。江孝感和蔡宇（2011）将持续性与变结构问题结合，运用向量MRS-GARCH模型对沪深股市波动持续性进行研究，证实沪深股市存在变结构的协同一致性。

2.2.1.3　汇率波动文献总结

关于汇率风险波动的研究目前所取得的成果比较丰富，这主要得益于计量方法的成熟可靠及汇率数据的逐步丰富，是汇率风险后续研究的基础。但是现有研究也存在以下不足：一是研究多采用 GARCH 模型族，受模型形式的约束，对风险的研究是基于方差等指标进行的，缺乏对更高阶矩指标的研究；二是国外研究更倾向于理论研究，探讨的重点是风险持续性对风险规避、资产定价投资组合策略的影响，而国内研究对象多为股票市场，对外汇市场研究相对较少。需要注意到，关于汇率波动的研究在汇率风险研究框架中处于相对基础的位置，其解决的主要问题是汇率测度等，显然随着市场的发展，仅研究此类问题深度是不够的，还需要进一步从风险影响的角度进行研究才能为投资者与管理者提供更多信息。

2.2.2　汇率风险影响研究文献

2.2.2.1　国外研究现状

国外关于汇率风险影响的研究较为丰富，外汇市场作为金融市场的重要组成部分，既会对其他市场产生影响也会受到其他市场影响，即这种影响是双向的，对此国内外学者展开了丰富研究。

Hoffman 等（1996）从理论角度解释汇率风险的影响机制，认为当实际汇率变动方向与市场参与者预期方向相悖时，市场参与者（企业与投资者）就会面临汇率风险，而后进一步指出，在外汇市场，各类外币的名义价值随着国外利率、国内利率、套期保值等因素的变动而发生变动。其中，国内外利率是决定外币名义价值的主要原因，这说明汇率风险主要来源于国内外利率差，同时也说明国内外利率差变动是产生汇率风险的直接原因。当然，就其他方面而言，影响汇率变动的因素还包括一国国际收支状况、通货膨胀状况、国内货币供给量以及市场参与者预期等。

在实证领域，Solnik（1987）将美国股票收益作为经济活动变化的代理变量来研究美元实际汇率、经济活动和货币政策之间的关系，结果显示，实际汇率受到利差变化的强烈影响，实际股票收益率与实际汇率波动之间存在微弱的正相关关系。Jorion（1990）对美国287个公司进行分组回归后发现，国际化程度越高的企业汇率风险程度越高，而对在国内经营的企业未发现明显的汇率风险。Kha-lifa（1994）指出，当期美元汇率变化对跨国企业当期股票收益无显著影响，但当期美元汇率的变化会对下几期跨国企业股票收益带来负面的影响；Doidge 等（2003）也得出了类似结论。对于股票市场，还有部分学者的研究发现，在行业层面，汇率风险暴露程度依行业不同而不同。对此学者给出的解释包括：①企业的异质性特征。Bodnar 和 Gentry（1993）指出，对于不同企业，外汇资产比重、产品出口比例及进口原材料依赖程度等因素均会产生不同程度的汇率风险。②货币衍生工具的使用。Allayannisa 和 Ofek（2001）指出，企业是否使用货币衍生工具进行套期保值会显著影响企业的汇率风险暴露程度。③市场结构影响。根据市场定价理论，具有国际市场垄断力的企业可以将汇率波动增加的成本通过汇率传递（Exchange Rate Pass-Through，ERPT）转移给出口目标国消费者，从而降低汇率风险（Campa and Golderberg，1999）。

Arize 等（2000）指出，汇率波动会对发达国家的出口需求造成负面影响和降低出口量。Koutmos 和 Martin（2003）利用汇率波动对美国上市企业股市收益进行行业研究后发现，汇率波动率对消费品行业和金融行业等的负面影响尤为显著。Nguyen 和 Faff（2003）基于澳大利亚企业进行研究指出，长期以来澳大利亚企业普遍受到汇率波动的影响。Akram（2004）探讨了石油价格与挪威克朗币值之间的关系，结果表明，石油价格和挪威克朗币值之间存在非线性的负相关关系，当石油价格低于14美元并处于下跌状态时，挪威克朗币值上升。Lizardo 和 Mollick（2010）研究美元与石油价格的关系发现，一方面，实际油价的上涨导致美元对石油净出口国货币（如加拿大、墨西哥和俄罗斯）大幅贬值；另一方面，当实际油价上涨时，石油进口国的货币，如日元，相对于美元贬值。Ghosh（2011）基于日度数据，探讨了印度原油价格与汇率之间的关系，采用广义自回归条件异方差（GARCH）和指数 GARCH（EGARCH）模型研究了油价冲击对名义汇率的影响。研究表明，油价收益的增加导致印度货币对美元贬值。研究还证实，油价正冲击和负冲击对汇率波动影响的大小接近，且油价冲击对汇率波动的影响是永久性的。Basher 等（2012）利用向量自回归模型分析了世界原油价格、美元汇率及新兴市场股票间的关系，结果表明，世界原油价格冲击会对美元及新兴市场股票产生短期溢出效应，同时，新兴市场股票价格上升会使得世界原油价格上升进而影响企业生产成本。

2.2.2.2　国内研究现状

国内学者黄学军和吴冲锋（2006）利用格兰杰检验验证了人民币在岸汇率与离岸汇率的联动性，结果表明，人民币在岸汇率与离岸汇率在一月期存在相互引导关系，人民币在岸汇率在一年期对离岸汇率存在单向引导关系。赵华（2007）基于 GARCH 模型研究发现，外汇市场与利率市场之间并不存在价格上的（水平项）溢出效应；作者同时分币种研究了人民币对美元、欧元和日元等汇率的波动溢出关系，结果表明，人民币对美元汇率无利率波动溢出效应，其他汇率则与利率表现出双向波动溢出效应。潘亚琼（2008）基于汇率波动率对国内钢铁企业股票收益率进行面板回归，指出人民币对美元汇率与人民币对日元汇率的波动对国内钢铁企业股票收益有显著影响。李雪莲等（2010）构建汇率波动指标对国内商业银行汇率风险暴露进行研究，结果表明，国内商业银行面临较为普遍的汇率风险暴露。刘思跃和杨丹（2010）、宋琴（2010）、甘斌（2010）、姜乔和顾柳柳（2017）等学者对行业或地区层面的上市企业股票收益率进行研究，其结论均反映出汇率波动会对股票收益产生负面影响，但影响的程度与显著性存在行业与区域异质性。

师丽霞和孟浩（2011）认为，离岸人民币市场对在岸市场的冲击具有时段特征，当离岸市场处于起步阶段时，其冲击影响有限，而随着市场不断完善，其冲击产生的不利影响会逐步加大。郭珺和滕柏华（2011）利用多元 GARCH 模型对人民币、美元、欧元和日元之间的联动关系进行了研究，结果表明，人民币与美元之间联动性最强，与欧元和日元联动性较弱。王昭伟（2011）以 BEKK -

GARCH 模型研究了中国、日本和韩国的汇率波动协同关系，指出三者之间均存在正向协同关系，其中以日本和韩国汇率之间的协同关系最为明显。朱钧钧和刘文财（2013）基于协整模型研究了香港离岸市场即期汇率与香港市场远期汇率间的关系，认为香港市场远期汇率无法对香港离岸市场即期汇率产生影响，这主要是由做市商制度导致的。张红地和钟祝赞（2014）基于格兰杰因果检验的结论指出，在岸人民币市场的主体地位会对离岸人民币市场产生引导作用，这主要是由在岸人民币市场处于市场信息中心地位所导致的。刘辉（2014）同样基于格兰杰因果检验的结论认为，离岸人民币市场建立以后，在岸人民币市场与离岸人民币市场之间存在明显的溢出效应，其中在岸人民币市场对离岸人民币市场的溢出效应要强于离岸人民币市场对在岸人民币市场的溢出效应，且在岸人民币市场波动呈现加剧趋势。

徐文舸（2014）研究了中国香港、美国与中国内地远期外汇市场之间的关系，指出三者之间存在价格传导机制，而价格传导机制进一步导致三者间的波动溢出。谢赤等（2014）利用 Copula 函数研究了人民币对美元、人民币对欧元和人民币对日元之间的相依结构，指出人民币对美元汇率与人民币对欧元汇率存在负相依性，人民币对美元汇率与人民币对日元汇率间也存在负相依性，而人民币对日元汇率与人民币对欧元汇率之间的相依关系同时存在正负相依关系。黄志刚等（2014）利用 Copula 函数分析国内即期汇率与远期汇率之间的关系，指出随着在岸人民币汇率波动增强，即期汇率与远期汇率之间的相关性也逐步增强，国内即期外汇市场的定价功能强于国内远期外汇市场的定价功能。王春妤和徐静（2015）基于格兰杰因果检验对香港地区和在岸远期汇率的关系进行研究后认为，香港市场人民币远期汇率对在岸人民币远期汇率存在单向收益溢出效应和波动溢出效应，应进一步完善我国外汇市场汇率形成机制。严佳佳等（2015）对香港离岸市场与在岸市场之间的影响关系进行研究后发现，两者之间存在显著的双向价格溢出效应；香港离岸市场汇率对利率存在单向的波动溢出效应。杨娇辉等（2015）基于国内外远期外汇市场数据构建了期限结构模型，经对比认为，国内远期外汇市场相较于国外远期外汇市场对经济危机更为敏感，定价效果更好，在一般时期国外远期外汇市场则具有更好的价格发现功能。吴菲菲和李媛（2016）将我国 A 股上市公司划分为存在对外业务与不存在对外业务两类来研究上市企业股票收益与汇率波动率之间的关系，结果表明，存在对外业务的上市企业股票收益对汇率波动率的敏感度要普遍强于不存在对外业务的上市企业。杨雪峰（2016）

指出，在岸人民币市场目前依然处于市场化不完全阶段，与离岸市场的定价体系的不同导致两者之间存在汇差，在套利机制驱使下进而会影响国内货币政策的效果。宋清华和黄峰（2017）研究了境内外人民币即期汇率与远期汇率的关系，指出即期汇率的决定因素正逐步由在岸市场转向离岸市场，远期汇率中美国市场的远期汇率价格对香港离岸市场和在岸市场的远期汇率价格有显著影响。张大永和姬强（2018）研究了我国原油期货市场、世界原油市场、股票市场与外汇市场之间的相互关系，发现几个市场间存在风险溢出关系，其中我国原油期货价格与国际原油价格的风险溢出效应强于其与外汇市场的风险溢出效应。

2.2.2.3 汇率风险影响文献总结

从现有关于汇率风险影响的文献来看，研究多集中于价格溢出影响及波动率溢出影响，这些研究从多个市场角度出发，厘清了不同市场间风险相互影响（溢出）的关系，对于进一步认清现有金融市场风险起到了重要作用。当然，如前文所述，现有文献在对汇率风险影响进行研究时多基于波动率或价格指标的角度，采用格兰杰检验、VAR 模型及 GARCH 模型族进行判断；同样地，受上述实证模型设定的限制，较少有文献从更高阶矩的角度进行汇率风险影响分析，因此，在波动率或价格指标的基础上引入高阶矩指标可以进一步拓展汇率风险影响的研究范围。

2.2.3 汇率对出口影响相关文献

2.2.3.1 国外研究现状

对于汇率波动对经济的影响问题国内外学者已有众多研究，这些研究中有很大部分是关于汇率波动对一国贸易价格的影响问题。根据经济理论，影响一国贸易价格的主要因素包括汇率、产品成本、市场结构等，而在这些因素中汇率对于贸易价格的影响仍然是众多学者研究的重点内容，尤其是在汇率对贸易价格影响程度的问题上，包括汇率对贸易价格的传导是完全传导还是不完全传导，即进出口贸易商品价格是否会随汇率的变动而产生同比例的变动，以及汇率对贸易价格的传导是否存在对称性，即在汇率升值和贬值两种情况下，进出口贸易商品价格变化是否同此一致。

研究汇率对价格影响的传统思路是在完全竞争市场的框架下进行的，认为汇率变动将会导致贸易价格同比例变化。20 世纪 80 年代中后期，学者们开始在不完全竞争市场框架中研究汇率对价格的传导效应问题，并认为汇率波动对价格的传导是一种不完全的传导。目前国外学者对此领域已有较多的研究。从国外学者对汇率传递的实证研究来看，Brissimis 和 Kosma（2007）采用协整的方法，研究了日本加总的出口价格和制造业出口价格在美国市场上的表现，结果表明汇率传递是不完全的。Parsons 和 Sato（2008）研究了日本 27 种商品出口价格传递，发现日本对东亚国家的出口存在完全的汇率传递现象，而对美欧国家的出口汇率传递系数则较小。Tekin 和 Yazgan（2009）验证了土耳其进出口价格对汇率波动的反映，结果显示，土耳其制造业出口价格传递为完全传递，而进口价格传递则为不完全传递。Kiyotaka 等（2012）利用构建的日本分行业名义有效汇率对日本主要 8 个行业的出口价格传递进行研究后发现，所研究的行业存在不同程度不完全传递，其中通用机械行业的传递系数在所有行业系数中是最大的，作者认为该行业具有较强竞争力。Ghosh 和 Rajan（2007）、Dash 和 Narasimhan（2011）、Bussiere（2013）等学者也对出口价格汇率传递的不完全性问题进行了研究。此外，国外学者还对汇率传递现象的非对称性、时变性等问题进行研究。Ceglowski（2010）探讨了日本分行业汇率传递系数的变化，运用 Andrews-Ploberger 检验和 Chow 检验估计了汇率传递效应的时变性，并且通过分解汇率传递系数解释了汇率传递效应发生变化的原因。Shioji（2015）基于 VAR 模型和 TVP-VAR 模型对日本主要进口商品汇率传递进行了研究，结果显示，日本进口价格汇率传递系数呈现先下降后上升的趋势。

2.2.3.2　国内研究现状

陈六傅和刘厚俊（2007）借助 VAR 模型研究发现，在稳定且较低的通胀背景下，汇率波动对中国进口价格有显著但程度较小的影响。万晓莉等（2011）利用我国产业层面数据对我国名义有效汇率和进口价格进行研究发现，汇率传递效应在产业层面存在很大差异，其中资源类产品进口行业的汇率传递程度较大。曹伟和申宇（2013）运用面板数据两阶段工具变量法和滚动回归对 13 个行业的分行业汇率与进口价格数据的研究表明，我国不同行业间汇率传递程度存在较大差异，其中劳动密集型产业传递程度较小，资源类产品进口价格对汇率不敏感，而食品、煤炭、造纸等行业传递程度较大。陈斌开等（2010）运用 ARDL 模型对我国 11 个主要工业出口行业出口价格和分行业名义有效汇率、出口竞争力的关系进行研究发现，汇率传递存在显著的不完全性。邹宏元和罗大为（2013）测算了海关 HS 分类制度下主要行业的分行业名义有效汇率，并通过滞后回归发现 8 个主要工业行业存在汇率不完全传递现象。

2.2.3.3 文献总结

有相当部分文献是针对汇率传递角度展开研究的，学者所利用的研究变量主要是汇率的变化率，以考察汇率变化率对出口价格的影响，也有少量学者研究了汇率变化率对出口量的影响，如邹宏元和罗大为（2014）。同样地，类似于前述学者在计算汇率变化率时采用的是对数差分形式，属于低阶矩的角度，几乎没有学者从更高阶矩的角度对出口问题进行研究。基于此，本书试图从高阶矩的角度研究汇率风险对出口的影响。

2.2.4 高阶矩风险相关研究文献

2.2.4.1 国外高阶矩风险研究相关文献

对市场的无条件高阶矩特征，早期研究中偏度与峰度是分开进行的。对于偏度的研究，主要是源于偏度偏好的资产定价研究，早期的文献如 Arditti（1969）、Kraus 和 Litzenberger（1975）以及后续的一系列资产定价方面的研究。他们在对收益率的偏度风险进行定价检验之前，发现大多资产或资产组合的收益率常常表现出显著的非对称性，即存在非零的偏度（超额偏度）。与这些研究相比，Peiró（1999）以世界 8 个股票交易所的 9 种股指收益率和 3 种外汇收益率为样本，分别采用参数拟合法（正态分布和混合正态分布）和非参数方法考察了收益率的非对称性，并指出这些金融资产的收益率均表现出显著的负偏斜特征。

对于无条件峰度特征的研究起步也相对较早。Mandelbrot（1963）最早对正态分布假设正式提出质疑。Fama（1965）采用非参数方法（Kolmogorov-Smirnov 检验，即 K-S 检验）考察了资产收益率的频率分布与正态分布是否一致，结果发现，当资产收益率超过均值的 2 倍标准差后，其发生的频率高于正态分布给出的累积概率，并表现出尖峰厚尾特性，其峰度值常常大于 3，存在超额峰度。Praetz（1972）也基于收益率的频率分布给出证据支持尖峰、厚尾特征的存在性，并建议用尺度化的学生 t 分布代替正态分布作为收益率的概率分布假设。Gray 和 French（1990）则采用参数方法，比较了正态分布、尺度化的学生 t 分布（Scaled-t 分布）、混合正态分布（两个正态分布的混合）以及逻辑斯谛分布对收益率的拟合优度，结果发现后三种非正态分布均能更好地拟合收益率分布特征。这些研究主要关注收益率分布有别于正态分布的峰度特征，即尖峰、厚尾或超额峰度的存在性。

还有部分学者将偏度与峰度指标纳入资产定价研究框架中，这些文献包括 Rubinstein（1973）、Kraus 和 Litzenberger（1975）的相关研究。上述学者在文献中将偏度和峰度当作风险看待，然而他们的研究都是从静态的角度来处理偏度与峰度，而风险是一个动态变化的过程，当期风险往往会受到往期风险的影响（资产波动率的聚集性现象便是证明，当然往期风险并非当期风险的唯一决定因素）。直到 Siddique 和 Harvey（1999）提出了带有时变高阶矩的条件资产定价模型并讨论了时变的风险溢价，才开了研究条件偏度与条件峰度的先河，高阶矩风险研究开始进入动态研究阶段。

Verhoeven 和 McAleer（2004）分别在 9 种分布的假设下，对美国和澳大利亚等股市收益率进行研究发现，同时引入偏态和峰态系数的分布对样本收益率的拟合效果优于仅引入峰态系数的条件分布。Degiannakis 和 Kiohos（2014）以加拿大、德国和英国的股指数据为样本，在假设条件分布为正态分布和偏斜 t 分布的情形下，比较研究了非对称幂 ARCH（APARCH）及其扩展模型的拟合效果，并发现偏斜 t 分布优于正态分布，在此分布假设下波动性的预测效果相对较好。

Aparicio 和 Estrada（2001）以 1990~1995 年欧洲股票市场 13 种指数收益率为样本，采用参数方法考察了正态分布、尺度化的学生 t 分布、混合正态分布和 Logistic 分布的适应性，结果发现，所有的收益率样本均显著拒绝了正态分布而支持尺度化的学生 t 分布，部分样本支持混合正态分布和 Logistic 分布。Harris 和 Kucukozmen（2001）以英国和美国股票市场的指数日收益率为样本，采用参数方法考察了两种非常灵活的非正态分布，即指数广义贝塔分布和广义偏斜 t 分布的适应性。由于这两种分布同时引入了偏态和峰态系数，因而能够很好地捕捉收益率的非对称性和尖峰、厚尾特征。Hutson 等（2005）以日本和欧美等 6 个国家的股市指数收益率为样本，采用两种非参数法和两种分布的参数拟合法，对比了日本和欧美股市收益率的非对称性，并发现日本股市收益率的非对称性尤为明显。Rafferty（2012）构建了一个全球货币偏态风险因子，并发现较高超额回报的货币投资组合与全球货币偏态风险因子之间呈现正相关关系。Michael（2016）检验货币期货收益中是否包含了偏度风险溢价，结果显示，需求方压力使货币期货收益中包含了偏度风险溢价。Breedon 等（2016）发现，外汇市场上的套利交易会使汇率产生正向偏差，增加货币市场崩溃的风险并使汇率收益偏态发生变化。

2.2.4.2　国内研究现状

方立兵等（2011）在 CAPM 模型中引入高阶矩指标，结果显示加入高阶矩指标后的 CAPM 模型能够提高对赢家组合收益率的解释力度。申建平等（2014）利用 M-Copula-GJRSK-M 模型对深圳与上海股市高阶矩风险的研究表明，两市存在高阶矩风险，且风险是非对称的。方立兵和曾勇（2016）对中国股市高阶矩风险产生机制进行检验，结果发现波动率反馈效应和利空信息揭示会引起偏度和峰度风险。余豪（2017）在 CAPM 模型中引入高阶矩指标，发现中国股票市场中高阶矩风险没有被理性定价。吕永健等（2017）对外汇市场极端风险进行测度，结果表明，在将条件偏度和条件峰度纳入模型框架之后，汇率条件方差的波动幅度将会变小。赵丹丹和丁建臣（2018）利用广义 Edgeworth 级数展式改进 CCA 模型，将高阶矩风险引入 CCA 模型，研究了我国商业银行系统性风险，结果表明，引入高阶矩后的 CCA 模型风险测度的灵敏度和准确度相对于传统 CCA 模型较高。此外，石泽龙和程岩（2013）、甄宗政（2016）也做过类似研究。许启发（2006）、王鹏（2013）、吕永健和王鹏（2017）基于 GARCHSK 模型对股票市场、贵金属市场等市场收益序列进行高阶矩建模，结果发现，这些市场普遍存在高阶矩时变性特征，并进一步进行了 VaR 分析，但是整体结果显示基于 GARCHSK 模型的 VaR 后验检验精度相对基于传统 GARCH 模型的 VaR 后验检验仅存在并不明显的优势。崔金鑫和邹辉文（2020）研究了中国股市行业间的高阶矩风险溢出现象。夏仕龙（2021）改进了 CAPM 模型，使资产投资收益研究由二阶矩拓展到三阶矩和四阶矩。蔡光辉和廖亚琴（2021）发现在考虑条件偏度和峰度后，EGARCH 模型的拟合能力得到提高。

2.2.4.3　高阶矩风险文献总结

现有关于高阶矩风险研究的文献开创了高阶矩研究的先河，拓展了汇率风险研究的思路与框架。国外文献更多侧重于理论研究，如分析高阶矩风险产生的机制，探讨金融序列分布在不同分布假设下相对于传统正态分布假设具有怎样的优势。国内研究内容则多集中于验证高阶矩风险存在性、引入高阶矩指标对模型的改进以及以此为基础针对投资者对资产的投资操作进行具体技术模拟，而针对我国外汇市场高阶矩风险产生机制的研究较少，同时对于高阶矩风险的影响或动态变化也研究不足，此外缺乏专门对中国外汇市场高阶矩风险的相关研究。本书希望将现有研究方法运用到对中国外汇市场的研究中去，以期我国在该领域的研究更进一步。

3

在岸人民币汇率高阶矩风险

在岸人民币市场经过多年发展，同发达国家市场相比虽然还存在一定差距，但制度化建设还是取得一定成效，市场参与者的类型与数量有所增加，市场理性程度也有一定提高。在这种背景下，在岸人民币市场高阶矩风险的现状处于何种状况是一个值得进一步探索的问题，这样做也有利于市场参与者及货币管理部门更全面地掌握我国外汇市场的风险特征。相对于其他指标在汇率风险测度中使用高阶距指标能够更完整地刻画市场中资产收益曲线的分布态势，传统上使用风险测度指标多集中于方差指标，但未考虑收益曲线有偏及尖峰厚尾的情况，忽视后者会导致风险认知偏差从而产生不良后果；同时，加入高阶距指标中偏度指标与峰度指标除了能够更为完整地描述资产收益曲线的分布态势，其本身也代表了市场崩溃风险与预期风险，针对外汇市场其基本能够完整概括汇率风险的相关内涵。

根据前述关于高阶矩指标的描述可知，高阶矩指标可分为条件高阶矩指标和非条件高阶矩指标两种情况。对于非条件高阶矩指标的计算可基于统计学关于方差、偏度和峰度所做的定义进行（计算公式详见下文）；而条件高阶矩的计算则相对复杂。在现有计量模型中，GARCH模型可以计算条件方差并衡量条件方差的时变性特征。需要注意的是，GARCH模型及其改进模型（下文统称GARCH模型族）可以计算序列的二阶矩即条件方差，而对于三阶矩偏度和四阶矩峰度，该类模型则假定其是静态的，因此，也可以将GARCH模型族称为静态高阶矩模型。但是也有较多研究表明除了方差以外，偏度与峰度也具有聚集性与时变性特征（如David，1996），偏度与峰度这种聚集性与时变性特征会对资产收益、资产定价、投资组合策略产生显著影响（王鹏等，2009）。众所周知，GARCH 模型当前在风险测度与风险管理等研究领域运用已非常广泛，其具有计算条件方差的能力，使其为后续学者进一步研究条件偏度与条件峰度提供了一个相对成熟的平台，后经学者对 GARCH 模型族的不断发展，逐步衍生出了包含更高阶矩的模型形式。例如，Siddique 和 Harvey（1999）提出 GARCHS 模型；Leon（2005）在 Siddique 和 Harvey（1999）的研究基础上进一步提出 GARCHSK 模型，模型名称中的 S 代表偏度，K 代表峰度。基于 GARCHS 模型和 GARCHSK 模型可以更快速、便利地计算出之前计算相对烦琐的条件偏度和条件峰度[①]。目前，GARCHSK 模型已成为研究高阶矩应用较为广泛的模型之一，基于上述原因，本书以 GARCHSK 模型为基础对人民币汇率高阶矩进行研究。

在进行高阶矩风险研究前还需要特别指出的是，方差、偏度和峰度三个指标原属于统计学概念，在统计学领域利用上述指标对变量观测值进行描述，其描述结果带有中性特点，即在不考虑其他学科背景时，某特定变量观测值的方差、偏度和峰度仅仅是一种统计性的描述，此时不能急于从主观上对某统计指标进行"好或坏"的判断，还需要将上述指标与特定学科相结合，当存在一定假设条件前提时，方差、偏度和峰度等统计性指标才具备了不同的属性或含义，研究者才能基于这些不同的属性或含义做出进一步判断。例如，传统文献在研究资产风险（也可拓展至其他类型的经济风险概念）时是在经济学学科的背景下进行的，往往需要假设市场参与者是理性的，在"方差—均值"框架下，市场参与者（投资者）希望在风险最小的情况下获取最大收益或者在收益一定的情况下风险最小，即投资者的效用函数是凹函数，投资者对风险的态度是属于风险厌恶型的。只有具备了上述前提条件，进行风险研究才具有现实意义，即在此时，这些统计指标对于研究者才具有具体意义上的"好坏"之分。

---

① 由统计学知识可知，计算条件指标时后一期数值是基于前期数值进行计算的，概念本身带有时变性特征，在中高频数据中如果按照定义进行逐个计算则过程会显得非常烦琐。

3.1　相关概念简介

3.1.1　方差

首先，根据方差的定义，方差是指变量每一个观测值与变量整体算术平均数离差平方和的平均数，由于方差是统计学概念，因此在实际中还需将其进一步划分为总体方差与样本方差，其中总体方差的计算公式见式（3-1）：

$$\sigma^2 = \frac{\sum (x - \mu)^2}{N} \tag{3-1}$$

其中，σ^2 为样本方差，x 为变量值，μ 为总体均值，N 为总体观测值数量。

样本方差的计算公式见式（3-2）：

$$s^2 = \frac{\sum (x - \overline{X})^2}{n - 1} \tag{3-2}$$

其中，s^2 为总体方差，x 为变量值，$\overline{X}$ 样本均值，n 为样本观测值数量。

方差是用于衡量样本离散程度的指标，经济变量的方差越大意味着变量样本分布离散程度越高，偏离均值的可能性越大，样本观测值的波动性则越大，此时风险越高（如图 3-1 所示）。

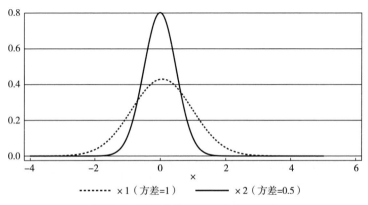

图 3-1　不同方差的正态分布示意图

由图3-1可知，当方差=1时，正态分布图形明显较方差=0.5时平缓，尾部数据范围相对较宽，数据分布更为分散，数据观测值集中性较差，对于投资者而言显然更倾向于方差=0.5时的分布状况，即方差偏小时的情况，此时变量观测值分布相对较为集中，变量波动范围较小，风险相对较小。

3.1.2 偏度

根据偏度的定义，偏度是描述变量分布对称性的指标，其定义为：变量离差三次方的平均数与标准差三次方之比（类似于方差，偏度同样分为总体偏度样本偏度，此处列出的公式为样本偏度公式）。计算公式如下：

$$\text{skewness} = \frac{1}{n-1}\sum_{i=1}^{n}(X_i - \overline{X})^3/SD^3 \tag{3-3}$$

其中，skewness 代表偏度，n 为样本观测值数量，X_i 为样本观测值，$\overline{X}$ 样本均值，SD 为变量标准差，偏度分布示意图如图3-2所示。

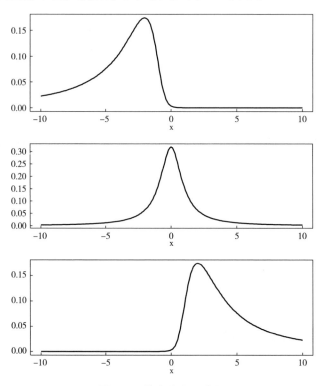

图3-2 偏度分布示意图

由于偏度指标为奇次（3 次）幂指标，数值可正可负。以正态分布为例，当偏度数值为正时，呈现正偏度状态（见图 3-2）；当偏度数值为负时，呈现负偏度状态；只有当偏度为零时，正态分布呈现对称分布状态。本书所要讨论的偏度风险集中于正偏与负偏两种情形。当偏度为正时，即在右偏状态下，以资产收益为例，投资者获取大于均值收益状况时的累积概率将大于获取小于均值收益状况时的累积概率；而当偏度为负时，即在左偏状态下，投资者获取小于均值收益状况时的累积概率将大于获取大于均值收益状况时的累积概率。换言之，在右偏状态下，投资者有较大概率获取相对较高收益；在左偏状态下，投资者有较大概率获取相对较低收益乃至导致损失。因此，理性投资者更倾向于右偏状态下的资产收益分布，偏度指标越偏向负值，偏度风险越大。

3.1.3　峰度

峰度指标是变量的离差四次方的平均数与标准差四次方之比。峰度指标主要衡量了变量尖峰肥尾特征（此处同样仅列出样本峰度计算公式）。其计算公式如下：

$$kurtosis = \frac{1}{n-1}\sum_{i=1}^{n}(X_i - \bar{X})^4/SD^4 \qquad (3-4)$$

其中，kurtosis 代表峰度，n 为样本观测值数量，X_i 为样本观测值，$\bar{X}$ 为样本均值，SD 为变量标准差，峰度分布示意图如图 3-3 所示。

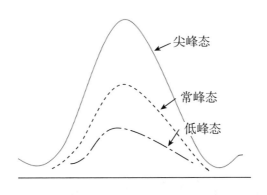

图 3-3　峰度分布示意图

由图 3-3 可知，随着峰度值增大，其分布曲线顶部越呈现尖锐化趋势而两端尾部相对于常峰态更厚，对于峰度变量而言，峰度越大，则变量分布尖峰厚尾现象越明显，虽然峰部离散程度较低，但是尾部的厚尾现象使得尾部数值取值范围更广，而变量尾部数据往往与变量均值之间存在较大差异（GAP），使得变量观测值整体离散程度被拉高，变量取得极端值（离群值）的概率增加，进而导致损失概率增加。因此，峰度值越大，预期资产收益越可能发生剧烈波动，导致风险增大。

3.2　汇率高阶矩风险机理分析

前文对高阶矩相关概念进行了简介，下面将从在岸人民币市场的角度对汇率高阶矩风险机理进行分析。根据第 2 章国外学者关于市场高阶矩风险的理论分析不难看出，国外学者对于高阶矩风险的机理分析多是从投资者行为（包括心理、预期）以及市场信息等角度，且现有国外学者对高阶矩风险分析的对象多是集中于投资型的市场，其中以股票市场为主要代表，而本书的研究对象是在岸人民币市场的汇率高阶矩风险，考虑到我国国情，在岸人民币市场与国外学者分析时所采用的股票市场存在一定联系，但也存在明显的区别。股票市场对于投资者而言是一种典型的、常见的投资型市场，其市场参与者广泛，投资者类型众多，市场进入门槛相对较低，市场监管相对宽松。而在岸人民币市场受到较多管制，且主要参与者为银行，对个人和企业而言，在岸人民币市场的投资渠道是相对封闭的，且作为主要参与者的银行由于安全性经营原则的限制也不可能出现过度的投资（机）行为，因此在岸人民币市场的投资性功能相对股票市场较弱。当然随着我国外汇市场的发展，其市场流动性也有了一定增强，市场规模有了较大发展，市场化程度得到了提高，因此对在岸人民币市场汇率高阶矩风险的机理分析除了借鉴前人经验之外还需要结合本国实际情况。

3.2.1　汇率波动（方差）风险机理分析

汇率波动风险机理可以借由市场有效论进行分析，市场有效论认为，在有效的金融市场中，价格会根据新信息立刻做出相应调整，市场价格走势呈现随机性，因此信息的传播会导致资产价格波动。在有效程度较高的市场中，其市场法律健全、功能良好、透明度高、竞争充分，市场价格对信息的反映是充分、准确的，市场参与者无法获取高于市场平均水平的超额收益。法玛［Fama（1965）］教授将市场划分为弱式、半强式和强式有效三种类型，但现实中完全强式有效的市场并不存在（市场能够传递所有的信息），只要市场能够传递信息，那么资产价格波动现象就不可避免。因此，波动风险除了表现为资产价格波动以外，资产价格波动溢出也是波动风险的一个重要表现形式。现有研究表明，各金融市场间存在普遍联系，市场波动作为一种易被观测到的现象，会以波动溢出的形式使得波动现象由单一市场扩展至其他市场，继而形成波动溢出效应（风险）。其中，外汇市场作为联系一国国内市场与国外市场的重要货币关系纽带，其波动溢出影响范围会相对广泛。根据上述结论，汇率波动就是一国货币根据来自国内外金融市场信息的再反应过程（这一过程体现的也是汇率的再定价过程），信息会在传递过程导致汇率价格发生波动，由于外汇市场同时联系一国国内与国际市场，信息的传递存在国内跨市场与境外（或离岸）跨区域传递两种情况，因此汇率波动风险的影响范围也涉及两个方向：第一，国内跨市场影响；第二，境外（或离岸）的跨区域市场影响。现实中，所有类型市场均会在接收来自其他市场信息的同时传递出自身的信息，新信息产生的影响会被各市场以价格调整形式被最终"熨平"。但是要达到这样一种"熨平"效果是需要一段时间的，即各市场对信息的接收、传递与吸收并做出反应的速度不一致。实际中，无论是一国国内市场抑或是境外（或离岸）的跨区域市场有效性均存在两个特点：一是各市场均是非完全有效的；二是各市场的有效性程度不一致。由于上述特点，信息在传递过程中会对各市场产生关联影响，继而使外汇市场与其他市场之间产生货币关联性，出现波动溢出现象。

结合我国外汇市场来看，在20世纪90年代初之前，我国事实上实行的是钉住美元的固定汇率制度，虽然此时我国货币管理部门开始公布人民币对主要国家货币的汇率，但市场制度建设相对滞后，也尚未建立起完善的汇率交易制度，信息传递渠道不够通畅，市场难以通过其他渠道对信息做出反应，因此人民币对主要国家货币的汇率（主要以美元为代表）几乎不存在显著波动。2005年汇改与2018年两次汇改在较大程度上推动了我国外汇市场的市场化建设，各类制度不断完善，开始出现市场波动现象，特别是2015年汇改后，相较于之前，人民币对美元汇率开始呈现波动加剧的势态。在 2005 年汇改之后，中国人民银行相继出台了一系列政策措施，包括逐步放宽部分人民币主要汇率的波动范围①、引入做市商制度②、增加市场参与者类型③、降低汇率交易费用④。上述措施在加快我国外汇市场发展的同时也不可避免地会加剧汇率波动。例如，我国引入做市商制度及增加市场参与者类型等措施，这类措施能够有效加强外汇市场流动性，促进交易的形成，也强化了市场有效性，使我国外汇市场能够更有效地应对信息冲击。可以看出，随着我国外汇市场近 20 年的改革发展，外汇市场的市场化程度有了较大提升，信息传递渠道逐步被打通，信息传递开始对市场产生影响并导致市场出现波动。同时，我国货币管理部门为配合改革实施的一系列政策在事实上也加剧了市场波动，这也成为我国外汇市场波动的一个动因。还需要注意到，我国外汇市场目前主要由银行间市场构成，从市场结构角度来看，市场信息传递渠道依然有限，尽管引入合格的境外机构投资者（Qualified Foreign Institutional Investor，QFII），但目前 QFII 数量非常有限，不足以对市场结构产生冲击，且我国仍有较多的汇率管制措施，因此我国外汇市场波动的幅度还比较有限。从波动溢出的角度来看，我国具有特殊的国情，我国既是世界第二大经济体，又是最大的发展中国家，需要巨量资金作为经济发展的支撑，而单靠国内资金积累显然难以完全满足需要，这时需借助国外资金。西方国家在资本项目领域开放程度要远高于我国，其资金流动限制较少，且经历了上百年发展，其国内经济结构已趋于稳定，资金需求量相对我国这样的"重量级"发展中国家而言较少。而我国作为发展中国家，出于自身金融安全考虑无法在短期内做到资本项目的完全开放，外汇市场对我国而言是资金进出的"闸门"，外汇市场的地位与作用已今非昔比，可谓"牵一发而动全身"，各行业市场的资金去向均与外汇市场息息相关，外汇市场的波动势必会对其他市场产生影响，继而产生波动溢出效应。

---

① 2007 年 5 月 21 日，央行决定银行间即期外汇市场人民币兑美元交易价浮动幅度由 0.3% 扩大至 0.5%；2012 年 4 月 16 日起，银行间即期外汇市场人民币兑美元交易价浮动幅度由 0.5% 扩大至 1%。

② 中国人民银行于 2006 年引入了外汇做市商制度，2015 年汇改将做市商制度纳入人民币汇率形成机制的框架之中。

③ 2003 年开始准许 QFII 进入，2016 年中国国家外汇管理局国际收支司副司长王春英明确表示将扩大企业运用衍生产品管理汇率风险的功能，支持个人有序开展衍生产品交易，并丰富外汇市场参与者类型，继续引入合格境外主体。

④ 2007 年远端交易在一周之内（含一周）的掉期交易的收费标准由百万分之十下调为百万分之一。

3.2.2 汇率偏度风险机理分析

Bianconi 和 Cai（2017）指出偏度风险是一种市场崩溃风险。当某类资产市场收益呈现非正态有偏分布时，如果分布越偏左（偏度指标越小或越偏向负）则偏度风险越大，偏左的收益分布相对于偏右的收益分布使得投资者大概率仅能获取相对较低收益甚至导致损失，即这类资产对投资者而言属于风险资产。在理性投资者的假设下，投资者对该类资产的需求会减少，持有该资产的投资者会卖出该类资产，使该类资产价格下降，收益继续下降，收益分布继续左偏，形成恶性循环，极端情况下该类资产市场崩溃。不难看出，偏度风险是一个与投资者偏好相关联的概念，其形成原因在于投资者偏好发生变化。更进一步来看，投资者偏好的改变往往与两类信息有关：一是能直接观测到的资产价格走势；二是投资者的预期。实际上，Pindyck（1984）和 French 等（1987）指出，当投资者预期发生变化时，如投资者预期整体宏观经济将会发生波动（风险增大）时，其对资产的偏好会因其对待风险态度而发生变化，即便是当下资产价格并未发生剧烈波动，其可能也会采取做空手段，进而使资产价格下跌，如此循环最终可能使资产市场价格崩溃。

结合我国在岸人民币市场具体情况来看，我国在岸汇率市场主要职能在于调节资金流动，同时为外贸活动提供融资及货币套期保值的平台。

第一，在很长一段时间内，我国实行强制结售汇制，企业及个人通过生产经营活动或其他渠道取得的外汇需到指定的银行或机构兑换成人民币，在此背景下我国外汇市场几乎不存在投资（机）的机会。尽管在 2012 年我国事实上已经取消了强制结售汇制，但我国外汇市场主体是银行间交易市场，对企业及个人投资者而言该市场的投资渠道相对封闭，加之银行在经营过程中要考虑稳健性与安全性原则，不可能出现过度投资（机）行为，且市场所受管制较多，因此我国外汇市场难以成为像股票市场那样一般意义上的投资型市场。如果仅从这个角度来看，我国外汇市场自身是难以产生偏度风险的（市场崩溃的可能性很低），即在岸市场中短时间内难以像其他市场那样为投资者提供一种真正意义上的投资品。

第二，中国经济形势在长达 40 年的时间里始终表现出良好态势，即便是近年来经济增速有所放缓，也是经济结构改革所致，国际社会对中国经济未来预期始终抱有较强信心。汇率是一国综合竞争力表现的指标之一，从人民币近年的走势来看，在国际货币市场中人民币是币值比较坚挺的货币之一，这主要归功于我国整体经济实力的提升，国内外经济参与者对人民币预期看好，人民币国际化程度提升，因此笔者认为从资产自身表现这一角度来看在岸人民币市场发生崩溃的风险可能性也较小。

第三，从外汇市场其他职能来看，情况则有所不同。一方面，一国汇率市场职能之一在于调节资金流动，国际上存在大量游资在世界范围内寻找投资机会，其进入某国市场的渠道之一便是通过外汇市场进入该国，如果某国经济受到冲击，持续下滑，国内收益率下降，那么这些游资会选择离开这些国家，此时对该国货币需求会下降，该国币值会不断贬值，在极端情况下会出现市场崩溃现象。对于我国而言，近年来我国经济结构改革不断深入，之前累积的问题和矛盾开始暴露，经济发展速度开始放缓，我国经济发展的不确定性随之增加，从这个角度来看，不能忽视如果出现外资大量外逃会给我国外汇市场及宏观经济带来巨大冲击的可能性。另一方面，外汇市场与一国外贸活动紧密相关，倘若一国贸易产品在国际上缺乏竞争力，国际市场对本国商品需求减少，贸易账户（这里指经常账户）可能会出现赤字，为弥补贸易赤字，一国货币当局需在市场中卖出本国货币，本币可能进一步贬值，形成不良循环。同样，对我国而言，出口一直是我国经济发展的主要动力之一，但由于我国出口商品国际竞争力同西方发达国家相比还有一定差距。同时，2008年金融危机后世界经济态势疲软，各国出现贸易保护主义倾向，这是我国出口所面临的巨大难题，我国又是原材料进口大国，由此可能导致的对人民币币值冲击所产生的影响同样不可忽视。

综上所述，从偏度风险产生角度来看，实际上我国外汇市场面临着比较复杂的局面，从国内宏观经济体系以及外汇市场内部机制及现状来看，偏度风险发生的可能性较小，但是如果考虑到外部影响因素，笔者认为我们不能完全排除偏度风险所导致的最终的严重结果出现。另外需要注意的是，我国目前正在实施的资本项目开放这一改革措施，实施资本项目开放本身是为了加快市场化建设，其出发点具有积极意义，但是资本项目的开放也意味着国内金融市场（包括外汇市场）与国际市场间联系增强。这有助于资金更便捷流动，发挥各类资金调节作用，但也会导致风险传递至国内市场，从而对包括外汇市场在内的金融体系产生巨大风险，因此笔者认为，对于偏度风险而言，其可能产生的重点领域仍在外部影响因素以及货币管理部门政策实施这两个方向上。

3.2.3 汇率峰度风险机理分析

由前述定义可知，峰度值越大，某类资产预期的资产收益越可能出现极端值，风险越大。不难看出，峰度是一个与预期相关的概念。峰度风险的出现是与市场参与者预期紧密联系的，而市场参与者的预期又与市场参与者的信息及其行为相关。因此，峰度风险可以借助市场信息与机投资者行为理论进行分析。

罗伯特·希勒（Robert J. Shiller）教授在《非理性繁荣》一书中曾经指出，预期存在两种形式：一是假设所有市场参与者是相互独立的，那么单个参与者对市场的预期有可能是正确的，也有可能是错误的，但是由于各个市场参与者是独立的，那么单个参与者的预期所造成的影响就会相互抵消（无论其预期是对是错），也不会对市场产生严重影响。二是由于存在羊群效应，市场中相当比例（甚至是大部分）参与者的预期会趋同，那么这时这部分参与者的预期就会对市场产生影响，如果该部分参与者的预期是非理性的，那么将会对市场产生严重负面影响；反之，如果是理性预期，那么市场秩序不会受到严重冲击。实际上，按照希勒教授的观点，第二种情况在现实中出现的可能性更大，原因在于：从市场信息的角度来看，传统理论认为信息不对称会导致逆向交易的发生，但在市场中除信息不对称现象外，还存在信息不充分现象。市场所传递的信息量是巨大的，且其间还可能掺杂大量虚假信息，对于单个市场参与者而言，其信息收集量、知识储量与信息分析能力均是有限且存在差异的，这会使得单个市场参与者无法完全理性应对海量市场信息，其只能依据现有的信息资源做出预期。从投资者行为来看，也有部分投资者由于前述信息不充分现象的存在而出现从众行为，即羊群效应，这时该部分投资者会效仿其所认同的其他投资者，认为同一群体中的其他投资者更具有信息优势，此时便会形成群体性预期。综上，显然第二种情况更符合现实世界真实情况，第一种情况中市场参与者完全相互独立的假设在现实中很难实现。

同时，预期同样会引起两个方面的效果：第一，预期会改变市场参与者的行为。例如预期某种股票未来会上涨，我们会买进该股票，以期在更高的价格卖出获利；预期通货膨胀会持续升高，我们就不会持有过多的现金，而是购买能够保值增值的物品等。第二，预期会自我实现。例如汇率预期，这种预期可能是理性的，也可能是受市场情绪影响而呈现出非理性特征。当市场上对某种货币形成贬值预期时，市场主体就会尽量抛售该种货币，买进币值更加坚挺的货币，改变币种配置结构；而抛售货币这种行为就会导致市场上该种货币的泛滥（供给增加），从而导致该货币当时就贬值；而货币贬值的现实又会进一步强化市场上关于该种货币的贬值预期，进而推动继续抛售该种货币，形成一个恶性循环。

结合中国外汇市场来看，第一，早期市场事实上采用固定汇率制度，因此预期因素难以在当时的市场环境中发挥应有的作用。随着国内外汇市场不断发展，越来越多的参与者进入外汇市场中，市场运作相较早期更加透明，汇率作为重要的经济指标开始传递更多信息，加之市场参与者开始有能力逐步影响市场走向，市场参与者的预期开始在市场中发挥作用，市场参与者开始有能力借助预期分析市场。第二，从货币管理部门角度来看，在改革开放早期，我国货币管理部门更多是采用指令性管理方法，在确定经济目标后，向金融系统传达相应行政指令，各金融机构按指令执行，金融体系的运作市场化程度低，加之参与者数量少，这就不可避免地造成市场运行过程中市场透明度低，市场参与者可获取的信息少，继而难以根据市场态势做出判断。在历经了多次改革之后，货币管理部门也逐步积累了更多管理经验与政策手段，从传统的三大货币政策工具，即存款准备率、贴现率和公开市场操作逐步拓展至直接信用工具与间接信用工具，特别是央行逐步开始重视市场沟通等政策手段，在很大程度上增加了市场透明度，有助于市场参与者预期的形成。第三，从市场参与者构成来看，我国在岸人民币市场主要参与者依然为银行间市场参与者以及部分存在对外业务的企业及个人，结构相对单一，相对参与者众多的其他投资性更强的市场（如股票市场）更容易形成羊群效应，市场预期相对容易统一。但是需要注意的是，这种态势可能是一把双刃剑，即如果预期是一种理性预期则不会对外汇市场形成重大冲击，但如果群体性预期出现偏差则有可能对外汇市场产生重大负面冲击。当然，上述假设建立在我国外汇市场特有的参与者构成上，前述假设中的情形更多是一个概率问题，而并非由市场机制所导致。第四，从市场参与者自身预期能力来看，我国在岸市场参与者最重要的特征在于以银行间市场参与者为主体。银行作为专业金融机构，其收集信息和分析信息的能力相对一般个人参与者显然更强。预期在类型上可以分为适应性预期与理性预期，适应性预期是根据历史信息预测未来，采用试错调整的方式使预期接近客观实际，理性预期是最大化利用现有信息并经过细致分析思考得到的预期，但无论是哪一种预期（尽管目前理性预期在学术界中运用得更广）都需要借助信息才能进行进一步分析。在我国外汇市场中，当前汇率的形成机制做市商参考上日银行间外汇市场收盘汇率，向中国外汇交易中心提供中间价报价，收盘价可以看作上一交易日多空双方博弈的客观结果，而做市商的市场中间人身份可以使其获取大量市场信息，加之市场透明度的提高，现有参与者自身较强的信息分析能力能够使预期最大限度地符合客观实际。从这个角度来看，笔者认为国内市场参与者的预期能力相较过去有了较大提高，虽然在短期内市场容易受到突发事件所导致的异常情绪影响，但从长期来看，人民币汇率走势基本符合经济基本面，这从侧面说明我国外汇市场预期没有发生过大偏差，且预期因素确实开始发挥作用，这无疑是一个进步。

整体来看，目前在岸人民币市场由于信息传递渠道逐步打通和市场参与者理性水平提高，预期因素开始在市场中发挥作用。对管理部门而言，重要的是要进行预期引导工作，使市场形成理性预期，避免非理性预期对经济产生冲击，尤其在货币政策制定及传导过程中，市场预期与货币政策的最终目标是否相符将会影响货币政策的最终效果。在目前态势下，由于监管制度建设加快在一定程度上也能够避免非理性预期所带来的不利冲击，但更为重要的是，要提高市场参与者理性程度与信息认知能力，而笔者认为，市场参与者构成与信息分析能力在监管措施配合到位的情况下发生大规模非理性预期偏差从而产生严重后果的可能性不大，但由于发生非理性预期的可能性是始终存在的，因此，货币管理部门的正确引导就显得尤为重要。

3.3 高阶矩模型简介

3.3.1 非条件高阶矩计算

关于非条件高阶矩的计算，根据前文的描述，可借由统计学中相应公式进行计算。由于其是统计学概念，在计算非条件高阶矩指标时，还应根据抽样及样本情况区分总体与样本计算的不同，其相关公式及含义已在前文进行了阐述，此处不再赘述。

3.3.2 条件高阶矩模型

根据本书的研究目标，汇率高阶矩风险是基于相应的高阶矩指标表示，因此，本书研究的前提是能够计算出相应变量的高阶矩指标。根据前文，高阶矩概念依据统计学性质又可分为非条件高阶矩与条件高阶矩，非条件高阶矩计算可由相应公式进行，而条件高阶矩的计算则需要借助计量模型进行，相对较为复杂。但是条件高阶矩计算考虑了数据的动态性特征，且计算过程基于条件期望，计算结果包含了更多详细的变量信息。因此，对汇率高阶矩风险的研究除了需要对传统的非条件高阶矩进行研究外，还应进一步对高阶矩动态特征（如高阶矩的聚集性与时变性）问题进行研究，以获取更为准确的结果，这也是本书研究的重点之一。

具体来看，在条件方差、条件偏度和条件峰度指标中，传统的 GARCH 模型及其改进模型可以对条件方差进行估计，对于更高阶的偏度和峰度指标，GARCH 模型及其改进模型则假定其为静态的，因此也有学者将 GARCH 模型族称为静态高阶矩模型。后经学者对 GARCH 模型的不断发展，衍生出包含高阶矩的 GARCH 模型高阶矩形式，如 Harvey（2000）提出 GARCHS 模型；Leon（2005）在 Harvey（2000）的基础上进一步提出 GARCHSK 模型。本书沿用这一思路，利用 GARCHSK 模型计算相应变量的条件方差、条件偏度和条件峰度，继而判断其是否存在时变性。由于 GARCHS 模型和 GARCHSK 模型是由 GARCH 模型发展而来，故下文中先列出 GARCH 模型的具体形式，再分别列出 GARCHS 模型和 GARCHSK 模型的具体形式。

（1）GARCH 模型。

根据 Bollerslev（1986）的定义，GARCH 模型具体形式如式（3-5）所示：

$$\begin{cases} r_t = \mu_t + \varepsilon_t = \rho r_{t-1} + h_t^{1/2} z_t \\ h_t = \beta_0 + \sum_{i=1}^{n1} \beta_{1,i} \varepsilon_{t-i}^2 + \sum_{j=1}^{m1} \beta_{2,j} h_{t-j} \end{cases} \quad (3-5)$$

其中，μ_t 为条件均值，h_t 为条件方差，z_t 为新生量（Innovation）且服从标准正态分布，t 为时点。β_1 为 ARCH 项系数，β_2 为 GARCH 项系数。GARCH 方程组中第一个方程为均值方程，第二个方程为方差方程，大量实证文献表明，GARCH（1，1）模型可以有效描述变量波动特征。

此外，可以看出，式（3-5）中的均值方程实际是一个自回归过程。Mcneil 和 Frey（2000）、Wei 等（2010）均指出一阶自回归过程足以对变量自相关进行有效刻画，因此本书参照国外学者的做法采用自回归 GARCH 模型设定形式即 AR-GARCH 模型形式（下同），而之后的 GARCHS 及 GARCHSK 模型也将以 AR-GARCH 模型为基本形式进行设定。

（2）GARCHS 模型。

如前所述，Harvey（2000）在 GARCH 模型基础上引入了偏度指标形成 GARCHS 模型，模型具体形式如式（3-6）所示：

$$\begin{cases} r_t = \mu_t + \varepsilon_t = \rho r_{t-1} + h_t^{1/2} z_t \\ h_t = \beta_0 + \sum_{i=1}^{n1} \beta_{1,i} \varepsilon_{t-i}^2 + \sum_{j=1}^{m1} \beta_{2,j} h_{t-j} \\ s_t = \gamma_0 + \sum_{i=1}^{n2} \gamma_{1,i} z_{t-i}^3 + \sum_{j=1}^{m2} \gamma_{2,j} s_{t-j} \end{cases} \tag{3-6}$$

其中，s_t 代表条件偏度，$\gamma_{1,i}$ 为偏度方程中 z_t 三次方项的系数，$\gamma_{2,j}$ 为条件偏度的系数，γ_0 为偏度方程常数项，其余符号含义同 GARCH 模型。不难看出，GARCHS 模型与 GARCH 模型的不同之处在于在 GARCH 模型中加入了偏度方程，即式（3-6）中的第三个方程。

（3）GARCHSK 模型。

Leon 等（2005）在 Harvey 和 Siddique（2000）基础上进一步提出 GARCHSK 模型，具体形式见式（3-7）：

$$\begin{cases} r_t = \mu_t + \varepsilon_t = \rho r_{t-1} + h_t^{1/2} z_t \\ h_t = \beta_0 + \sum_{i=1}^{n1} \beta_{1,i} \varepsilon_{t-i}^2 + \sum_{j=1}^{m1} \beta_{2,j} h_{t-j} \\ s_t = \gamma_0 + \sum_{i=1}^{n2} \gamma_{1,i} z_{t-i}^3 + \sum_{j=1}^{m2} \gamma_{2,j} s_{t-j} \\ k_t = \sigma_0 + \sum_{i=1}^{n3} \sigma_{1,i} z_{t-i}^4 + \sum_{j=1}^{m3} \sigma_{2,j} k_{t-j} \end{cases} \tag{3-7}$$

其中，k_t 为条件峰度，$\sigma_{1,i}$ 为峰度方程中 z_t 四次方项的系数，$\sigma_{2,j}$ 为条件峰度的系数，σ_0 为峰度方程中的常数项，其余符号含义同 GARCHS 模型。同理，GARCHSK 模型则是在 GARCHS 模型基础上进一步引入峰度方程，即式（3-7）中的第四个方程。

自此，基于 GARCHSK 模型可以估计出条件方差、条件偏度和条件峰度。需要注意的是，以上三种模型形式均是以 AR-GARCH 模型为基础发展而来，即三种模型形式中的均值方程均为自回归模型设定形式。

3.3.3 基本条件高阶矩模型的估计

在确定模型形式的基础上需要对高阶矩指标进行估计，模型本身基于 GARCH 模型发展而来，但是通过模型具体形式可知上述三种模型均是高度非线性化的。根据计量经济学知识可知在估计 GARCH 模型时常使用极大似然估计法（Maximum Likelihood Estimate，MLE），在确定初始值后进行迭代计算，而 GARCHS 模型和 GARCHSK 模型由 GARCH 模型发展而来，因此对 GARCHS 模型和 GARCHSK 模型计算过程中仍然采用极大似然估计作为估计方法，具体计算式根据 Jondeau 和 Rockinger（2003）、许启发（2006）等提出的"从简单到复杂"的估计思路来进行。具体方法如下：

第一步，首先对 GARCH 模型中的均值方程进行估计，然后将得到的估计值作为初始值代入方差方程，可得到方差方程的估计值。

第二步，在第一步估计出 GARCH 模型均值方程与方差方程估计值后，将其作为初始值，代入 GARCHS 模型，则可以估计出偏度方程的估计值。

第三步，在第二步估计出 GARCHS 模型均值、方差和偏度的估计值后，将其作为初始值，代入 GARCHSK 模型，则可联合估计出峰度方程的估计值。

经由上述三个步骤，则可以得到 GARCHSK 模型中条件方差、条件偏度及条件方差的估计值。

3.4 GARCHSK 模型的扩展模型

GARCHSK 模型是基于 GARCH 模型发展而来的、用于计算高阶矩指标的基本模型。同理，由于 GARCH 模型也发展出多种改进模型，如 I-GARCH、E-GARCH、T-GARCH 等形式，因此可依据这些改进的 GARCH 模型形式发展出更多的高阶矩 GARCH 模型。基于全面性与稳健性考虑，本书在利用 GARCHSK 模型计算高阶矩指标的基础上进一步利用基于改进的 GARCH 模型发展出的两类高阶矩模型：NAGARCHSK 模型（许启发，2006）和 TGARCHSK 模型（王鹏等，2017）。同理，根据前文的论述，要计算 NAGARCHSK 模型和 TGARCHSK 模型，需要先分别计算 NAGARCH 模型、NAGARCHS 模型、TGARCH 模型、TAGRCHS 模型。

3.4.1　NAGARCHSK 模型

对于 NAGARCHSK 模型的具体形式，以下依次列出 NAGARCH 模型、NAGARCHS 模型和 NAGARCHSK 模型，具体见式（3-8）至式（3-10）。

$$\begin{cases} r_t = \mu_t + \varepsilon_t = \rho r_{t-1} + h_t^{1/2} z_t \\ h_t = \beta_0 + \sum_{i=1}^{n1} \beta_{1,i}(\varepsilon_{t-i} + \beta_{3,i} h_{t-i}^{1/2})^2 + \sum_{j=1}^{m1} \beta_{2,j} h_{t-j} \end{cases} \quad (3-8)$$

$$\begin{cases} r_t = \mu_t + \varepsilon_t = \rho r_{t-1} + h_t^{1/2} z_t \\ h_t = \beta_0 + \sum_{i=1}^{n1} \beta_{1,i}(\varepsilon_{t-i} + \beta_{3,i} h_{t-i}^{1/2})^2 + \sum_{j=1}^{m1} \beta_{2,j} h_{t-j} \\ s_t = \gamma_0 + \sum_{i=1}^{n2} \gamma_{1,i}(z_{t-i} + \gamma_{3,i} s_{t-i}^{1/3})^3 + \sum_{j=1}^{m2} \gamma_{2,j} s_{t-j} \end{cases} \quad (3-9)$$

$$\begin{cases} r_t = \mu_t + \varepsilon_t = \rho r_{t-1} + h_t^{1/2} z_t \\ h_t = \beta_0 + \sum_{i=1}^{n1} \beta_{1,i}(\varepsilon_{t-i} + \beta_{3,i} h_{t-i}^{1/2})^2 + \sum_{j=1}^{m1} \beta_{2,j} h_{t-j} \\ s_t = \gamma_0 + \sum_{i=1}^{n2} \gamma_{1,i}(z_{t-i} + \gamma_{3,i} s_{t-i}^{1/3})^3 + \sum_{j=1}^{m2} \gamma_{2,j} s_{t-j} \\ k_t = \sigma_0 + \sum_{i=1}^{n3} \sigma_{1,i}(z_{t-i} + \sigma_{3,i} k_{t-i}^{1/4})^4 + \sum_{j=1}^{m3} \sigma_{2,j} k_{t-j} \end{cases} \quad (3-10)$$

其中，$\beta_{3,i}$ 为杠杆系数，$\gamma_{3,i}$ 为偏度方程的杠杆系数，$\sigma_{3,i}$ 为峰度方程的杠杆系数。其余参数含义同 GARCHSK 模型。

3.4.2　TGARCHSK 模型

对于 TGARCHSK 模型的具体形式，本书依次列出 TGARCH 模型、TGARCHS 模型和 TGARCHSK 模型，具体见式（3-11）至式（3-13）。

$$\begin{cases} r_t = \mu_t + \varepsilon_t = \rho r_{t-1} + h_t^{1/2} z_t \\ h_t = \beta_0 + \sum_{i=1}^{n1} (\beta_{1,i} |\varepsilon_{t-i}| + \beta_{3,i} |\varepsilon_{t-i}| \psi_{t-1,i}) + \sum_{j=1}^{m1} \beta_2 h_{t-j} \end{cases} \quad (3-11)$$

$$\begin{cases} r_t = \mu_t + \varepsilon_t - \rho r_{t-1} + h_t^{1/2} z_t \\ h_t = \beta_0 + \sum_{i=1}^{n1} (\beta_{1,i} |\varepsilon_{t-i}| + \beta_{3,i} |\varepsilon_{t-i}| \psi_{t-1,i}) + \sum_{j=1}^{m1} \beta_2 h_{t-j} \\ s_t = \gamma_0 + \sum_{i=1}^{n2} \gamma_{1,i} (z_{t-i} + \gamma_{3,i} s_{t-i}^{1/3})^3 + \sum_{j=1}^{m2} \gamma_{2,j} s_{t-j} \end{cases} \quad (3-12)$$

$$\begin{cases} r_t = \mu_t + \varepsilon_t = \rho r_{t-1} + h_t^{1/2} z_t \\ h_t = \beta_0 + \sum_{i=1}^{n1} (\beta_{1,i} |\varepsilon_{t-i}| + \beta_{3,i} |\varepsilon_{t-i}| \psi_{t-1,i}) + \sum_{j=1}^{m1} \beta_2 h_{t-j} \\ s_t = \gamma_0 + \sum_{i=1}^{n2} \gamma_{1,i} (z_{t-i} + \gamma_{3,i} s_{t-i}^{1/3})^3 + \sum_{j=1}^{m2} \gamma_{2,j} s_{t-j} \\ k_t = \sigma_0 + \sum_{i=1}^{n3} \sigma_{1,i} (z_{t-i} + \sigma_{3,i} k_{t-i}^{1/4})^4 + \sum_{j=1}^{m3} \sigma_{2,j} k_{t-j} \end{cases} \quad (3-13)$$

其中，$\beta_{3,i}$ 为杠杆系数，$\psi_{t-1,i}$ 为虚拟变量，当 $\varepsilon_{t-i} < 0$ 时，$\psi_{t-1,i} = 1$，当 $\varepsilon_{t-i} \geqslant 0$ 时，$\psi_{t-1,i} = 0$。其他符号含义同 GARCHSK 模型与 NAGARCHSK 模型。同样地，上述模型的估计方法也与前述 GARCHSK 模型的递归估计方法是一致的。

如前所述，GARCHSK 模型及其演变模型均是由 GARCH 模型族发展而来，对于 GARCH 模型的非线性与复杂性，其通常需要满足一定的约束条件才能保证模型的稳定性，主要是要求其 ARCH 项和 GARCH 项系数之和小于1。同样地，对于由 GARCH 模型衍生的 GARCHSK 模型族同样需要施加以一定的约束条件方可保证模型的稳定性，基于此，本书列出相关模型约束条件，具体如下：

（1）GARCHSK 模型约束条件：

方差方程约束条件：$\beta_0 \geqslant 0$，$0 < \beta_{1,i} < 1$，$0 < \beta_{2,j} < 1$，$\sum (\beta_{1,i} + \beta_{2,i}) < 1$，其中 $i = 1, 2, \cdots, n1$；$j = 1, 2, \cdots, m1$。

偏度方程约束条件：$-1 < \gamma_{1,i} < 1$，$-1 < \gamma_{2,i} < 1$，$-1 < \sum (\gamma_{1,i} + \gamma_{2,i}) < 1$，其中 $i = 1, 2, \cdots, n2$；$j = 1, 2, \cdots, m2$。

峰度方程约束条件：$\sigma_0 > 0$，$0 < \sigma_{1,i} < 1$，$0 < \sigma_{2,i} < 1$，$\sum (\sigma_{1,i} + \sigma_{2,i}) < 1$，其中 $i = 1, 2, \cdots, n3$；$j = 1, 2, \cdots, m3$。

（2）NAGARCHSK 模型约束条件：

方差方程约束条件：$\beta_0 \geq 0$，$0<\beta_{1,i}<1$，$0<\beta_{2,j}<1$，$\sum(\beta_{1,i}+\beta_{2,i})<1$，其中 $i=1,2,\cdots,n1$；$j=1,2,\cdots,m1$。

偏度方程约束条件：$-1<\gamma_{1,i}<1$，$-1<\gamma_{2,i}<1$，$-1<\sum(\gamma_{1,i}+\gamma_{2,i})<1$，其中 $i=1,2,\cdots,n2$；$j=1,2,\cdots,m2$。

峰度方程约束条件：$\delta_0>0$，$0<\delta_{1,i}<1$，$0<\delta_{2,i}<1$，$\sum(\delta_{1,i}+\delta_{2,i})<1$，其中 $i=1,2,\cdots,n3$；$j=1,2,\cdots,m3$。

（3）TGARCHSK 模型约束条件：

方差方程约束条件：$\beta_0 \geq 0$，$0<\beta_{1,i}<1$，$0<\beta_{2,j}<1$，$\sum(\beta_{1,i}+\beta_{2,i})<1$，其中 $i=1,2,\cdots,n1$；$j=1,2,\cdots,m1$。

偏度方程约束条件：$-1<\gamma_{1,i}<1$，$-1<\gamma_{2,i}<1$，$-1<\sum(\gamma_{1,i}+\gamma_{2,i})<1$，其中 $i=1,2,\cdots,n2$；$j=1,2,\cdots,m2$。

峰度方程约束条件：$\sigma_0>0$，$0<\sigma_{1,i}<1$，$0<\sigma_{2,i}<1$，$\sum(\sigma_{1,i}+\sigma_{2,i})<1$，其中 $i=1,2,\cdots,n3$；$j=1,2,\cdots,m3$。

3.5 在岸人民币汇率高阶矩

根据本书的研究目的，下文将利用相应统计检验方法及高阶矩模型对在岸人民币市场主要汇率的高阶矩风险因子的聚集性及其时变性等问题进行研究，因此需要从在岸市场中选取部分具有代表性的汇率作为研究对象。在选取样本汇率时，本书首先选取了部分人民币对主要的国际性货币（如 SDR 货币篮子中的组成货币或在国际货币体系中占有重要地位的国家货币）汇率为研究对象，所选取的样本货币包括美元、日元、欧元、英镑、瑞士法郎[①]和港元。此外，本书还考

---

① 一方面，瑞士作为永久中立国，经济政治受外界影响小，是公认的传统经济政治避险地区；另一方面，瑞士作为一个欧洲小国，债务少，经济增长强劲有力，瑞士法郎一直被世界投资者公认为是一种避险货币。Campbell 等（2010）、Hossfeld 和 MacDonald（2015）、Lee（2017）等研究证明了瑞士法郎的避风港货币性质，基于此，本书在此处将瑞士法郎也纳入研究范围。

虑了两类与国际大宗商品价格联系紧密的货币：加拿大元与澳大利亚元。至此本书所选样本货币均为发达国家或地区的货币，出于全面性考虑，本书还选取了马来西亚林吉特与俄罗斯卢布作为发展中国家的货币代表。这是由于马来西亚是中国较大贸易伙伴，且多年来两国经济交往平稳；中国自 2011 年起一直是俄罗斯最大的贸易伙伴国，中国与这两个发展中国家经济联系密切，从中国的角度来看，这两个国家的货币作为发展中国家货币具有良好的代表性。

在具体研究方法上，采用本章所述的条件高阶矩模型族（GARCHSK 模型族）来进行。由前述可知，GARCHSK 模型族在传统 GARCH 模型族基础上引入了偏度方程与峰度方程，相较传统 GARCH 模型族，GARCHSK 模型族除了可以计算条件方差外，还可以较为便捷地计算出序列的条件偏度与条件峰度，且由于 GARCHSK 模型及其改进模型是基于 GARCH 模型发展而来的，而 GARCH 模型多用于分析高频数据，同样地，GARCHSK 模型族也可用于分析高频数据，高频数据相对于低频数据可以提供更多更细致的数据信息。考虑到 GARCHSK 模型族是一种分析高频时间序列的模型，在本章研究中，模型采用了在岸市场日度汇率收盘数据，具体时间段为 2011 年 1 月 4 日至 2018 年 12 月 28 日。所有汇率标价方法均为直接标价法，汇率收益率以各汇率的对数差分形式乘以 100 来表示，即 $100 \times \left[\ln ex_t - \ln ex_{t-1} \right]$，其中 ex 代表日度汇率值。

3.5.1 数据描述

表 3-1 描述了样本区间内人民币对各样本货币日度汇率数据的描述性统计结果。

由表 3-1 可知，本章所选的样本货币汇率收益序列从高阶矩指标角度，即直观上从偏度和峰度指标来看均不符合正态分布假设，由统计学知识可知，在正态分布假设下，序列的偏度应该为 0，服从标准正态分布的序列峰度为 3[①]，其中所有汇率的偏度指标均不为 0；峰度指标表现得更为明显，所有汇率峰度指标均远远大于 3（这也说明样本序列至少不符合标准正态分布）。需要指出的是，这里的偏度指标与峰度指标仅是从平均数意义上来讲的，相对较为直观。若需进一步从数理统计角度分析样本序列是否服从正态分布，本章还采用了 JB 统计量进行

---

① 峰度本身是一个相对概念，这里以标准正态分布为例加以说明。

检验，JB 统计量①的 P 值也进一步表明样本汇率收益序列分布拒绝了服从正态分布的原假设。根据前文所述，在样本汇率收益序列拒绝正态分布假设的背景下表明其分布曲线可能存在尖峰厚尾及不对称现象，此时单纯利用方差指标难以全面描述汇率风险，故而应考虑进一步引入偏度和峰度等高阶矩指标以弥补方差指标的不足。上述结论也从侧面说明了在考虑偏度和峰度等高阶矩时分析金融时间序列可以获取更多有效信息，因此在分析相关金融序列时高阶矩指标不应当被忽略。

表 3-1　样本货币日度汇率收益率数据描述性统计结果

货币	观测量	均值	标准差	偏度	峰度	JB 统计量	ADF 检验
美元	1726	−0.0030	0.0545	2.0621	35.8393	130447.5 (0.0000)	−38.3778 (0.0000)
日元	1726	0.0036	0.2819	−0.2197	8.6146	3777.0 (0.0000)	−39.7234 (0.0000)
欧元	1726	−0.0033	0.2656	−0.3169	10.9629	7598.5 (0.0000)	−41.8071 (0.0000)
英镑	1726	−0.0082	0.2652	−0.8928	14.6929	15850.0 (0.0000)	−41.7005 (0.0000)
林吉特	1726	−0.0109	0.4911	1.0398	21.0039	23636.0 (0.0000)	−44.7259 (0.0002)
港元	1726	0.0031	0.0559	1.7990	34.5468	12005.5 (0.0000)	−38.4658 (0.0000)
加元	1726	−0.0040	0.2572	−0.3682	14.4714	15735.0 (0.0000)	−43.4682 (0.0001)
澳元	1726	−0.0021	0.3708	−3.0492	58.4310	37032.6 (0.0000)	−44.8299 (0.0000)
瑞士法郎	1726	0.0014	0.2907	4.3853	135.6379	21041.0 (0.0000)	−45.6670 (0.0000)
卢布	1726	−0.0414	1.1641	−0.2187	21.3522	24249.6 (0.0000)	−41.9971 (0.0000)

注：所有汇率收益率均为对数差分形式，JB 统计量指标下的括号中为 JB 统计量的 P 值。

3.5.2　条件高阶矩聚集效应

在研究汇率高阶矩风险时，检验各样本汇率是否存在高阶矩聚集效应对于把握外汇风险具有现实意义，判断是否存在风险聚集效应是判断风险是否存在的一个重要手段，当某类风险存在聚集效应时意味着风险实质性存在且影响具有持续

---

① JB 统计量常用于判断序列分布是否服从正态分布。

性。同时，需要进一步说明的一个问题是波动聚集现象与金融风险之间的关系。通常情况下，金融资产价格波动（也包括其他风险的表现形式，如本书中的偏度和峰度风险）与波动聚集现象之间是存在紧密联系的。所谓波动聚集现象是指高波动与低波动往往会在 段时间内各自聚集出现或交替出现，在掌握了波动聚集的情况时市场参与者可以有效进行风险规避。而波动聚集现象不显著则表明可能存在两种情况：第一，该项资产波动的变化在一定区间内是稳定的，此时该类资产风险相对较小；第二，该项资产价格波动可能存在离散性跳跃现象，此时该类资产风险有可能出现较大风险。不论在哪种情况下，根据风险的普遍存在性原理，市场参与者需要明确的是外汇市场风险是始终存在的，各类关于金融风险研究的目的实际在于探究风险的存在、大小或其动态演变特征，以便更有针对性地采取风险规避措施，而波动聚集现象是市场风险的重要体现之一。换言之，金融市场出现波动现象并不一定意味着波动聚集现象出现，但波动聚集现象存在会影响金融市场风险大小。

因此，根据以上论述并结合本书研究背景可知，风险研究的初始工作应该是先对风险进行聚集效应研究，风险聚集效应研究是属于风险研究整体环节的一部分，从其内涵来讲它并不是一种所谓"新"的风险分析方法，而应当将其看作进行风险研究的步骤之一，只有在确定了存在风险聚集现象的基础上才能对风险存在及其大小等问题进一步加以研究。出于全面研究的目的，在接下来的内容中，本书首先对相关样本汇率进行高阶矩风险聚集效应研究，为后续进一步的研究打下基础。

许启发（2006）指出检验高阶矩波动聚集效应存在与否通常主要有两种方法。

方法一：利用前述汇率收益率指标构建自回归模型，模型形式为 $r_t = a_0 + a_1 r_{t-1} + \cdots + a_n r_{t-n} + \varepsilon_t$，其中 r_t 为汇率收益，ε_t 为残差项，构建残差项序列的二次方 ε_t^2、三次方 ε_t^3 和四次方序列 ε_t^4（分别对应方差、偏度和峰度），利用 Ljung-Box 统计量来检验方差、偏度和峰度的波动效应，若在指定滞后阶数上存在序列相关，则表明原始序列存在高阶矩波动聚集效应。

方法二：通过构建拉格朗日辅助方程，采用 LM 检验法检验。首先依据方法一，同样构建残差项序列的二次方、三次方和四次方序列分别记为 ε_t^2、ε_t^3、ε_t^4；然后对如下方程进行估计：

$$\varepsilon_t^2 = a_0 + a_1 \varepsilon_{t-1}^2 + a_2 \varepsilon_{t-2}^2 + \cdots + a_n \varepsilon_{t-n1}^2 + \sigma_{ht} \tag{3-14}$$

$$\varepsilon_t^3 = b_0 + b_1 \varepsilon_{t-1}^3 + b_2 \varepsilon_{t-2}^3 + \cdots + b_n \varepsilon_{t-n2}^3 + \sigma_{st} \tag{3-15}$$

$$\varepsilon_t^4 = c_0 + c_1\varepsilon_{t-1}^4 + c_2\varepsilon_{t-2}^4 + \cdots + c_n\varepsilon_{t-n3}^4 + \sigma_{kt} \tag{3-16}$$

其中，n1、n2、n3 分别为方差辅助方程、偏度辅助方程和峰度辅助方程的滞后阶数；σ_{ht}、σ_{st}、σ_{kt} 分别代表方差辅助方程、偏度辅助方程和峰度辅助方程的残差项。如果样本容量为 N，则此时可以构造 LM 统计量分别为：

$$LM(h) = N[R(h)]^2 \sim x2(n1) \tag{3-17}$$

$$LM(s) = N[R(s)]^2 \sim x2(n2) \tag{3-18}$$

$$LM(k) = N[R(k)]^2 \sim x2(n3) \tag{3-19}$$

其中，R 代表式（3-14）至式（3-16）的 R^2 值，即拟合优度值，其服从一个卡方分布（x2 即代表卡方检验），检验的原假设为 X1 = ⋯ = Xn = 0（不存在高阶矩效应）；备择假设为 X1 = ⋯ = Xn 不同时为零（存在高阶矩效应），X 代表式（3-14）至式（3-16）中各系数的值，如果计算出的 LM 统计量值大于对应的卡方统计量值则拒绝原假设，表明存在高阶矩波动聚集效应，反之则表明接受原假设，不存在高阶矩波动聚集效应。

两种方法中第一种方法较为简便，易于操作，文献研究中多采用该种方法；而第二种方法在数理推论过程更为严密。出于稳健性考虑，下面我们对上述两种方法进行高阶矩波动性检验。方法一检验结果见表 3-2。

表 3-2　方法一检验结果

Q 检验	$Q\varepsilon_t^2$ (5)	$Q\varepsilon_t^2$ (10)	$Q\varepsilon_t^2$ (15)	$Q\varepsilon_t^3$ (5)	$Q\varepsilon_t^3$ (10)	$Q\varepsilon_t^3$ (15)	$Q\varepsilon_t^4$ (5)	$Q\varepsilon_t^4$ (10)	$Q\varepsilon_t^4$ (15)
美元	160.87***	161.39***	161.81***	110.74***	110.82***	110.87***	77.55***	77.67***	77.80***
日元	6.22	17.26*	37.25***	2.73	7.73	26.42**	1.85	2.29	5.64
欧元	47.60***	74.08***	93.83***	3.01	11.60	12.66	18.77***	22.46**	24.13*
英镑	12.79**	15.58	17.34	0.99	1.39	1.86	0.18	0.20	0.22
港元	155.05***	155.62***	155.79***	92.36***	92.44***	92.49***	53.75***	53.79***	53.86***
澳元	44.47***	49.07***	61.63***	67.99***	68.33***	71.93***	71.32***	71.47***	72.37***
加元	52.96***	53.86***	54.88***	38.78***	38.84***	38.84***	25.19***	25.27***	25.36**
林吉特	28.08***	34.05***	35.09***	2.06	2.22	2.29	0.36	0.37	0.39
卢布	86.70***	157.65***	206.70***	5.52	23.40***	36.72***	5.98	32.72***	58.78***
瑞士法郎	0.31	0.53	0.53	0.01	0.03	0.04	0.01	0.01	0.01

注：Q 检验代表 Q 检验结果，其括号内数字代表相应滞后阶数，出于稳健性考虑，本章分别取滞后 5 阶、10 阶和 15 阶作为考察阶数；ε_t^2、ε_t^3、ε_t^4 分别代表汇率收益指标构建的一阶自回归模型的残差平方项、残差立方项和残差四次方项，借以考察其方差，偏度和峰度的序列相关性。

***、**、* 分别代表在 1%、5%、10% 置信水平下显著。

由表3-2可知，对于所选的在岸市场中10种人民币样本汇率，绝大部分均存在高阶矩波动现象。其中人民币对美元、澳元、加元、港元、卢布汇率收益序列在二阶矩、三阶矩和四阶矩层面均存在高阶矩波动效应；人民币对日元汇率收益序列在二阶矩和三阶矩层面存在高阶矩波动效应；人民币对英镑和林吉特汇率收益序列在二阶矩层面存在波动效应；人民币对欧元汇率收益序列在二阶矩和四阶矩层面存在波动效应。我们注意到人民币对瑞士法郎汇率收益序列在二阶矩、三阶矩和四阶矩上均不存在高阶矩波动效应，一个可能的原因在于瑞士法郎币值相对稳定，瑞士国民经济发展相对平稳，瑞士法郎作为世界公认的避风港货币（Hossfeld and MacDonald，2015），其货币风险相对于其他国家货币而言较小。

出于比较目的，本章同时运用前述第二种检验方式对样本汇率高阶矩波动聚集现象进行检验。具体做法是首先对样本汇率收益率进行一阶自回归拟合，得到其残差值 ε，进而计算出 ε_t^2、ε_t^3 和 ε_t^4；其次根据 AIC 准则分别选择前述式（3-15）至式（3-17）的最优滞后阶数，此时则可比较所构造的 LM 统计量与卡方统计量大小，如果 LM 统计量大于卡方统计量则拒绝原假设，表明存在高阶矩波动聚集效应，反之则表明不存在高阶矩波动聚集效应。本书研究数据为日度数据，若滞后阶数过长则并无统计学意义，因此本章参照司登奎等（2014）的做法，将各对应方程最长滞后阶数设定为12，然后根据 AIC 准则选择最优滞后阶数。各样本汇率相应滞后阶数见表3-3。

根据表3-3的结果，我们可以分别计算 LM 统计量以及在5%显著性水平上对应的卡方统计量值，并比较两者大小，最终判断是否存在高阶矩波动现象。其中 LM 统计量为样本数量 $N×R^2$ 计算所得，本书中 N = 1728；R^2 为相应自回归方程的 R^2 值；卡方统计量表示为 $\chi^2_{0.05}$（P），0.05 为显著性水平（5%显著性水平），数值为表3-3中各对应方程的滞后阶数。具体比较结果如表3-4所示。

第二种检验方法表明，人民币对日元汇率收益序列的峰度不存在波动聚集效应；人民币对英镑汇率收益序列的偏度和峰度不存在波动聚集效应；人民币对瑞士法郎汇率收益序列的方差、偏度和峰度均不存在波动聚集效应；人民币对林吉特汇率收益序列汇率偏度和峰度不存在波动聚集效应，除以上情况，在绝大多数情况下各样本汇率收益序列均在方差、偏度和峰度三个层面存在一种或多种波动聚集效应。

表3-3　各样本汇率相应滞后阶数

滞后阶数	ε_t^2	ε_t^3	ε_t^4
美元	2	2	1
日元	2	12	1
欧元	4	10	1
英镑	1	1	1
港元	3	1	1
澳元	1	2	2
加元	2	1	1
林吉特	2	1	1
卢布	7	6	7
瑞士法郎	1	1	1

注：表中各货币是指人民币对样本货币汇率的简称，如美元是指人民币对美元汇率，余同。

对比两种检验方法的结果可以看出，除个别样本货币存在一定差异外，两种检验方法检验结果基本一致，差异主要体现在：人民币对欧元汇率收益序列偏度在第一种方法检验中不存在波动聚集效应，而在第二种检验方法中存在波动聚集效应①。除此以外，两种检验方法其他结果无显著差异，表明检验结果是基本稳健的。从整体来看，除瑞士法郎以外，其余样本汇率收益序列均在不同程度上表现出高阶矩波动聚集现象，这说明了两方面问题：第一，在国内外汇市场上，瑞士法郎相对其他所选样本货币风险较小，其可能的原因如前所述，此处不再赘述。第二，在国内外汇市场上，高阶矩波动聚集现象是一个较为普遍的现象（至少就本章所选样本汇率收益序列而言）。而对汇率收益序列高阶矩波动聚集的了解有助于各类市场参与者对外汇风险有更为全面的掌控，因此对该问题进行研究具有较强的现实意义。

---

①　事实上，在对欧元进行第一种方式检验时，本章发现，如果在以36阶为最长滞后阶数的背景下，人民币对欧元汇率收益序列偏度在29~36阶才出现波动聚集效应，超出了本章设定的最长12阶滞后阶数而未能在检验结果中得以体现，这表明其具有非常明显的滞后现象，从而不能说明其不存在波动聚集效应。

表 3-4　比较结果

比较结果	LM 统计量	卡方统计量
美元方差	145.2600	5.9910
美元偏度	105.3128	5.9910
美元峰度	74.9238	3.8410
日元方差	7.5234	5.9910
日元偏度	22.5009	18.3070
日元峰度	1.7728	3.8410
欧元方差	37.8817	7.8150
欧元偏度	15.7040	15.5070
欧元峰度	19.2084	3.8410
英镑方差	10.5166	3.8410
英镑偏度	0.6946	3.8410
英镑峰度	0.1625	3.8410
港元方差	136.1439	7.8150
港元偏度	79.0501	3.8410
港元峰度	48.5960	3.8410
瑞士法郎方差	0.0043	3.8410
瑞士法郎偏度	0.0014	3.8410
瑞士法郎峰度	0.0014	3.8410
澳元方差	305.0485	3.8410
澳元偏度	77.1776	5.9910
澳元峰度	79.1354	5.9910
加元方差	53.5589	5.9910
加元偏度	38.2506	3.8410
加元峰度	25.0519	3.8410
林吉特方差	21.0479	5.9910
林吉特偏度	1.5518	3.8410
林吉特峰度	0.1939	3.8410
卢布方差	93.5613	14.0670
卢布偏度	21.3539	12.5920
卢布峰度	33.3352	14.0670

注：表中画下横线的数字部分表明应当接受原假设，不存在显著波动聚集效应，其余则表明应当拒绝原假设，存在显著波动聚集效应。

3.5.3　样本汇率收益率时变高阶矩模型的估计结果及分析

在进行了高阶矩风险聚集效应研究的基础上，下文将依据前述 GARCHSK 模型及其改进型模型对所选取的样本汇率日度收益序列的条件高阶矩进行建模以判断其是否具有时变性特征。首先进行模型估计，并给出相应模型的系数。根据前文关于高阶矩聚集性的研究可以看出人民币对瑞士法郎汇率收益序列在两种检验方法中均未表现出高阶矩风险聚集现象，这与瑞士法郎作为国际性避险货币的性质相吻合，其货币风险较小，因此在后续分析中本章将瑞士法郎剔除，同时出于数据可得性与样本时间长度考虑，最终本章在上述所分析的 10 种人民币主要汇率中挑选了除瑞士法郎外的其他 9 种汇率收益序列进行高阶矩建模分析。表 3-5 至表 3-13 分别给出了人民币对美元、欧元、日元、英镑、港元、加元、澳元、卢布、林吉特汇率收益序列的模型回归结果。出于全面与稳健性考虑，我们对上述每一种汇率都分别利用 GARCHSK、NAGARCHSK 和 TGARCHSK 三种模型形式进行回归并列出回归系数结果，出于对比目地，本章同时列出对应的 GARCH 模型回归系数及检验结果。

3.5.3.1　美元模型

对比美元 GARCH 模型族，我们发现，其中 GARCH 模型和 NAGARCH 模型存在明显的自相关现象，而三类 GARCHSK 模型均不存在明显的自相关现象，整体上，GARCHSK 模型的自相关检验结果优于 GARCH 模型族。

从美元高阶矩模型回归结果来看，首先，所有模型中方差方程的 ARCH 项和 GARCH 项系数均 1% 置信水平上显著，这表明样本期内人民币对美元汇率存在波动性聚集现象。其次，所有模型中 γ_2 与 σ_2 均在 1% 置信水平上显著，这表明人民币对美元汇率的高阶矩（这里主要指偏度和峰度）存在明显的时变性，而这种时变性特点是采用传统 GARCH 模型所无法捕捉到的。再次，从序列相关角度来看，所有模型均在 7 阶最大滞后阶数条件下不存在序列自相关，这表明模型设定具有合理性，从极大似然估计值来看，TGARCHSK 模型形式相较而言优于前两种模型形式。最后，所有高阶矩模型系数结果大小及正负号均合符预先设定的约束条件，特别是 ARCH 项和 GARCH 项之和均小于 1，这保证了模型估计结果的收敛性和模型的稳定性。

表 3-5　美元模型系数结果

系数	GARCH	NAGARCH	TGARCH	GARCHSK	NAGARCHSK	TGARCHSK
ρ	0.0673 *** (0.0272)	0.0705 ** (0.0279)	0.0441 (0.0270)	0.0431 *** (0.0097)	0.0178 ** (0.0084)	0.1167 *** (0.0127)
β_0	0.0020 *** (0.0005)	0.0022 *** (0.0001)	0.0295 *** (0.0014)	0.0019 *** (0.0005)	0.0016 *** (0.0001)	0.0016 *** (0.0000)
β_1	0.1384 *** (0.0038)	0.1584 *** (0.0180)	0.1618 *** (0.0125)	0.1242 *** (0.0038)	0.1034 *** (0.0043)	0.1055 *** (0.0001)
β_2	0.8025 *** (0.0062)	0.7682 *** (0.0193)	0.6834 *** (0.0161)	0.7504 *** (0.0062)	0.7774 *** (0.0076)	0.8170 *** (0.0002)
β_3		-0.2768 *** (0.0585)	0.0759 *** (0.0194)		-0.4055 *** (0.0287)	0.0310 *** (0.0001)
γ_0				0.0191 *** (0.0048)	0.0160 *** (0.0044)	-0.0052 *** (0.0006)
γ_1				0.0252 *** (0.0027)	0.0086 *** (0.0025)	0.0828 *** (0.0002)
γ_2				0.1507 ** (0.0764)	0.5489 *** (0.0947)	0.6701 *** (0.0007)
σ_0				1.8181 *** (0.1972)	1.3638 *** (0.0922)	0.0106 *** (0.0058)
σ_1				0.0101 *** (0.0016)	0.0186 *** (0.0018)	0.1045 *** (0.0004)
σ_2				0.2623 *** (0.0786)	0.4416 *** (0.0358)	0.4966 *** (0.0005)
LL	2383.4198	2389.3953	2347.3433	2275.7365	2286.5573	-3515.5462
Q (7)	16.2660 [0.0227]	16.2660 [0.0227]	5.6710 [0.5786]	6.3990 [0.4939]	6.1810 [0.5187]	1.088 [0.9932]

注：***、** 分别表示在 1%、5% 置信水平上显著，LL 值为极大似然估计值；GARCH 模型、GARCHSK 模型中不存在 β_3 项，故该项结果为空；圆括号内为标准差；Q（·）代表 Q 统计量，方括号内为 Q 统计量显著性 P 值。

后两种模型在方差方程中均存在 β_3 杠杆项，如前所述，NAGARCHSK 主要是用于衡量冲击杠杆效应；而 TGARCHSK 模型主要是衡量冲击是否具有门限属性，两者主要的区别是在模型具体设定形式上有所不同。通过系数结果可知，两种模型中 β_3 系数均高度显著。其中 NAGARCHSK 模型中 β_3 系数为负且高度显著，这表明人民币对美元汇率中杠杆效应为负，也即负向冲击对美元汇率波动的影响将会大于正向冲击对美元汇率波动的影响，这一结果与傅强等（2013）的实证结果相同。可能的原因有以下两方面：第一，美元是全球性货币，其价格走势在很大程度上可以看作全球经济或区域经济发展的晴雨表，反映出经济发展中存在的风险，由于存在庞大的持有存量，使得美元成为各国政府及投资者投资组合中不可或缺的组成部分。当美元风险增大时，如美元波动加剧时，各国政府及投资者预感经济风险将会增大，进而会将投资组合中的美元或美元资产转换为安全资产（如黄金及固定利息债券）或避风港货币（如瑞士法郎），以平衡资产组合的流动性与安全性，此时美元波动会进一步加剧。第二，由于市场上存在信息不对称，大量交易者并不能充分掌握市场动态变化的信息，使得"羊群现象"出现，当某些核心交易者根据自身所掌握的相关信息做出反向交易（如抄底或卖空）乃至非理性交易行为时，大量分散交易者可能会采取跟随策略，这会使美元价格产生系统性偏离，而该种系统性偏离又会反过来改变投资者对美元价格的预期认知，投资者适应性预期发生变化，最终使得系统偏差放大，美元价格将偏离其长期均衡价格。

TGARCHSK 模型中门限变量 β_3 高度显著且同为正，说明人民币对美元汇率存在不对称效应，β_3 为正，则表明"好消息"对美元价格的影响要小于"坏消息"对美元价格的影响。这一结论与王鹏（2013）对中国股票市场研究的结论类似，说明美元交易过程中市场的负向冲击（"坏消息"的影响）会使得美元汇率波动在更大概率上出现极端值，并进一步导致其收益分布发生变化（如出现偏左拖尾的分布），也反映出国内市场投资者的非理性投资行为。当然，这是我国金融市场发展过程中不可避免的现象，通过完善法律法规，强化市场管理，提高市场透明度以及随着投资者理性程度的提升可有效改善市场中的非理性现象。

从不同高阶矩波动性聚集大小情况来看，人民币对美元汇率在三种高阶矩模型中大体上表现出 $\beta_1+\beta_2>\gamma_1+\gamma_2>\sigma_1+\sigma_2$ 的趋势（除了 GARCHSK 模型中 $\gamma_1+\gamma_2<\sigma_1+\sigma_2$），这表明在人民币对美元汇率中，方差表现出最强的波动聚集性；其次是偏度、峰度的波动聚集性相对较小，这说明，一方面，方差依然是衡量人民币对美元汇率风险最显著的衡量因素，另一方面，偏度与峰度的波动聚集性也不容

外汇管理当局和投资者忽视。

3.5.3.2 欧元模型

欧元模型中的 GARCH 模型 ARCH 项与 GARCH 项系数之和大于 1，表明该模型是不收敛的；而 TGARCH 模型中 ARCH 项小于零，其系数不满足 GARCH 模型的约束条件，说明该模型是不稳定的，而在 GARCHSK 模型中则未表现出同样的问题。

从欧元模型回归结果来看，三种高阶矩模型均能较好地衡量人民币对欧元汇率的高阶矩风险。首先，在三种高阶矩模型中，所有模型中方差方程的 ARCH 项与 GARCH 项均高度显著，表明人民币对欧元汇率存在显著的方差波动聚集性。其次，所有模型中 γ_2 与 σ_2 项均高度显著，表明人民币对欧元汇率存在显著的偏度与峰度的时变性。再次，所有高阶矩模型均不存在序列自相关，这表明模型设定形式是合理的；从极大似然估计值来看，类似于美元，三种模型中前两种模型统计量数值相差不大，第三种模型（TGARCHSK 模型）形式相较而言优于前两种模型。最后，所有高阶矩模型系数结果大小及正负号均符合预先设定的约束条件，特别是 ARCH 项和 GARCH 项之和均小于 1，这保证了模型估计结果是收敛的。

从后两种模型的估计结果来看，其情况与美元类似，其中 NAGARCHSK 模型的 β_3 系数为负，而 TGARCHSK 模型的 β_3 系数为正。虽然欧元在我国外汇市场中的交易份额不及美元，但是欧盟是中国重要贸易伙伴之一，以 2017 年为例，欧盟向中国出口额度达到 221888 百万美元（数据来源于 CEIC 数据库，经笔者整理计算得出。）。作为世界第三大经济体，欧元在中国外汇市场和国际外汇市场同样占有重要席位，是反映世界经济发展状况的晴雨表。由于欧元适用范围广泛，在欧洲地区乃至全世界范围内均有重要影响，其货币市场存量巨大，一旦其波动加剧，同样易形成类似于美元的螺旋循环，导致其波动进一步加剧，因此欧元模型中 TGARCHSK 模型的 β_3 系数表现出与美元模型类似的情形。

同样，欧元模型中三种高阶矩波动聚集性的强度状况也类似于美元，其中方差的波动聚集性最强，偏度和峰度的波动聚集性相对较弱，这也表明人民币对欧元汇率中方差也是衡量其风险的最重要因素，但也不能忽视偏度和峰度的影响。

表3-6　欧元模型系数结果

系数	GARCH	NAGARCH	TGARCH	GARCHSK	NAGARCHSK	TGARCHSK
ρ	-0.0273 (0.0236)	-0.0196 (0.0235)	-0.0252 (0.0229)	0.0122 ** (0.0057)	0.0418 *** (0.0032)	-0.0203 ** (0.0055)
β_0	0.0011 *** (0.0005)	0.0003 ** (0.0001)	0.0006 * (0.0003)	0.0001 * (0.0000)	0.0000 (0.0000)	0.0004 *** (0.0000)
β_1	0.0273 *** (0.0038)	0.0155 *** (0.0027)	-0.0033 (0.0029)	0.0263 *** (0.0010)	0.0166 *** (0.0003)	0.0009 *** (0.0003)
β_2	0.9774 *** (0.0062)	0.9522 *** (0.0061)	0.9856 *** (0.0002)	0.9668 *** (0.0012)	0.9649 *** (0.0009)	0.9800 *** (0.0002)
β_3		-1.3962 *** (0.2348)	0.0403 *** (0.0041)		-0.8981 *** (0.0317)	0.0338 *** (0.0003)
γ_0				0.0128 (0.0088)	0.0204 *** (0.0063)	0.0296 *** (0.0033)
γ_1				0.0317 *** (0.0014)	0.0340 *** (0.0009)	0.0743 *** (0.0015)
γ_2				-0.1172 ** (0.0512)	0.2200 *** (0.0338)	0.5416 *** (0.0076)
σ_0				1.4642 *** (0.0720)	0.4527 *** (0.0104)	0.5010 *** (0.0163)
σ_1				0.0317 *** (0.0015)	0.0297 *** (0.0012)	0.0752 *** (0.0016)
σ_2				0.3289 *** (0.0297)	0.7541 *** (0.0048)	0.4859 *** (0.0038)
LL	490.8148	509.3077	510.0052	381.3895	305.3169	123.9158
Q (7)	5.6300 [0.5831]	5.6300 [0.5831]	5.6140 [0.5855]	6.9540 [0.4336]	6.6240 [0.4690]	3.2100 [0.8648]

注：***、**、*分别表示在1%、5%、10%置信水平上显著，LL值为极大似然估计值；GARCH模型、GARCHSK模型中不存在β_3项，故该项结果为空；圆括号内为标准差；Q（·）代表Q统计量，方括号内为Q统计量显著性P值。

3.5.3.3　日元模型

在日元GARCH模型族中，GARCH模型和NAGARCH模型中均存在明显的自相关现象，而与之相对应的高阶矩模型则不存在自相关现象；在 TGARCH 模型中，ARCH 项和 GARCH 项之和大于 1，不满足 GARCH 模型族的系数约束要求，而与之对应，TGARCHSK 模型则不存在该问题。

表 3-7　日元模型系数结果

系数	GARCH	NAGARCH	TGARCH	GARCHSK	NAGARCHSK	TGARCHSK
ρ	0.0315 (0.0252)	0.0317 (0.0251)	0.0367 (0.0241)	0.0423*** (0.0072)	0.0718*** (0.0089)	0.0469*** (0.0011)
β_0	0.0045*** (0.0010)	0.0045*** (0.0010)	0.0108*** (0.0024)	0.0033*** (0.0003)	0.0042*** (0.0002)	0.0063*** (0.0001)
β_1	0.0517*** (0.0063)	0.0522*** (0.0063)	0.0781*** (0.0091)	0.0428*** (0.0018)	0.0479*** (0.0015)	0.0419*** (0.0005)
β_2	0.9362*** (0.0078)	0.9357*** (0.0081)	0.9278*** (0.0002)	0.9368*** (0.0027)	0.9264*** (0.0021)	0.9281*** (0.0006)
β_3		0.0325 (0.0730)	−0.0115 (0.0077)		0.0428* (0.0253)	0.0149*** (0.0005)
γ_0				0.0066 (0.0128)	0.0333*** (0.0108)	0.0372*** (0.0049)
γ_1				0.0002 (0.0003)	0.0267*** (0.0021)	0.0698*** (0.0016)
γ_2				−0.9094*** (0.0499)	−0.1575** (0.0703)	0.3515*** (0.0129)
σ_0				1.1261*** (0.0572)	0.8978*** (0.0535)	0.3084*** (0.0192)
σ_1				0.0143*** (0.0012)	0.0114*** (0.0011)	0.0833*** (0.0012)
σ_2				0.5122*** (0.0227)	0.5888*** (0.0222)	0.4881*** (0.0025)
LL	194.0104	194.6681	197.5331	102.0054	78.7667	−384.5611
Q (7)	14.5770 [0.0418]	14.5770 [0.0418]	9.9570 [0.1910]	9.9470 [0.1915]	9.9220 [0.1930]	9.2860 [0.2327]

注：***、**、* 分别表示在 1%、5%、10% 置信水平上显著，LL 值为对数极大似然估计值；GARCH 模型、GARCHSK 模型中不存在 β_3 项，故该项结果为空；圆括号内为标准差；Q（·）代表 Q 统计量，方括号内为 Q 统计量显著性 P 值。

从人民币对日元汇率模型结果来看，所有高阶矩模型 ARCH 项和 GARCH 项均显著，且两者之和小于 1，这表明日元汇率存在显著的波动聚集性现象；所有模型中 γ_2 与 σ_2 项也均高度显著，表明人民币对日元汇率中存在显著的高阶矩时变现象。从极大似然估计值来看，最后一种高阶矩模型，即 TAGRCHSK 模型要优于前两种模型。从序列自相关检验值来看，所有高阶矩模型均能在 7 阶最大滞后阶数上拒绝原假设，即不存在序列自相关。从后两种模型的杠杆系数 β_3 来看，NAGARCHSK 模型中 β_3 系数为正，且在 10% 置信水平上显著，这表明随着日元波动杠杆效应为正，该属性与金融市场中投资品的属性较为类似。笔者认为造成这种现象可能的原因如下：虽然中日政治关系近年来一直处于波动状态，在一定程度上影响了中日经济交往，但日本依然是中国重要的贸易伙伴，日元在中国外汇市场上同样占有一席之地。当然，与美元相比，其交易份额相对较小，市场参与者对其持有需求与动机显然无法同美元相比，国内持有存量也相对较少。而自 2012 年起，日元一直呈现走强势态，部分学者在研究避风港货币时认为日元具备避风港货币的属性（如 Lee，2017），随着日本逐步退出量化宽松政策，中国市场上日元汇率近几年也一直保持相对稳定，未出现剧烈的波动；加之中日两国多年来一直存在"政冷经热"的特殊格局，两国贸易商品具有较高的互补性，多年来中日之间的经济往来根基并未受到根本性冲击，正是这种相对稳定的经济态势及市场规模使日元在国内外汇市场不易受到外部冲击的影响，即便存在负向冲击也能够在短期内得到调整。因此，国内市场参与者关于人民币对日元汇率的预期会形成一种"乐观"态势，从而使正向冲击对波动影响相较负向冲击更大。TGARCHSK 模型中 β_3 系数为正且显著，也可以印证前述结果，同时也进一步说明了国内市场存在投资者的非理性投资行为。

3.5.3.4 英镑模型

首先来看 GARCH 模型，我们注意到 GARCH 模型和 NAGARCH 模型无自相关，且系数满足 GARCH 模型系数约束条件，但 TAGRCH 模型中的 ARCH 项和 GARCH 项之和大于 1，不满足 GARCH 模型系数约束条件。

从英镑的高阶矩模型回归结果来看，所有高阶矩模型 ARCH 项和 GARCH 项均显著，且两者之和小于 1，这表明英镑汇率存在显著的波动聚集性现象；所有模型中 γ_2 与 σ_2 项也均高度显著，表明人民币对英镑汇率中存在显著的高阶矩时变现象。从极大似然估计值来看，TGARCHSK 模型要明显优于前两种模型。从序

表 3-8 英镑模型系数结果

系数	GARCH	NAGARCH	TGARCH	GARCHSK	NAGARCHSK	TGARCHSK
ρ	−0.0081 (0.0265)	−0.0082 (0.0266)	0.0038 (0.0252)	0.0155 (0.0105)	0.0414*** (0.0097)	0.0192*** (0.0012)
β_0	0.0110*** (0.0019)	0.0108*** (0.0019)	0.0160*** (0.0035)	0.0182*** (0.0014)	0.0194*** (0.0013)	0.0193*** (0.0002)
β_1	0.1104*** (0.0078)	0.1100*** (0.0079)	0.1164*** (0.0095)	0.0965*** (0.0036)	0.1034*** (0.0033)	0.0815*** (0.0007)
β_2	0.8622*** (0.0120)	0.8634*** (0.0120)	0.8870*** (0.0110)	0.7995*** (0.0093)	0.7844*** (0.0088)	0.8090*** (0.0012)
β_3		−0.0369*** (0.0579)	0.0023 (0.0102)		−0.1802*** (0.0309)	0.0705*** (0.0008)
γ_0				0.0122 (0.0152)	−0.0077 (0.0053)	−0.0171*** (0.0057)
γ_1				0.0083*** (0.0021)	0.0233*** (0.0015)	0.0229*** (0.0013)
γ_2				−0.5814*** (0.0814)	0.5051*** (0.0406)	0.2156*** (0.0271)
σ_0				0.9966*** (0.0248)	0.9737*** (0.0245)	0.0753*** (0.0210)
σ_1				0.0389*** (0.0015)	0.0311*** (0.0015)	0.0954*** (0.0014)
σ_2				0.5119*** (0.0087)	0.5337*** (0.0093)	0.5004*** (0.0026)
LL	314.2909	313.9491	317.5262	198.1885	193.4744	−503.8999
Q (7)	7.9070 [0.3408]	7.8370 [0.3471]	7.8490 [0.3460]	9.1610 [0.2413]	9.2540 [0.2349]	6.0060 [0.5391]

注：*** 表示在1%置信水平上显著，LL 值为对数极大似然估计值；GARCH 类型、GARCHSK 模型中不存在 β_3 项，故该项结果为空；圆括号内为标准差；Q (·) 代表 Q 统计量，方括号内为 Q 统计量显著性 P 值。

列自相关检验值来看，所有高阶矩模型均能在 7 阶最大滞后阶数上拒绝原假设，即不存在序列自相关。从后两种模型的杠杆系数 β_3 来看，NAGARCHSK 模型中 β_3 系数为负，且高度显著，该结果与前述美元和欧元模型中的情形类似，但笔者认为造成这种现象的原因却与前两者不同，应当从近年来英国脱欧行为以及长久以来中国、英国以及欧盟之间的经济关系中寻找答案。英国政府自 2013 年初便开始发起脱欧行动，脱欧行动会导致市场参与方的恐慌，因为在欧盟内部仅有英国长久以来一直未对中国出口的商品征收高额关税，且中国国内大量企业由于欧盟的贸易保护政策难以甚至无法进入欧盟其他国家的部分市场，但英国长久以来却对中国企业表现出较强的包容性，英国也是中国企业在欧投资的重地。一旦英国脱离欧盟将使得中国失去一个与欧盟进行经济交往的重要前哨，这将对中国国内市场产生一定负面影响，且对金融市场也会产生一定影响。伦敦和中国香港是世界两大人民币离岸交易市场，英国一旦脱欧则人民币依托英国进入欧盟的渠道将会消失，人民币融入欧洲地区经济体系的成本将会增加，例如中国政府将不得不进行额外艰难的谈判，这会影响人民币国际化进程，这种负面的影响可能导致人民币相对英镑或其他货币贬值（当然这种影响会随着新机制的建立而逐渐消失，因此这种影响应该是短期的）。同样地，英镑高阶矩模型中 TGARCHSK 模型中 β_3 系数为正，笔者认为其原因同前述汇率情况类似，故不再赘述。

最后，类似于前述汇率，在三种高阶矩波动聚集性强度上，英镑汇率中方差是波动聚集性最强的高阶矩，但偏度与峰度相关系数高度显著，其影响不应当被忽视。

3.5.3.5 港元模型

在港元相关 GARCH 模型族中，GARCH 模型和 NAGARCH 模型中均存在明显的自相关现象，仅有 TGARCH 模型回归结果稳健且无自相关现象。

从港元的高阶矩模型回归结果来看，所有高阶矩模型 ARCH 项和 GARCH 项均显著，且两者之和小于 1，这表明港元汇率存在显著的波动聚集性现象；所有模型中 γ_2 与 σ_2 项也均高度显著，表明人民币对港元汇率中存在显著的高阶矩时变现象。从极大似然估计值来看，TGARCHSK 模型要明显优于前两者模型，从序列自相关检验值来看，所有高阶矩模型均能在 7 阶最大滞后阶数上拒绝原假设，即不存在序列自相关。从后两种模型的杠杆系数 β_3 来看，NAGARCHSK 模型中 β_3 系数为负，且高度显著，说明港元汇率存在负的杠杆效应，负向冲击的影响大于正向冲击的影响。一方面，中国香港是亚洲地区金融中心和贸易中心，也是两大离岸人民币交易市场；同时，香港是中国重要的贸易货物集散地之一，港元在亚洲金融体系中占有一席之地。但另一方面，港元一直维持着与美元挂钩的态势，2008 年金融危机之后美元长期处于低迷状态，港元不可避免地受到美元走势影响，故出现与美元模型类似的结果正是二者间存在钉住汇率制度的表现。因此，基于同样道理，TGARCHSK 模型 β_3 系数的正负结果与 NAGARCHSK 模型 β_3 系数正负结果一致。

表3-9　港元模型系数结果

系数	GARCH	NAGARCH	TGARCH	GARCHSK	NAGARCHSK	TGARCHSK
ρ	0.0538 *** (0.0284)	0.0577 ** (0.0294)	0.0385 (0.0283)	0.0065 (0.0068)	0.0689 *** (0.0139)	0.0689 *** (0.0003)
β_0	0.0030 *** (0.0002)	0.0033 *** (0.0002)	0.0430 *** (0.0022)	0.0023 *** (0.0000)	0.0026 *** (0.0001)	0.0030 *** (0.0000)
β_1	0.1822 *** (0.0214)	0.2046 *** (0.0230)	0.2279 *** (0.0214)	0.1419 *** (0.0036)	0.1978 *** (0.0116)	0.1527 *** (0.0002)
β_2	0.7254 *** (0.0245)	0.6958 *** (0.0237)	0.5461 *** (0.0249)	0.7213 *** (0.0057)	0.6691 *** (0.0125)	0.7119 *** (0.0003)
β_3		-0.2084 *** (0.0563)	0.1072 *** (0.0235)		-0.0851 *** (0.0248)	0.0719 *** (0.0002)
γ_0				-0.0040 (0.0085)	0.0235 *** (0.0048)	0.0132 *** (0.0033)
γ_1				0.0228 *** (0.0029)	0.0277 *** (0.0026)	0.0728 *** (0.0006)
γ_2				-0.2658 *** (0.0458)	0.6173 *** (0.0314)	0.3426 *** (0.0025)
σ_0				1.3712 *** (0.0493)	1.0310 *** (0.0534)	0.0926 *** (0.0072)
σ_1				0.0359 *** (0.0020)	0.0175 *** (0.0024)	0.0957 *** (0.0002)
σ_2				0.4152 *** (0.0188)	0.5902 *** (0.0202)	0.5569 *** (0.0007)
LL	2377.1691	2379.0183	2356.3567	2235.6655	2274.0484	-2570.3202
Q (7)	17.2170 [0.0160]	17.2170 [0.0160]	6.6980 [0.4609]	7.8200 [0.3440]	7.4150 [0.3869]	0.5770 [0.9991]

注：*** 、** 分别表示在1%、5%置信水平上显著；LL 值为对数极大似然估计值；GARCH 模型、GARCHSK 模型中不存在 β_3 项，故该项结果为空；圆括号内为标准差；Q（·）代表 Q 统计量，方括号内为 Q 统计量显著性 P 值。

3.5.3.6 加元与澳元模型

由于加元与澳元是两种与国际大宗商品价格走势联系相对紧密的货币，故本小节在此对其做统一分析。

表 3-10 加元模型系数结果

系数	GARCH	NAGARCH	TGARCH	GARCHSK	NAGARCHSK	TGARCHSK
ρ	-0.0184 (0.0206)	-0.0233 (0.0203)	-0.0235 (0.0190)	0.0302*** (0.0054)	0.0001** (0.0053)	-0.0133* (0.0076)
β_0	0.0010*** (0.0003)	0.0002 (0.0002)	-0.0008*** (0.0001)	0.0008*** (0.0000)	0.0002*** (0.0000)	-0.0007** (0.0078)
β_1	0.0213*** (0.0029)	0.0107*** (0.0023)	-0.0155*** (0.0017)	0.0069*** (0.0002)	0.0065*** (0.0003)	-0.0172** (0.0048)
β_2	0.9741*** (0.0034)	0.9601*** (0.0076)	0.9996*** (0.0011)	0.9848*** (0.0008)	0.9633*** (0.0025)	0.9999*** (0.0198)
β_3		-1.5971*** (0.3917)	0.0356*** (0.0019)		-1.9775*** (0.1429)	0.0367*** (0.0086)
γ_0				-0.0079 (0.0122)	-0.0293*** (0.0102)	0.0107** (0.0014)
γ_1				0.0159*** (0.0017)	0.0304*** (0.0014)	0.0149*** (0.0000)
γ_2				-0.2098*** (0.0891)	0.1850*** (0.0581)	0.3686*** (0.0167)
σ_0				0.8852*** (0.0385)	1.0256*** (0.0263)	0.8408*** (0.0476)
σ_1				0.0278*** (0.0016)	0.0338*** (0.0011)	0.0353*** (0.0026)
σ_2				0.5739*** (0.0156)	0.5142*** (0.0096)	0.5152*** (0.0198)
LL	477.5849	492.3118	495.2857	330.0495	349.1876	12.4369
Q (7)	3.6810 [0.8156]	3.6810 [0.8156]	1.4700 [0.9831]	10.4330 [0.1653]	9.2010 [0.2385]	5.7510 [0.5690]

注：***、**、*分别表示在1%、5%、10%置信水平上显著，LL值为对数极大似然估计值；GARCH模型、GARCHSK模型中不存在 β_3 项，故该项结果为空；圆括号内为标准差；Q（·）代表Q统计量，方括号内为Q统计量显著性P值。

表 3-11　澳元模型系数结果

系数	GARCH	NAGARCH	TGARCH	GARCHSK	NAGARCHSK	TGARCHSK
ρ	-0.0777^{***} （0.0233）	-0.0816^{***} （0.0227）	-0.0816^{***} （0.0217）	-0.0354^{**} （0.0139）	-0.0668^{***} （0.0109）	-0.0404^{***} （0.0012）
β_0	0.0046^{***} （0.0013）	0.0023^{***} （0.0008）	0.0050^{***} （0.0017）	0.0027^{***} （0.0004）	0.0020^{***} （0.0002）	0.0019^{***} （0.0000）
β_1	0.0340^{***} （0.0057）	0.0193^{***} （0.0038）	0.0166^{**} （0.0068）	0.0280^{***} （0.0021）	0.0155^{***} （0.0015）	0.0086^{***} （0.0002）
β_2	0.9526^{***} （0.0084）	0.9660^{***} （0.0067）	0.9698^{***} （0.0065）	0.9581^{***} （0.0032）	0.9591^{***} （0.0033）	0.9715^{***} （0.0002）
β_3		-0.6100^{***} （0.2025）	0.0217^{***} （0.0075）		-0.9074^{***} （0.1088）	0.0230^{***} （0.0002）
γ_0				-0.1391^{***} （0.0134）	-0.2345^{***} （0.0227）	0.0118^{***} （0.0064）
γ_1				0.0199^{***} （0.0032）	0.0033^{***} （0.0009）	0.0173^{***} （0.0014）
γ_2				-0.6426^{***} （0.0478）	-0.9115^{***} （0.0339）	-0.2333^{***} （0.0501）
σ_0				0.7878^{***} （0.0704）	0.8516^{***} （0.0868）	0.1182^{***} （0.0139）
σ_1				0.0189^{***} （0.0020）	0.0182^{***} （0.0020）	0.0927^{***} （0.0014）
σ_2				0.6707^{***} （0.0288）	0.6131^{***} （0.0388）	0.5518^{***} （0.0014）
LL	76.6291	79.6984	82.5919	36.1010	46.1720	-595.7659
Q（7）	13.1730 [0.0679]	13.1730 [0.0679]	6.2980 [0.5053]	10.4280 [0.1655]	10.1940 [0.1778]	6.8510 [0.4445]

注：***、**分别表示在1%、5%置信水平上显著，LL值为对数极大似然估计值；GARCH模型、GARCHSK模型中不存在β_3项，故该项结果为空；圆括号内为标准差；Q（·）代表Q统计量，方括号内为Q统计量显著性P值。

在加元模型中，TGARCH模型的ARCH项不显著，表明TGARCH模型不适用于衡量加元波动聚集现象；在澳元相关GARCH模型族中，GARCH模型和NAGRCH模型中均存在较为明显的自相关现象。

众所周知，澳大利亚与加拿大两个国家是重要的资源类原材料出口国，澳大利亚以矿石为其主要出口商品，加拿大则主要以矿石和木材为主要出口商品，2008 年金融危机后两国经济都正在缓慢恢复之中，但由于国际市场疲软，两国经济恢复速度受到较大影响，而中国是两国重要的出口目的国。近年来，受中国经济增速放缓、去过剩产能等因素影响，中国对于两国商品需求不断下降，特别是由于国内钢铁产能严重过剩，钢铁行业发展放缓，使得两国对中国的资源类商品特别是矿石类产品出口量受到影响。从两种汇率的整体回归结果来看，与前述美元、欧元等汇率模型基本类似，两者均存在显著的波动聚集性现象，偏度和峰度系数均高度显著且带有明显时变性。对于杠杆系数 β_3，在 NAGARCHSK 模型中两者均显著为负，TGARCHSK 模型中均显著为正，表明两种汇率均存在负的杠杆效应，负向冲击对汇率波动的影响要大于正向冲击对汇率波动的影响。如前所述，由于两种货币与大宗商品价格密切相关，而近年来国际大宗商品价格一直处于波动之中，在一定程度上影响了两种汇率的走势，其中也包括中国市场。由于在宏观经济不确定性增大的背景下投资者往往会抱有观望或悲观预期的态度，故会产生负的杠杆作用。还需要注意到在人民币对加元汇率的 TGARCHSK 模型中，其 β_0 和 β_1 系数均显著小于零，这表明加元汇率的 TGARCHSK 模型并不满足本章所述的高阶矩模型约束条件，模型结果无法收敛是不稳定的，因此 TGARCHSK 模型并不适合用于研究人民币对加元汇率的高阶矩风险。

3.5.3.7 卢布和林吉特模型

卢布和林吉特是本章选取的两个发展中国家货币代表，而前述分析的货币母国均为发达国家，出于全面分析目的，本章将卢布和林吉特纳入分析框架中来。

卢布和林吉特模型系数对应的 GARCH 模型族中，三类模型均存在较为明显的自相关现象，而在高阶矩模型中自相关现象则有所减弱。

从高阶矩模型来看，两者整体上较为合理，所有高阶矩模型 ARCH 项和 GARCH 项均显著，且两者之和小于 1，这表明两种汇率存在显著的波动聚集性现象；所有模型中 γ_2 与 σ_2 项也都高度显著，表明两种汇率中存在显著的高阶矩时变现象。从极大似然估计值来看，TGARCHSK 模型要明显优于前两种模型。从序列自相关检验值来看，卢布高阶矩模型中 GARCHSK 模型和 NAGAR-CHSK 模型能在 5 阶滞后项上拒绝存在序列自相关的原假设，TGARCHSK 模型

表3-12 卢布模型系数结果

系数	GARCH	NAGARCH	TGARCH	GARCHSK	NAGARCHSK	TGARCHSK
ρ	−0.0269 (0.0249)	−0.0308 (0.0244)	−0.0407* (0.0232)	−0.0185** (0.0093)	0.0089 (0.0090)	−0.0126*** (0.0018)
β_0	0.0179*** (0.0024)	0.0141*** (0.0021)	0.0139*** (0.0022)	0.0070*** (0.0005)	0.0098*** (0.0004)	0.0103*** (0.0001)
β_1	0.1052*** (0.0092)	0.0825*** (0.0083)	0.0612*** (0.0084)	0.0745*** (0.0010)	0.0568*** (0.0020)	0.0689*** (0.0006)
β_2	0.8801*** (0.0079)	0.8925*** (0.0074)	0.9182*** (0.0059)	0.9001*** (0.0018)	0.9016*** (0.0024)	0.8897*** (0.0008)
β_3		−0.3502*** (0.0585)	0.0538*** (0.0075)		−0.3870*** (0.0205)	0.0429*** (0.0006)
γ_0				−0.0178*** (0.0043)	−0.0196*** (0.0047)	0.0257*** (0.0039)
γ_1				0.0350*** (0.0022)	0.0304*** (0.0021)	0.0715*** (0.0013)
γ_2				0.4969*** (0.0217)	0.0970*** (0.0359)	0.5776*** (0.0053)
σ_0				0.7855*** (0.0475)	1.2519*** (0.1039)	0.4415*** (0.0201)
σ_1				0.0186*** (0.0016)	0.0097*** (0.0013)	0.0831*** (0.0018)
σ_2				0.6205*** (0.0208)	0.4527*** (0.0446)	0.4814*** (0.0060)
LL	−636.2307	−628.2848	−624.9505	−733.7887	−712.1727	−1125.4513
Q (5)				5.9760 [0.3085]	6.2430 [0.2832]	
Q (7)	17.5890 [0.0139]	17.5890 [0.0139]	14.7460 [0.0393]	15.651 [0.0285]	16.0400 [0.0247]	7.3260 [0.3957]

注：***、**、*分别表示在1%、5%、10%置信水平上显著，LL值为对数极大似然估计值；GARCH模型、GARCHSK模型中不存在β_3项，故该项结果为空；圆括号内为标准差；Q（·）代表Q统计量，方括号内为Q统计量显著性P值。

表 3-13　林吉特模型系数结果

系数	GARCH	NAGARCH	TGARCH	GARCHSK	NAGARCHSK	TGARCHSK
ρ	-0.0975*** (0.0252)	-0.0974*** (0.0248)	-0.0949*** (0.0216)	-0.0314*** (0.0038)	0.0165*** (0.0057)	-0.0546*** (0.0016)
β_0	0.0029*** (0.0001)	0.0026*** (0.0006)	0.0037*** (0.0011)	0.0025*** (0.0001)	0.0024*** (0.0002)	0.0014*** (0.0001)
β_1	0.1087*** (0.0090)	0.0975*** (0.0083)	0.0682*** (0.0067)	0.0924*** (0.0026)	0.1112*** (0.0019)	0.0415*** (0.0004)
β_2	0.8869*** (0.0081)	0.8954*** (0.0076)	0.9280*** (0.0049)	0.8758*** (0.0025)	0.8719*** (0.0031)	0.9292*** (0.0004)
β_3		-0.1342*** (0.0498)	0.0393*** (0.0082)		-0.1265*** (0.0183)	0.0391*** (0.0004)
γ_0				0.1213*** (0.0119)	0.0058*** (0.0033)	0.0382*** (0.0021)
γ_1				0.0269*** (0.0010)	0.0367*** (0.0015)	0.0474*** (0.0009)
γ_2				-0.3392*** (0.0530)	0.6765*** (0.0174)	0.6089*** (0.0048)
σ_0				0.5554*** (0.0218)	1.0851*** (0.0494)	0.3712*** (0.0169)
σ_1				0.0152*** (0.0009)	0.0424*** (0.0016)	0.0658*** (0.0011)
σ_2				0.7381*** (0.0091)	0.5040*** (0.0216)	0.5011*** (0.0035)
LL	629.7735	631.0788	632.4032	501.4952	496.3337	66.4672
Q（7）	18.5400 [0.0097]	18.5400 [0.0097]	12.0380 [0.0993]	12.7600 [0.0781]	14.4640 [0.0435]	10.1460 [0.1804]

注：***表示在1%置信水平上显著，LL值为对数极大似然估计值；GARCH模型、GARCHSK模型中不存在β_3项，故该项结果为空；圆括号内为标准差；Q（·）代表Q统计量，方括号内为Q统计量显著性P值。

则在7阶滞后项上拒绝存在序列自相关的原假设；林吉特高阶矩模型中GARCHSK模型在7阶滞后项上能在5%置信水平拒绝存在序列自相关的原假设，NAGARCHSK模型则只能在7阶滞后项上以1%的置信水平拒绝存在序列自相关的原假设，TGARCHSK 模型则在 7 阶滞后项上拒绝存在序列自相关的原假设。综上，考虑到序列自相关现象在金融时间序列中普遍存在且难以完全消除，可以认为两种汇率相关的所有高阶矩模型基本设定合理，能够较好地刻画其时变高阶矩特征。

需要单独说明的是，对 Q 统计量的滞后阶数选取目前并无一致的做法。在部分文献中作者采用样本值个数的平方根值即 N^ (0.5) （如陈秋雨和周春生，2011），其中 N 为样本值个数，但这种方法目前尚无明确理论依据。Tsay（2012）则指出，可以设置样本观测值的对数值为最大滞后阶数（lnN，其中 N 为样本值个数），然后根据实际情况选取相应阶数，如按上述第一种方法计算本章应采取的滞后阶数为 27，按第二种方法计算的滞后阶数则为 7，两者差矩较大。陈强（2012）指出，在自相关检测滞后阶数的选择问题上作者可以酌情把握，如果滞后阶数选择过短，则可能会忽视更高阶的自相关问题，例如较早期的 D-W 检验只能检验序列一阶自相关，而对更高阶的序列自相关问题无能为力，因而现在已较少在文献中使用。但如果滞后阶数选择过长，则可能会产生两方面的问题：一是由于现在所常用的 B-G 检验、Lj-B Q 检验在构造 LM 统计量时通常假设其服从卡方分布，而滞后阶数过大易使样本实际分布与卡方分布之间产生较大差异，从而影响检验效果。二是当数据频率为日度乃至更高的频率时，过长的滞后阶数会使模型更容易受到白噪声因素的影响，继而产生非理性波动或者出现离群值，从而影响检验精度。综上，鉴于目前仅有 Tsay（2012）明确指出了自相关滞后阶数选择的具体公式，且本章此处样本数据为日度数据。因此，本章借鉴 Tsay（2012）所提出方法的思路，以样本观测值的对数值为最大滞后阶数，在此范围内进行相应计算及比较，由于 B-G 检验与 Lj-B Q 检验在原理上基本一致，但 Lj-B Q 检验的样本适应性要优于 B-G 检验，故本章采用的是 Lj-B Q 检验方法（以下简称 Q 检验）。

3.6　关于汇率高阶矩聚集性与时变性的分析

从本章实证结果来看，在我国在岸人民币市场中，人民币对主要货币的汇率均表现出了高阶矩风险因子的聚集性与时变性特征，这说明随着我国外汇市场的不断改革与发展，在岸人民币市场的信息传递渠道得到了拓展，透过汇率价格走势可以反映出更深层面的市场风险信息，这从侧面说明我国外汇市场改革是有成效的，市场化程度得到了进一步深化。本章先对我国外汇市场高阶矩风险的机理进行了梳理，其中方差风险（主要指波动溢出风险）更多是由市场非完全有效性所致，偏度风险是投资者偏好所引致，峰度风险则更多体现了预期对市场的影响。

3.6.1 聚集性角度分析

3.6.1.1 方差的聚集性分析

我们发现在所选取的样本汇率中，绝大部分样本汇率表现出方差的聚集性，这表明外汇市场也存在类似于股票市场的波动聚集性，具有一定的风险惯性特征；同时，由于波动聚集现象是金融市场中的常见现象，波动往往具有记忆性，从而以持续形式出现，继而影响市场价格偏离均值水平。笔者认为市场情绪与市场有效性是形成我国汇率波动聚集现象可能的直接原因，由于在岸人民币市场主要参与者多属于银行间市场成员，银行的市场情绪会主导市场情绪，不同参与者对市场不同时间的情绪不同，以上的三重"不同"在时间线上会以波状形式相互影响冲击，且这种三重"不同"格局会形成一种长期化势态。事实上，从更进一步来看，市场情绪背后所体现出的是市场参与者的理性程度，正如前文所述，由"羊群效应"所带来的群体性预期会对市场产生影响，而影响的好坏在于群体性预期是否是理性预期。我国在岸人民币市场经过多年发展，以预期为代表的投资者心理开始对市场发挥反馈性作用，加之预期的自我实现性，使得预期以市场情绪为外表作用于市场。从经济学意义上讲，预期是指人们对某一经济变量未来变动趋势所做的预测和估计。预期是人的一种心理行为，具有动态性和异质性。也就是说，预期不是一成不变的，而是动态变动的；不是所有人的预期都整齐划一，可能是千差万别的，在市场中这种不断动态变化的预期互相博弈，最终形成了不断变化的市场情绪引致波动的聚集性。此外，由于我国外汇市场所受管制较多，市场有效性程度较低，上述市场参与者的市场情绪可以看作一种对市场对信息冲击做出的反应，有效性程度较低的市场对信息的反往往会产生扭曲或滞后，产生一种类似于"白噪声叠加"效果；有效性程度越高的市场对信息传播做出的反应会越快，也会越准确。在现实中，市场的有效性程度有限，因此市场对于新的信息冲击进行吸收和反应往往需要一段时间才能达到新的平衡，在调整过程中新信息的出现又带有随机性，于是可能出现这样一种情形，即市场还在对上一个信息进行价格调整，又出现下一个新信息的冲击，使得市场反应出现类似"水波效应"，而波动的连续性又会进一步影响市场参与者的预期，使其预期处于不断变化之中，此时市场参与者受预期影响又会不断改变投资行为，进一步加剧市场波动，并使波动不断持续下去，可以看出，上述两个原因的同时作用会使波动聚集性出现。

3.6.1.2 偏度聚集性特征

在所选取的的样本汇率中，大部分样本汇率表现出偏度聚集性特征。在以往对金融市场的研究中几乎没有与偏度聚集效应相关的研究，笔者尝试对此进行分析。偏度风险是一种基于投资者风险偏好所导致的市场崩溃风险，偏度风险的产生在于投资者偏好的转变，这种转变不仅是针对资产本身的风险看法而言，还进一步涉及投资者对整个市场未来的看法以及投资者所采取的实际行动。偏度风险聚集性的出现意味着投资者的偏好发生持续性变化，并通过实际市场操作行动影响了市场价格走势。一般而言，理性投资者都是厌恶风险的，从这个角度来看，正常情况下市场参与者的偏好并不容易发生变化，毕竟偏好反映了投资者的心理特征，而心理特征同样存在惯性，因此，导致投资者心理偏好发生变化的原因在于资产属性及市场环境发生了变化。以投资市场为例，假设投资者是风险厌恶且理性的，在金融危机之前，市场参与者对宏观经济预期看好，以股票市场为代表的投资市场具有回报高、收益快的特点，投资者为了高回报愿意承担相应高风险，但是金融危机的突然爆发令来不及改变投资组合结构的投资者遭受损失，以往股票等收益相对较高的资产对投资者而言已成为一种风险资产，此时投资者需要寻找的是安全资产，因为此刻对于投资者而言资产的安全保值成为首要目标。同样可以设想当金融危机过后，经济预期重新向好，投资者又会选择收益相对较高但风险也相对较大的投资资产，因为此时投资者认为，其所要求的风险溢价能够被满足。很明显，投资者投资偏好其实没有发生变化，投资者一直都是风险厌恶的，只是由于资产收益属性及市场环境发生变化导致了投资者的资产选择也随之发生变化。外汇市场也是如此，外汇及外汇资产也是投资者投资组合中的选项之一，当汇率波动加剧，外汇资产或以外币计价的资产对投资者的吸引力会降低。当然，以上分析是在外汇市场可以作为一种普遍意义上的投资市场而言的。具体结合我国外汇市场来看，我国外汇市场相对国外市场与国内其他投资市场（如股票市场）既存在联系又有自身特殊性。而我国在岸人民币市场出现偏度聚集现象，笔者认为这与上述外汇市场与其他投资市场共性与异质性并存的局面相关。分析其可能的原因如下：

第一，我国外汇市场正处于激烈改革时期，汇率在我国经济体系中的地位与作用均在发生变化，这种变化会对市场参与者的心理产生引导作用，从而导致市场参与者的偏好认知发生改变，只要外汇市场改革不断持续下去，投资者的偏好认知也会持续变化，这也是我国在岸市场人民币汇率出现偏度聚集性现象的宏观背景。

第二，虽然我国外汇市场投资性相对股票市场等传统投资市场较弱，但并不意味着我国外汇市场不能起到投资的作用，从投资的目的来看，投资者进行投资行为其根本目的在于资产的稳定增值，投资者可以是国家、企业或个人，事实上由于人民币市场多年来保持相对稳定，对于国外投资者，以人民币计价的资产可成为其选择或者以外汇市场作为中介进入中国市场进行投资；而对于国内投资者，虽然对企业和个人直接购买外汇的投资渠道尚未完全放开，但是由于人民币市场相对稳定的特点，使得部分从事对外业务的企业和个人可以利用在岸人民币市场进行对以外币计价资产投资或进行套期保值活动。无论是哪种方式，投资者的偏好没有发生变化，但是投资者可以根据市场的变化与人民币的走势做出选择，而这种选择是一种动态的、变化的选择，这是我国在岸市场人民币汇率出现偏度聚集性现象的根本机制。

第三，需要说明的是，当前我国金融市场依然受到管制，特别是资本项目尚未完全放开，因此，在岸人民币市场投资功能整体上还处于较低水平，其承担的更多功能是作为资金流动通道、为外贸融资并提供便利服务等，所以虽然人民币外汇市场本身看似具备了一个良好的、理想的投资市场的要素，但并非一个真正意义上的投资市场。笔者认为这种状况是暂时的，随着金融市场开放程度提高，未来会出现真正意义上的外汇投资工具，则到时外汇市场也会存在更为丰富的研究对象。

3.6.1.3 峰度聚集性特征

我们在样本汇率中也发现了峰度聚集性现象，峰度是与预期相关的概念，峰度聚集性意味着市场参与者的预期在持续变化，预期是由市场参与者根据市场所传递的信息对未来市场态势做出判断。外汇市场出现峰度聚集性表明了两个方面的现象：第一，市场参与者数量达到一定程度，形成了异质性预期，不同预期在市场中相互"碰撞"与"融合"，在市场形成统一预期之前，这一过程会持续很长时间。第二，市场能够传递出更多信息供市场参与者甄别判断，从而形成不同预期。显然，这两个现象是成熟市场的表现之一，在有效的市场中，信息传递会通过价格调整的形式表现出来，投资者再根据具体的价格调整表象来形成自身预期。由于市场提供的信息量巨大，加之单个市场参与者信息收集及分析能力有限，上述两个现象最终会由于"羊群效应"而在市场中产生一种趋同的群体性预期，加之预期的自我实现性，形成了信息产生→单个预期形成→预期趋同→对市场产生影响→信息发生变化→新的单个预期再次形成→预期再次趋同→对市场产生影响→信息再次发生变化这样一种动态循环。显然，在这个动态循环中预期在不停变化，这就形成了峰度的聚集性，对于包括外汇市场在内的金融市场峰度聚集性原理基本可视为一致。

结合我国市场来看。第一，我国外汇市场在经历多年发展以后，市场逐步成熟，市场透明度提高，信息传递渠道拓宽，加之逐步增多的参与者，使得外汇市场出现了峰度聚集性现象，这是峰度聚集性出现的根本条件。第二，我国外汇市场特有的结构也是峰度聚集性产生的必要条件，由于我国外汇市场参与者类型相对还比较单一，市场信息大多集中于银行与做市商手中，其凭借技术与机构优势能够在市场中确立信息优势地位，其他市场参与者自然会认可银行与做市商所掌握的信息，并对其预期采取跟随策略，即出现"羊群效应"。这样的市场参与者结构有利于缩短市场整体预期形成的时间，而银行与做市商又能够紧跟市场随时调整自身预期，这样就又形成了一种新的循环，使预期与预期更新速度加快，这样一种态势是我国外汇市场市场化建设加快的特有表现，传递了积极信号。

3.6.2 时变性角度分析

本章选取的样本汇率也出现了方差、偏度与峰度时变性特征。首先，从方差角度来看，一方面，方差的时变性与前述聚集性有一定联系，因为聚集性本身就是一个动态过程，体现了变化的特征，而时变性是一种变化的表现；另一方面，由于市场是非完全有效的，信息传递过程中的扭曲现象会导致市场参与者对市场的情绪因时而异，进而导致波动的时变形。其次，从偏度角度来看，偏度的时变性与其聚集性也存在类似上述方差时变性与聚集性之间的联系。另外，市场参与者的偏好发生变化意味着市场能够为参与者提供足够的资产备择选项，使投资者可以随时调整资产组合构成。结合我国外汇市场来看，我国外汇市场从无到有、从小到大，在不断发展过程中为投资者提供新的投资机遇与投资品种。我国银行间市场存在灵活多变的交易方式与丰富的交易品种，离岸市场的建立更是为外汇市场注入新的流动性来源，市场参与者可以于在岸与离岸市场间不断选择，调整资产组合，同时充沛的市场流动性也为投资者的资产重组奠定了市场基础，因此偏度能够表现出时变性特征。最后，从峰度角度来看，峰度的时变性意味着预期的变化，显然金融市场中市场参与者的预期变化亦是一种常见的现象，但是在这种现象背后隐藏着更为深刻的含义。笔者认为，这更深层次的含义在于市场机制的转变，市场向市场参与者传递各类信息，市场参与者依据信息做出预期判断，但是要注意到，作为一个完善的市场，更为重要的是市场参与者的预期要能够体现在市场之中，市场与市场参与者之间应当形成一种互动，这样才有利于市场价格真实反映供需。在更早阶段，我国外汇市场波动幅度非常小，参与人数少，所谓预期在此时更多地表现为一种教科书式的概念，随着我国外汇市场的发展，市场机制的完善，特别是在引入做市商制度后，参与者的预期在汇率定价中的作用大大增强了，2015年汇改正是一个现实中的例子，这种机制的转变提高了市场运行效率，反映了真实价格水平，同时也是汇率峰度出现时变性特征的根本原因。

综合来看，时变性更加体现出风险的特征。笔者认为风险是一个动态的过程，风险是随着时间的变化而变化的，风险概念的核心在于变化所导致的不确定性。从资产损益的角度来看，资产价格变化具有一定随机性，其变化方向是难以预知的，正如经济危机的爆发。在岸人民币市场汇率的三类高阶矩风险指标的时变性恰恰说明了在岸人民币市场汇率高阶矩风险的存在。风险的出现是需要一定条件的，经济风险（包括汇率风险）的出现同样需要一定的条件，对于外汇市场而言，外汇市场具有充足的流动性、广泛的市场参与者以及多样化的资产交易品种都是外汇市场成熟的标志，对于成熟的市场，其在发展过程中也充满了不确定性，如果不经历必要的风险检验，那么市场的发展就无从谈起。

结合我国外汇市场来看，外汇市场从无到有，从小到大，从制度不完善到制度逐步完善，从市场不透明到市场透明，这都体现出我国外汇市场的发展历程。由于我国的特殊国情，我们无法照搬别国经验，而应从自身出发，在风险可控的原则下逐步实施各项政策，整个发展过程就是一个充满不确定性的过程，自然也是一个充满风险的过程。因此，出现高阶矩风险这一现象是我国外汇市场发展的必然，这同样具有一定积极意义，这表明，以往市场化建设所未能及时体现出来的滞后、深层次的市场内部信息开始浮出水面，市场信息传递渠道进一步拓宽，这有助于管理部门更好地把握外汇市场发展现状，也有助于风险管理者积累更多的经验与手段。

3.7 GARCH 模型族与 GARCHSK 模型族波动率预测对比检验

3.7.1 检验方法简介

波动率预测是风险研究的重要领域，能够对风险做出准确预判对于市场参与者（包括管理部门与交易者）而言显然具有重要现实意义。在前文研究中可以看出，在模型回归系数是否满足模型约束条件及自相关检验中，GARCHSK 模型族表现要优于 GARCH 模型族，当然，在时间序列分析中，在较多情况下，自相关问题往往难以彻底消除。前述研究只是从一个领域验证了 GARCHSK 模型的表现整体上优于 GARCH 模型，除此以外，模型的预测效力也是检验模型设定优劣的一个重要手段。GARCH 模型族和 GARCHSK 模型族均涉及波动率（方差）问题，而在相关风险刻画指标中，波动率指标最为直观，运用也最为广泛，基于此，本章针对 GARCH 模型族和 GARCHSK 模型族对方差预测能力的优劣进行对比以进一步做出模型优劣判断。

模型预测可以分为样本内预测和样本外预测，一般而言，样本外预测带有更多不可预知性，人为影响相对较小，预测结果也更为客观，因此本章采用样本外预测的方法以求能取得更客观的结果。本章所采取的样本外预测方法参考了 Leon 等（2005）的做法，具体过程如下：本章采用样本内建立的模型对样本外数据进行预测，利用 GARCH 模型族和 GARCHSK 模型族进行对比，哪类模型的预测值与实际值之间的差矩越小则表明该类模型的预测精度越准确。本章采用两类模型族共同涉及的波动率（方差）作为预测对比的对象，在选择预测误差测度指标时，出于稳健性考虑，同时采用了三类指标，即绝对值误差指标、平方误差指标和绝对误差百分比指标。在实际中由于误差序列受极端值等因素的影响，往往具有较大的分散性，为消除这种分散性，本章对上述三类误差测度指标取其中位数，这样有助于消除误差指标的分散性。因此，上述三类误差测度指标取中位数后分别为中位数绝对值误差指标（MAE）、中位数平方误差指标（MSE）和中位数绝对误差百分比指标（MAPE），其计算公式分别为：

$$MAE = MED \mid H_t^f - H_t \mid \tag{3-20}$$

$$MSE = MED(H_t^f - H_t)^2 \tag{3-21}$$

$$MAPE = MED(\mid (H_t^f - H_t)/H_t \mid) \tag{3-22}$$

其中，MED 代表取中位数，$\mid \mid$ 表示取绝对值，H_t^f 为在 t 时刻由模型计算的方差预测值，H_t 代表在 t 时刻方差的"真实值"，根据 Leon 等（2005）的做法，H_t 的计算公式为：

$$H_t = (R_t - R^a)^2 \tag{3-23}$$

其中，R_t 为样本外时刻的真实收益率，R^a 为样本内的平均收益率。上述指标值越小则表明模型预测精度越高。

众所周知，不可预知因素及变量间的复杂关系使得对经济变量进行预测本身是一件难度很大的工作，特别是在类似于外汇、股票及衍生工具等市场中，对于日度数据这样一种相对高频率的数据，预测期设定过长会使模型预测能力下降且无实际意义，因此本章将预测期长度选取为 1 个月，本章样本期为 2012~2018 年，预测期为 2019 年 1 月 1 日至 1 月 31 日的交易日。

3.7.2 波动率预测检验结果

依据前述，本章计算了依据所选取的在岸市场样本汇率的相关预测误差指标值，表 3-14 为计算结果。

表 3-14　波动率预测检验结果

样本汇率	模型	中位数绝对值误差指标（MAE）	中位数平方误差指标（MSE）	中位数绝对误差百分比指标（MAPE）
人民币对美元汇率	GARCH	0.0439	0.0019	0.8936
	NAGARCH	0.0543	0.0029	0.8930
	TGARCH	0.0234	0.0005	0.8543
	GARCHSK	0.0387	0.0015	0.8211
	NAGARCHSK	0.0397	0.0015	0.8140
	TGARCHSK	0.0247	0.0006	0.7877
人民币对欧元汇率	GARCH	0.1540	0.0237	9.3788
	NAGARCH	0.1484	0.0220	9.0323
	TGARCH	0.1175	0.0138	7.1324
	GARCHSK	0.0976	0.0095	6.2754
	NAGARCHSK	0.1071	0.0114	6.3505
	TGARCHSK	0.0814	0.0066	4.5942
人民币对港元汇率	GARCH	0.0421	0.0017	0.7744
	NAGARCH	0.0499	0.0024	0.8389
	TGARCH	0.0396	0.0015	0.8159
	GARCHSK	0.0388	0.0015	0.7840
	NAGARCHSK	0.0381	0.0014	0.7231
	TGARCHSK	0.0287	0.0008	0.8413
人民币对日元汇率	GARCH	0.2787	0.0777	4.0129
	NAGARCH	0.2852	0.0813	4.9139
	TGARCH	0.3010	0.0078	4.2147
	GARCHSK	0.2260	0.0510	3.0716
	NAGARCHSK	0.2200	0.0484	3.1166
	TGARCHSK	0.1473	0.0217	1.9693
人民币对英镑汇率	GARCH	0.2464	0.0607	0.9008
	NAGARCH	0.2465	0.0607	0.9036
	TGARCH	0.2653	0.0704	0.8820
	GARCHSK	0.2062	0.0425	0.8700
	NAGARCHSK	0.2015	0.0406	0.9246
	TGARCHSK	0.1626	0.0264	0.7782

续表

样本汇率	模型	中位数绝对值误差指标（MAE）	中位数平方误差指标（MSE）	中位数绝对误差百分比指标（MAPE）
人民币对澳元汇率	GARCH	0.3523	0.1241	5.8128
	NAGARCH	0.3252	0.1058	4.8890
	TGARCH	0.5855	0.3428	0.9995
	GARCHSK	0.2892	0.0836	4.6916
	NAGARCHSK	0.2521	0.0636	3.6412
	TGARCHSK	0.1648	0.0271	2.1071
人民币对加元汇率	GARCH	0.1479	0.0218	1.5544
	NAGARCH	0.1458	0.0212	1.6523
	GARCHSK	0.1149	0.0132	1.1015
	NAGARCHSK	0.1117	0.0124	1.0133
人民币对卢布汇率	GARCH	0.4121	0.1698	2.8203
	NAGARCH	0.4750	0.2256	3.6440
	TGARCH	0.1812	0.0328	0.9217
	GARCHSK	0.3439	0.1182	1.8599
	NAGARCHSK	0.3754	0.1409	2.4389
	TGARCHSK	0.2514	0.0632	0.8236
人民币对林吉特汇率	GARCH	0.0682	0.0046	4.0611
	NAGARCH	0.0664	0.0044	3.7823
	TGARCH	0.0731	0.0053	4.4103
	GARCHSK	0.0530	0.0028	2.9171
	NAGARCHSK	0.0579	0.0033	3.1857
	TGARCHSK	0.0514	0.0026	2.8176

注：根据前述分析，TGARCHSK 模型无法很好拟合人民币对加元汇率数据，故此处未对人民币对加元汇率进行 TGARCH 模型和 TGARCHSK 模型分析；表中各指标值为预测误差指标值，其值越小代表模型预测越精确。

由表 3-14 结果可知，从整体上看，在大多数情况下，GARCHSK 模型族相对于 GARCH 模型族表现出更强的预测精度。其中，在美元模型中，GARCHSK 模型和 NAGARCHSK 模型三个指标均优于 GARCH 模型和 NAGARCH 模型，TGARCHSK 模型的 MAPE 指标优于 TGARCH 模型；在欧元模型中，GARCHSK 模型、NAGARCHSK 模型和 TGARCHSK 模型三类指标据均优于 GARCH 模型、

NAGARCH 模型和 TGARCH 模型；港元模型中仅有 GARCHSK 模型和 TGARCHSK 模型的 MAPE 指标劣于 GARCH 模型和 TGARCH 模型；日元模型中仅有 NAGAR-CHSK 模型的 MSE 指标劣于 NAGARCH 模型；英镑模型中仅有 NAGARCHSK 模型的 MAPE 指标劣于 NAGARCH 模型；澳元模型中 GARCHSK 模型、NAGAR-CHSK 模型和 TGARCHSK 模型三类指标据均优于 GARCH 模型、NAGARCH 模型和 TGARCH 模型；加元模型中 GARCHSK 模型和 NAGARCHSK 模型三类指标据均优于 GARCH 模型和 NAGARCH 模型；卢布模型中除 TGARCHSK 模型的 MAE 指标和 MSE 指标外，其余指标中高阶矩模型表现出更好的预测精度；林吉特模型中 GARCHSK 模型、NAGARCHSK 模型和 TGARCHSK 模型三类指标据均优于 GARCH 模型、NAGARCH 模型和 TGARCH 模型。这表明，在研究时纳入高阶矩指标有利于进一步提高模型的波动率预测精度，从而为风险管理提供更多信息。

本章小结

本章对所选取的 9 种汇率收益率序列进行了时变高阶矩建模，从回归结果来看，绝大多数高阶矩模型能够有效刻画相应样本汇率收益率的高阶矩风险特征。从整体上对比 GARCHSK 模型族与 GARCH 模型族，GARCHSK 模型族的模型设定表现更优，GARCH 模型族存在的问题主要体现在存在自相关现象和模型系数不符合模型约束条件，在序列自相关检验中，GARCHSK 模型族能够更为有效地减弱序列自相关现象（自相关现象往往难以完全彻底消除），其系数在绝大多数情况下能够满足模型约束要求，相对于 GARCH 模型族表现出更强的稳定性。就模型形式设定而言，9 种汇率均存在适合刻画其高阶矩属性的相关模型。为保证模型的收敛性与稳定性，本章也针对每一种高阶矩模型预先设定的相关约束条件进行检验，从模型回归结果来看，绝大部分模型结果是稳定且收敛的（除了人民币对加元汇率的 TAGRCHSK 模型），符合相应高阶矩模型的约束条件，这表明模型设定是合理的，也说明高阶矩模型具备较好的稳定性与应用性（在 27 次回归中仅有 1 次回归模型表现出不稳定性）。从横向比较的角度来看，所有汇率高阶矩模型表现出汇率的方差、偏度和峰度的波动聚集性与时变性特征，特别是在 GARCHSK 模型及其改进模型中，偏度方程与峰度方程的两类高阶矩方程系数在绝大部分情况下均显著，这表明高阶矩风险因子对汇率收益是存在普遍影响的，印证了本书研究的目的之一，即高阶矩指标不应当被忽视。最后本章针对

GARCHSK 模型族和 GARCH 模型族的波动率预测能力进行了比较，出于稳健目的，本章同时运用了三种预测误差指标进行判断，结果显示，在大多数情况下，GARCHSK 模型族的预测精度要优于 GARCH 模型族，这表现出 GARCHSK 模型族的波动率预测能力较 GARCH 模型族更强，在风险管理领域其适用性更佳，也进一步验证了将高阶矩指标纳入风险研究有助于改进研究框架，为风险相关研究提供新的出发点。

另外，对各样本汇率模型回归结果进行比较还可以得出一些其他结论，即人民币对日元汇率模型中的方差方程系数符号与其他汇率模型有所不同，而前文中指出有学者认为日元本身具有避风港货币的属性，而避风港货币重要特性之一在于其能够有效规避风险，特别是在经济危机时期避风港货币（资产）的收益往往与风险货币（资产）收益呈反方向变化。事实上，本章所选取的样本时间段恰恰是在 2008 年金融危机之后，即世界经济波动加剧，国内经济放缓的特殊阶段，可以认为是危机及其恢复时段，而日元却表现出正的方差杠杆性，这与其他汇率不同，这表明其风险相对较小，这从侧面证实了前述学者的研究结论（日元是一种避风港货币，如 Lee，2017），且在国内市场也得到了验证。究其根源，笔者认为这是具有一定积极意义的，即我国金融市场包括外汇市场正加速与国际市场接轨，金融资产在国际市场中的价格走势所传递出的信息在国内市场也开始得到一定程度的体现，这也说明金融市场持续改革有助于我国金融市场进一步融入国际金融体系。

4

在岸人民币市场汇率高阶矩风险对其他市场的影响

　　本章研究的主要内容是针对汇率风险而言，对于风险的研究，除了对风险自身特征进行研究以外，对于风险产生的影响研究同样不可忽视。考虑到经济学科中针对风险的研究带有较强的应用性，风险在现代经济体系中是一种普遍存在的现象。一方面，金融理论认为，风险与收益成正比，投资者获取收益的同时也要承担相应风险，当然风险越低收益越低，在极端情况下要想完全消除风险意味着金融体系活力、流动性与功能的彻底丧失，显然这是与建立现代金融体系的目标相违背的；另一方面，由于现代金融体系自身的特征及市场参与者的心理不同，因此风险普遍存在于现代经济与金融体系之中，风险是导致市场各类参与者遭受损失的根本原因。基于上述两点不难看出，对于风险自身特征进行研究是必不可少的，这是风险研究的基础，但更为重要的是，风险会对现代经济金融体系产生不利影响，这在理论和实践中都得到了印证，显然仅仅对风险自身特征进行研究是不充分的，这一部分是风险研究框架的基础。从实践的角度来看，还需要进一步从风险产生的影响角度展开研究才有助于市场参与者认清市场实际情况，降低损失的概率，增大社会整体福利，避免无谓损失，这是对风险研究的完整过程。否则，单纯研究风险自身特征而无视其影响显然是"空中楼阁"，缺乏实际应用的意义。本章研究内容主要是基于高阶矩的角度研究在岸人民币市场的汇率风险对其他三个具有一定代表性市场的影响，而影响的具体内容则根据市场的特质而确定。这三个市场为我国股票市场、香港离岸人民币市场和房地产市场，其中我国股票市场和房地产市场的投资性更强，其投资收益是市场参与者更为重视的部分，因此本章着重研究汇率风险对上述两类市场收益的影响；而香港离岸人民币市场作为外汇市场，其融资性功能更为突出，且其与在岸市场关系紧密，因此针对香港离岸人民币市场本章着重从风险传染的角度研究在岸市场对离岸市场的影响。选择这三个市场的原因在于：首先，本章研究的对象之一股票市场与其余市场有所不同，其是我国金融市场中参与者最多、宏观影响范围最广且交易金额数量巨大（上市企业几乎涉及国内宏微观各个领域）的市场。现有理论证明，外汇市场会对股票市场产生影响，为了进一步体现汇率风险特别是汇率高阶矩风险的影响，本章以股票市场作为研究对象之一。其次，本章选择了香港离岸人民币市场作为研究对象，从前述我国外汇市场发展历程来看，这一历程既是我国汇率制度不断完善的过程，也是人民币国际化的历程，离岸人民币市场的建立正是人民币国际化进程的重要表现之一。尽管目前世界上存在数个离岸人民币市场（如新加坡、美国等），但香港离岸人民币市场目前仍然是世界上最重要的离岸人民币市场，同在岸市场相比，两者存在相同之处也存在较大差异，学术界也对两者市场关系进行了较多研究，本章则从高阶矩的角度研究在岸市场对离岸市场的影响，以期能够进一步丰富该领域的研究。最后，选择房地产市场作为研究对象之一是因为，其在我国国民经济体系中占有重要地位，各界对于我国房地产行业存在一定争议，有部分学者认为房地产行业不应该成为中国宏观经济的核心产业，但是房地产业的行业地位事实上已不容轻视，其已成为国内外资金重要的运作场所，甚至能在一定程度上影响国内（或区域）的宏观经济态势。房地产市场也成为国内经济发展的风向标之一，鉴于该市场的重要地位，本章试图从高阶矩的角度研究汇率风险对房地产市场收益的影响。

4.1　对股票市场收益的影响

4.1.1　汇率风险对股票收益影响研究背景综述

2005 年汇改以来，我国外汇市场的市场化机制开始形成，人民币对美元汇率出现了长达 10 年的升值期。随着 2015 年人民币汇率机制的进一步完善，这种格局发生了变化，人民币对美元汇率开始表现出双向波动趋势。加之随着改革开放不断深入，我国对外贸易规模不断扩大，越来越多国内企业走向国际市场谋求发展，国内企业面临的汇率风险日益加剧。

汇率作为连接国际经济体系的纽带，不仅会对国际贸易产生影响，而且与国内以股票为代表的众多资产价格间存在密切联系。关于汇率与股票价格之间的关系研究主要存在"流量导向"（Dornbusch and Fisher，1980）与"存量导向"（Frankel，1983）两种理论。其中"流量导向"理论认为，汇率波动会影响一国企业出口产品国际竞争力，继而导致出口企业的产出与收入发生变化，影响结果最终反映在企业市场价值与利润等指标上，而股票价格受企业市场价值与利润等指标的影响，因此汇率变动会对股价产生影响，企业也会暴露在由汇率带来的风险之中，由此存在汇率风险与股票价格之间的因果联系。"存量导向"理论则认为，股票价格变化会产生财富分配效应，股票价格上涨会使股市参与者财富增加，财富增加会刺激国内需求并推动国内利率上涨，继而吸引国际游资进入本国市场，在此背景下本国货币趋于升值。

基于上述理论，早期学者对汇率与股票价格关系进行了实证研究，主要关注的是企业资产收益对汇率变化的敏感程度，如 Adler 和 Dumas（1984）、Jorion（1990），其具体方法是以企业资产收益为因变量，以汇率的方差指标为自变量进行回归以衡量企业汇率风险大小。这种利用方差指标衡量汇率风险的方法，优点是数据易得和方法简明。然而，随后大量基于这一思路的实证研究并未发现企业面临显著的汇率风险，如 Bodnar 和 Gentry（1993）、Doidge 等（2003），这就出现了所谓的"企业汇率风险之谜"。

为解决"企业汇率风险之谜"，有学者认为，使用汇率变化率的高阶矩指标（如峰度和偏度）来刻画汇率风险是解决问题的途径之一（如 Harvey and Siddique，2000；Leon et al.，2005）。引入高阶矩指标的原因在于其能更准确地刻画资产收益[①]的分布。由于现代企业业务经营范围广泛，市场经营国际化程度加深，其资产负债表中存在大量以外币计价的资产或负债，因此汇率变化会对企业以外币计价的资产或负债产生影响，进而影响到企业收益。传统资产定价理论假设资产收益是符合正态分布的。如果汇率变化率服从正态分布，则投资者与企业管理者可以依据正态分布的性质估算出由于汇率变化导致的资产收益的变化，进而做

---

① 资产收益是资产价格的变化率。本书涉及汇率与企业资产的概念，外汇作为一种重要的资产形式，汇率是其价格表现形式，其变化率依然属于资产收益概念的范畴。

出投资决策。但事实上学者们发现，金融市场中资产收益常常不服从正态分布假设，而是存在尖峰厚尾现象及分布不对称现象。这意味着早期使用的方差指标的方法难以全面准确地刻画资产收益分布状态，而此时使用高阶矩指标对资产收益分布的描述就显得更为重要。偏度可以描述资产收益分布的不对称现象，峰度则可描述资产收益分布的尖峰厚尾现象。正是由于汇率变化与资产收益不服从正态分布情况的存在，使得高阶矩指标成为分析汇率对股票收益影响的一个重要工具。国内学者（吕永健、王鹏，2017）在对贵金属市场研究时也指出，为了更全面刻画市场风险与资产收益之间的关系，应当将资产收益高阶矩指标纳入研究框架。

基于此，本章利用高阶矩风险指标研究国内上市企业汇率风险。本章内容研究的特点在于：第一，将高阶矩指标全面纳入上市企业汇率风险分析框架，这样做有助于更为准确地进行风险分析，为企业和投资者风险管理决策提供更精确的信息；第二，本章采用沪深股市样本企业进行面板分析，在保证样本量的前提下改进估计效率，提高估计准确性；第三，本章在整体分析的基础上，对一级和二级分行业上市企业汇率风险进行研究，探讨了行业间汇率风险的异质性。

现有国内文献是在汇率波动的框架下对汇率风险进行研究，笔者认为存在一定不足：国外学者在建立汇率波动率指标时采用 GARCH 模型计算条件方差（Koutmos and Martin，2003）或利用样本方差公式进行计算方差（Arize and Osang，2000；Kiyota and Urata，2004），其计算方法运用了二阶矩的概念，而国内学者所使用的汇率波动率多以汇率值的对数差分形式计算，实际上是在运用增长率的概念，未真正将高阶矩概念纳入研究范畴。

目前国内尚无文献从汇率高阶矩风险的角度研究其对股票收益的影响，基于汇率对上市企业价值及股价收益存在潜在影响，本章考察人民币汇率高阶矩风险对国内上市企业股票收益的影响情况，从而将汇率高阶矩风险与股票市场问题联系起来。

4.1.2 数据及实证方法

本章采用了人民币汇率与上市公司收益率相关数据。样本期选择为 2006~2017 年，这期间既包括我国经济高速发展阶段，也包括金融危机及我国经济发展放缓阶段，具有较好的时期代表性。考虑到美元在国内金融市场的重要地位（以 2015 年 1 月至 2017 年 9 月为例，在 7 种主要外汇品种包括美元、日元、欧元、英镑、加元、澳元、瑞士法郎中，美元在国内外汇市场上的交易量比例超过 96.88%①，本章选取人民币对美元汇率作为在岸人民币汇率的代理变量，用来计算人民币对美元汇率的高阶矩指标。前述研究中本书利用 GARCHSK 模型族研究了在岸汇率在相对高频背景下的高阶矩风险，但高频数据易受到白噪声因素或极端值的影响，要研究高阶矩风险的影响问题需要尽可能减少数据中白噪声因素或极端值的干扰，因此为保证数据的稳定性，本章借鉴 Bianconi 和 Cai（2017）的思路，以 2006 年 1 月 4 日至 2017 年 9 月 29 日的日度汇率收益率数据为基础（日度数据为汇率日度中间价）计算其 2006 年第一季度到 2017 年第三季度汇率收益的高阶矩指标。

根据前文描述，高阶矩指标为方差、偏度和峰度。其中方差为二阶矩指标，方差越大，波动越剧烈，风险越大（Arize and Osang，2000；Brown，2001）。偏度为三阶矩指标，指标描述了资产收益率非对称的情况，是变量离差三次方的平均数与标准差三次方之比，某类资产收益偏度越大，即利用较少资金获取较大收益的机会越大；反之，偏度越偏向负值则意味着负收益出现的累积概率大于正收益出现的累积概率，则此时此类资产偏度风险越大（Rafferty，2012）。峰度为四阶矩指标，是变量的离差四次方的平均数与标准差四次方之比，峰度越大，变量肥尾特征越明显，意味着变量易出现极端离群值，预期资产收益可能发生剧烈波动（Dittmar，2002）。需要说明的是，根据前述基本概念，在利用高阶矩指标度量汇率风险时，方差指标和峰度指标数值越大则表明汇率风险越大，但是利用偏度指标度量汇率风险时，其指标值越小、越偏向负值则表明风险越大，也就是说三个指标存在方向性不一致的问题。根据偏度指标刻画风险相关概念可知，偏度指标可以看作基于投资者心理偏好所导致的市场崩溃风险（Bianconi and Cai，2017），出于一致性考虑，本章在 Bianconi 和 Cai（2017）、方立兵和曾勇（2016）及史代敏等（2017）的研究基础上进行了一定调整，将偏度指标更换为负收益偏度指标，该指标是 Chen（2001）提出的，该指标对传统偏度指标进行改进，其公式为：

$$NCS = -[n \times (n-1)^{1.5} \times \sum r_{i,t}^3] / [(n-1) \times (n-2) \times (\sum r_{i,t}^2)^2] \qquad (4-1)$$

其中，n 代表样本个数，r 为资产收益率，该指标越大则代表市场崩溃风险越大，为方便描述，本章在后续运用负收益偏度系数时均将其简称为偏度系数，

① 数据来源于 CEIC 数据库，并经笔者计算。

同时本章在之后的研究中均采用该指标替代原偏度指标。

在实证方法上，本章采用面板回归方法，在扩大样本量的同时也保证了回归结果的准确性。

根据前述，本章部分借鉴了 Bianconi 和 Cai（2017）的模型，设定如下面板回归方程：

$$Stockreturn_{i,t} = \alpha_0 + \alpha_1 ExVar_t + \alpha_2 ExSk_t + \alpha_E ExKu_t + \beta CompanyFactor_{i,t} +$$
$$\beta_2 Marketreturn_t + \varepsilon_{i,t} \tag{4-2}$$

其中，Stockreturn 代表单只股票流通市值加权平均市场收益率，α_0 为截矩项，ExVar 代表汇率收益序列方差，ExSk 代表汇率收益序列偏度，根据前述对偏度指标的描述，此处的偏度指标是指负收益偏度系数；ExKu 代表汇率收益序列峰度，CompanyFactor 表示公司层面控制变量，其中包括股票换手率与净资产收益率，Marketreturn 表示市场收益率，本章以沪深股市综合收益率为代理变量，$\varepsilon_{i,t}$ 为误差修正项，式（4-2）中所有变量均为季度数据。

在选取上市公司样本时，出于代表性和全面性的考虑，本章以上海证券交易所和深圳股票交易所所有股票为总样本，剔除了数据缺失严重、上市不足三个季度以及数据不全的公司，经过筛选后形成包含 1430 家上市公司的非平衡面板数据。本章同时引入了上证 A 股市场收益及部分公司层面财务指标（包括每股盈余及股票换手率）作为控制变量。所有数据均取自 CEIC 数据库、RESET 数据库及 CSMAR 数据库。对于个别样本缺失值，采用插值法补齐。本章数据样本为非平衡面板数据，截面样本量较大，利用面板回归能够增加自由度并保证估计的效率与精度。经豪斯曼检验，模型应当采用固定效应面板模型。同时考虑到本章数据为非平衡面板数据，进一步采用过度识别检验，结果显示也应当采用固定效应面板模型。

表 4-1 描述了所计算的人民币对美元汇率收益高阶矩指标（方差、偏度和峰度）的描述性统计量。

由表 4-1 结果可知，在人民币对美元汇率收益的三种高阶矩指标中，偏度的均值、中位数均显著不为 0；峰度数据的均值、中位数显著大于 3，这表明汇率收益分布并不服从正态分布假设[①]。由 JB 统计量及其 P 值也可知，人民币对美元汇率收益分布不服从正态分布的假设，这意味其分布可能存在尖峰厚尾及非对

---

① 如果变量服从正态分布，则其偏度值为 0，峰度值为 3。

表 4-1　人民币对美元汇率收益高阶矩指标的描述性统计量

变量	方差	偏度	峰度
均值	0.0153	−0.2779	5.1341
中位数	0.0536	−0.1883	3.4197
最大值	0.1158	4.1935	26.2185
最小值	0.0000	−4.3242	2.0466
JB 统计量	168.7329	52.7192	247.9326
P 值	0.0000	0.0000	0.0000

注：表中 P 值为 JB 统计量的 P 值。

称性的情形。因此，若仅利用方差指标研究则会导致：第一，无法全面反映汇率收益分布情况，投资者会因信息匮乏做出非理性操作导致损失。第二，偏度与峰度指标反映了资产收益的投机及预期风险，这类高阶矩风险无法通过低阶矩指标进行衡量；若单纯采用低阶矩指标研究，其结果准确度不足。第三，从统计学角度来看，高阶矩指标之间存在一定的联系，需要将各高阶矩数据纳入研究框架，吕永健等（2017）也指出这一点。因此，采用高阶矩指标进行研究更符合理论与实践要求。

图 4-1 为 2006～2017 年人民币对美元汇率收益的三种高阶矩指标走势。

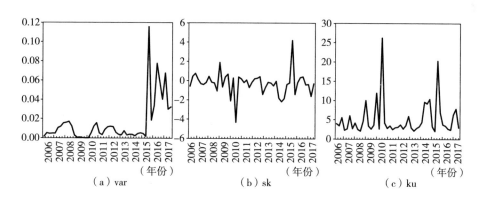

（a）var　　　　　　　（b）sk　　　　　　　（c）ku

图 4-1　2006～2017 年人民币对美元汇率收益的三种高阶矩指标走势
注：var 代表方差，sk 代表偏度，ku 代表峰度。

由图 4-1 可以看出，人民币对美元汇率收益方差在 2015 年后明显上升，这是由于 2015 年汇改调整了人民币对美元汇率中间价报价方式，引入做市商制度，人民币对美元汇率双向波动加剧，反映在图中即为方差在 2015 年后出现"高起高落"的现象。与此相类似，人民币对美元汇率偏度与峰度在 2015 年前后也出现了明显波动，这表明汇改后汇率进一步市场化，在一定程度上也加剧了人民币对美元汇率风险。此外，由图 4-1 也可看出，在整体样本区间三种高阶矩指标存在不同程度的变动，其走势并不稳定，并可能由此导致风险发生。由上述内容也可看出将高阶矩指标纳入研究框架具有合理性。

4.1.3 整体样本实证结果

在回归前本文对回归方程（4-1）中的所有变量进行面板平稳检验，由于该数据集为非平衡面板数据，本章采用费雪面板平稳检验方法，检验结果见表 4-2。

表 4-2 面板数据平稳检验结果

变量	Inverse chi-squared P	Inverse normal Z	Inverse logit t L*	Modified inv. chi-squared Pm
方差	1.24e+04 (0.0000)	−74.8787 (0.0000)	−89.8965 (0.0000)	128.2152 (0.0000)
偏度	3.10e+04 (0.0000)	−138.4611 (0.0000)	−229.0262 (0.0000)	374.7861 (0.0000)
峰度	3.73e+04 (0.0000)	−160.3599 (0.0000)	−278.7806 (0.0000)	459..3342 (0.0000)
个股收益	3.65e+04 (0.0000)	−164.7973 (0.0000)	−273.5800 (0.0000)	448.3418 (0.0000)
市场收益	2.62e+04 (0.0000)	−121.4703 (0.0000)	−189.5446 (0.0000)	311.8586 (0.0000)
换手率	1.41e+04 (0.0000)	−75.5593 (0.0000)	−102.4536 (0.0000)	150.3489 (0.0000)
净资产收益率	2.17e+04 (0.0000)	−103.7441 (0.0000)	−158.7175 (0.0000)	250.9458 (0.0000)

注：①表中指标是指费雪面板检验的四个主要检验统计指标，表中小括号内的数值为相应检验统计指标的 P 值。

②表中用到了科学计数法，下同。

由表 4-2 结果可知，所有回归变量均为平稳变量，可以进行下一步回归分析。

表 4-3 为整体样本回归结果。由表 4-3 可知，整体样本中汇率变化率的方差、偏度和峰度对股票收益均呈现高度显著负向影响。方差上升 1%，会导致股票收益下降约 1.4507%；偏度上升 1%，会导致股票收益下降约 0.0190%；峰度上升 1%，会导致股票收益下降约 0.0015%。可以看出，在高阶矩风险对国内股票收益的影响中，方差的影响显著且最大（当然，这种结果有较大原因在于三类高阶矩指标的量纲大小不一致，本章在之后会对此进行进一步分析），偏度和峰度同样存在显著为负的影响。出于稳健性考虑，我们将股票收益变量由流通市值加权平均市场日收益率更换为等权重平均市场日收益率再次进行回归，回归结果见表 4-4。

表 4-3　整体样本回归结果

变量	系数	稳健标准差	P 值
方差	−1.4507***	0.0075	0.000
偏度	−0.0190***	0.0001	0.000
峰度	−0.0015***	0.0000	0.000
净资产收益率	−5.58e−06**	2.63e−06	0.034
换手率	0.0002***	6.70e−06	0.000
市场收益	0.9586***	0.0013	0.000
截矩项	0.0530***	0.0006	0.000
观测组数	1430		
观测值	41971		
WITHIN R^2	0.7784		

注：回归采用稳健回归形式；**、***分别表示在 5%、1% 置信水平上显著。

由表 4-4 可知，在更换股票收益变量之后，表 4-3 与表 4-4 中各变量系数及符号方向整体上无显著变化，表明结果具有一定稳健性。汇率高阶矩风险对股票收益均存在负向影响，且三阶矩偏度和四阶矩峰度的影响高度显著，这表明高阶矩风险不应被忽略。由此可知，偏度代表的市场崩溃风险与峰度代表的预期风险是影响股票市场收益不可忽略的重要因素，货币管理部门制定汇率政策时除着眼于保持当前币值稳定、避免过度波动外，还应考虑政策的长期性和连续性问题。保持汇率稳定意义如下：一方面，可以避免投机行为的频繁出现，降低投机风险；反过来，投机风险的降低又可进一步保持汇率稳定，两者相辅相成。另一方面，汇率政策的连续性可以防止由于政策中断或不连续造成汇率突变现象发生，汇率政策保持连续性有助于汇率长期稳定，进而有助于各市场参与者理性预期的形成，避免由于各市场参与者预期偏差导致市场波动现象出现，保证外汇市场有效运行。

表4-4　整体样本稳健性回归结果

变量	系数	稳健标准差	P 值
方差	−1.4578***	0.0075	0.000
偏度	−0.0191***	0.0001	0.000
峰度	−0.0015***	0.0000	0.000
净资产收益率	−5.39e−06***	2.64e−06	0.041
换手率	0.0002***	6.73e−06	0.000
市场收益	0.9595***	0.0013	0.000
截矩项	0.0510***	0.0006	0.000
观测组数	1430		
观测值	41971		
WITHIN R^2	0.7680		

注：回归采用稳健回归形式；***表示在1%置信水平上显著。

4.1.4　基于高阶矩风险因子角度的回归结果理论分析

由上述结果可知，我国在岸人民币汇率高阶矩风险因子对我国股票市场收益产生了显著负向影响，对其分析如下：

4.1.4.1　方差因子角度

从方差因子角度来看，汇率波动会对股票市场收益产生显著负面影响。可能的原因如下：

（1）股票市场是我国金融体系中重要的市场之一，股票市场为市场参与者提供融资与投资的平台，是国内各行业资金运转的中枢，其与货币资金之间存在异常紧密的联系，而外汇市场联系着国内市场与国外市场。从这个角度来看，外汇市场可以看作我国股票市场对外联系的"闸门"，国内外资金若要进出中国市场首先要通过外汇市场进行币种转换才可进行下一步投资操作（无论是直接投资还是间接投资），两个市场间以货币为纽带建立了联系通道，这是两者市场存在联系的根本机制所在。

（2）如前所述，方差因子所代表的波动风险较为明显的表现之一是市场间的波动溢出现象，波动溢出的产生从理论上来看主要是由于市场非完全有效造成的，信息在市场传递过程中产生了不对称的影响；从现实来看，显然很难有市场能满足完全有效假说，也有学者通过实证方法证明了这一点（见本书文献综述）。我国金融市场体系正处于不断完善的阶段，很难满足市场完全有效的假设要求，当信息从外汇市场传递到股票市场时，由于市场非完全有效及各市场有效程度的不同，信息在传递过程中会使各市场出现价格调整不一致，市场做出反应不一致，从而出现股票市场对从外汇市场传入的波动信息做出非理性波动的现象，即波动溢出现象。

（3）从投资者视角来看，股票市场是一种典型的投资型市场，与债券市场或黄金市场等安全类资产市场不同，股票市场收益相对较高，风险也相对较高；与实体行业部门也不同，股票市场进入门槛相对较低，收益见效快。各类资金总是抱着不同目的进入中国市场（在合法前提下），部分国际投资者对中国经济长期向好势态抱有充足信心，认为中国市场是一个值得进行长期投资的市场，其可能会选择直接投资，也可能会通过独资、合资或收购本土企业的方式在国内从事经营活动。也有部分短期资金持有者会以短期投资甚至是投机的心态进入中国市场，对于这一部分投资者股票市场显然是一个良好的投资场所，但是由于其带有一定投机性，其可能在一段时间内集中进出中国市场造成汇率波动加剧随之带动股票市场波动加剧，进而影响股票收益。

（4）从股票市场上市公司来看，汇率波动意味着该公司持有的以美元计价的资产价格也会随之发生波动，这种波动有可能会导致公司资产价值缩水，而该汇率波动信息是一种公开信息，市场参与者均有机会观测到，由于市场参与者的信息分析能力存在差异，部分市场参与者可能会认为这将对上市企业产生不良影响，影响其股票价格继而做空市场，又由于"羊群效应"的存在，可能会使其他市场参与者采取跟随措施，最终影响股票收益。

4.1.4.2　偏度因子角度

从偏度因子角度来看，偏度因子也会对股票市场收益产生负面影响。可能的原因如下：

（1）随着近年来我国外汇市场不断发展，市场化程度加深，更好地起到了优化资源配置的作用，但汇率市场的整体风险也随之加剧。一个成熟的金融市场，市场存在渠道能够传递风险信息，这是我国外汇市场改革应当达到的目标，而偏度风险对股票收益产生影响这正是我国外汇市场改革发挥作用的表象。

（2）由之前理论分析可知，偏度因子代表的是由投资者偏好所引致的市场崩溃风险，外汇市场的偏度风险即代表外汇市场崩溃。就我国外汇市场现状而言，显然偏度风险相对较小，其原因在于国内经济政治局面相对稳定，宏观经济发展稳健，充足的外汇储备以及逐步多样化的货币政策工具都使我国外汇市场崩溃的概率几乎为零。但是从风险管理的角度来看，风险小并不意味着风险不存在，事实上各类风险总是存在于经济系统中的各个角落，并随着经济运行而不断演化。对于我国而言，现行制度、市场格局及宏观经济环境导致外汇市场出现崩溃的概率非常小，但在极端条件下（如战争、重特大自然灾害）我们并不能完全保证这种情况不会出现。偏度风险实际上可以从两个层面来看待；第一个层面是由于某种原因（可能是随机的外在冲击）资产收益分布曲线发生左偏，获取高投资收益的概率降低，继而使投资者偏好发生变化，并改变投资者行为，即收益降低→投资者偏好变化→投资者行为变化→抛售资产→资产价格下降，收益进一步降低，这样一种不良循环形成，使资产收益越发走低；第二个层面则是第一个层面不断恶化的最终结果，即市场最终崩溃，因此偏度风险具备明显的动态性与阶段性特征。第一个层面能否演变至第二个层面的关键在于货币政策是否能够形成"安全网"及市场预期是否改变，从我国的实际情况来看，我国外汇市场偏度风险主要集中于第一个层面，后文的标准化回归结果也从侧面证实了这一点，即风险存在，但大小可控。正是由于风险存在、大小可控的局面使得偏度风险对我国股票市场收益存在影响，但影响同样处于可控状态。需要注意的是，货币管理部门对此局面应有清晰认识，在改革过程中，应当对以往较少关注的风险引起足够重视并积累应对经验，毕竟引起风险发生的意外冲击带有随机性，市场本身不会为参与者提供足够的应对时间。

（3）从资金流向角度来看，国际资金通过外汇市场进入国内市场，其中一部分会进入股票市场（如 QFII），如果外汇市场偏度风险增大，意味着外汇市场可能发生崩溃，人民币收益降低，那么这部分资金会选择停止投资活动（由于资本管制存在，其在短期内无法完全撤离市场），对于股票市场而言，资金供给可能出现不足，流动性降低，股票收益受到负面影响。

（4）我国由于多层次金融市场的建立，对于资金持有者而言其可选择的投资资产种类增多，一旦外汇市场偏度风险增加，会对整体宏观经济产生不良影响，股票市场容易受宏观经济直接冲击，此时投资者会在资产组合中降低股票等风险相对较高的资产比重，并考虑加大债券或贵金属等安全资产比重以达到规避风险的目的，此时投资者对股票资产的需求降低，股票市场价格下降，股票收益受到负面影响。

（5）从上市企业来看，外汇市场偏度风险增大意味着上市企业中部分涉外经营活动可能面临较大汇率风险，其资产可能受到不利影响并反映在股票市场价格中，最终对股票收益产生负面影响。

4.1.4.3　峰度因子角度

从峰度因子角度来看，峰度因子也会对股票收益产生负面影响。可能的原因如下：

（1）峰度因子代表的是一种预期风险。在早期，我国事实上实行的是一种钉住美元的固定汇率制度，在这种情况下，汇率走势几乎不存在随机性的变化，因此预期并未发挥真正的作用；在经历了十余年发展后，我国外汇市场的市场化机制已有了长足发展，市场预期成为价格走势的重要影响因素，正是这种市场机制的进步使预期因素开始发挥作用，这也是外汇市场预期因素能够影响股票收益的根本原因。

（2）当部分市场参与者预期市场将会发生波动时，由于信息不充分现象存在，另一部分市场参与者可能会由于"羊群效应"的存在而采取跟随策略，采取跟随策略的市场参与者会认同被跟随者的信息，此时新的预期会以螺旋上升形式逐步完成，当市场中相当比例的市场参与者预期市场将会发生波动时，此时市场预期会逐步成为主体市场心理，由于预期的自我实现性，市场价格走势亦会逐步向预期方向发展，于是预期风险出现的可能性增大。

（3）对于上市企业而言，当预期汇率风险发生时，其所拥有的以外币计价的资产价值预计将会发生波动，此时会产生两种后果：一是股市投资者会预期企业资产价值将受到影响，进而影响股票价格，因此投资者会处于市场空方，股票价格下降，股票收益也随之下降。二是上市企业预计到了汇率将要发生波动，因此出于资产保值目的会对以外币计价的资产进行转换，但资产转换需要一定时间，如果在此期间资产转化未能完成，而市场预期又影响了汇率价格走势，则上市企业发生资产损失，进而反映到股票市场中，股票收益下降。

4.1.5 分行业回归结果及分析

4.1.5.1 一级分行业回归结果及分析

在对整体样本进行分析后，下面进一步考虑不同行业面临汇率高阶矩风险时行业间是否存在异质性。基于此目的，本章依据行业分类标准［证监会《上市公司行业分类指引》（2012 年修订）］，选取了 12 个一级行业，从行业层面研究汇率高阶矩风险对股票收益的影响。研究所选取的行业见表 4-5。

表 4-5 一级分行业列表

序号	行业	序号	行业
1	农林牧副渔业	7	交通运输和仓储邮政业
2	采矿业	8	住宿和餐饮业
3	制造业	9	信息传输、软件和信息技术服务业
4	电力、热力、燃气及水生产供应业	10	金融业
5	建筑业	11	房地产业
6	批发和零售业	12	租赁和商务服务业

注：行业分类中部分行业因市值比重过低而未予以考虑。

一级分行业的面板回归的设定同式（4-2），在进行回归前本章对所有回归方程均进行了面板平稳性检验，所有回归方程的变量均平稳，限于篇幅未列举，检验结果备索。具体回归结果参见表 4-6。

表4-6 一级行业回归结果①

变量	行业 1	行业 2	行业 3	行业 4	行业 5	行业 6	行业 7	行业 8	行业 9	行业 10	行业 11	行业 12
方差	-1.3923*** (0.0573)	-1.6587*** (0.0472)	-1.4435*** (0.0119)	-1.4703*** (0.0307)	-1.4814*** (0.0543)	-1.4948*** (0.0313)	-1.4900*** (0.0006)	-1.2857*** (0.0050)	-1.4119*** (0.0718)	-1.4736*** (0.0334)	-1.5340*** (0.0317)	-1.4465*** (0.1063)
偏度	-0.0159*** (0.0008)	-0.0217*** (0.0011)	-0.0186*** (0.0002)	-0.0196*** (0.0006)	-0.0216*** (0.0010)	-0.0181*** (0.0006)	-0.0191*** (0.0010)	-0.0143*** (0.0042)	-0.0178*** (0.0008)	-0.0219*** (0.0006)	-0.0203*** (0.0006)	-0.0184*** (0.0024)
峰度	-0.0002 (0.0003)	-0.0017 (0.0018)	-0.0015*** (0.0000)	-0.0014*** (0.0002)	-0.0015*** (0.0003)	-0.0023* (0.0012)	-0.0050*** (0.0005)	-0.0004 (0.0018)	-0.0015*** (0.0004)	-0.0015*** (0.0002)	-0.0018*** (0.0003)	-0.0022** (0.0009)
净资产收益率	-2e-05*** (7.66e-07)	-0.0002 (0.0001)	-4.59e-06 (2.97e-06)	0.0004* (0.0002)	-3.66e-06 (2.29e-06)	-7.14e-06 (0.0000)	0.0000 (0.0001)	0.0034* (0.0319)	0.0000 (0.0000)	0.0009*** (0.0003)	9.90e-06 (8.67e-06)	-0.0001 (0.0007)
市场收益	1.0046*** (0.0058)	0.9383*** (0.0104)	0.9579*** (0.0016)	0.9517*** (0.0068)	0.9671*** (0.0113)	0.9385*** (0.0051)	0.9476*** (0.0077)	1.0000*** (0.0481)	0.9620*** (0.0136)	0.9645*** (0.0081)	0.9427*** (0.0076)	0.9532*** (0.0292)
换手率	0.0002*** (0.0000)	0.0002*** (0.0000)	0.0002*** (9.09e-06)	0.0001*** (0.0000)	0.0001*** (0.0000)	0.0003*** (0.0001)	0.0002*** (0.0000)	0.0003 (0.0002)	0.0002*** (0.0000)	0.0001 (0.0000)	0.0001*** (0.0000)	0.0003*** (0.0001)
截距项	0.0378*** (0.0044)	0.0657*** (0.0029)	-0.0161*** (0.0012)	-0.0575*** (0.0033)	-0.0628*** (0.0034)	-0.0526*** (0.0024)	-0.0600*** (0.0033)	0.0176 (0.0116)	0.0467*** (0.0048)	0.0605*** (0.0039)	0.0585*** (0.0030)	-0.0334** (0.0133)
观测量值	749	1539	22795	2170	1220	3229	2413	137	1298	1305	2484	401
WITHIN R²	0.8187	0.7561	0.7814	0.7740	0.7657	0.7714	0.7761	0.8321	0.7880	0.7566	0.7606	0.7838

注：回归采用稳健回归形式，括号内为稳健标准差；*、**、***分别表示在10%、5%、1%置信水平上显著。

① 表4-6中行业的序号对应表4-5中行业的序号。

从表 4-6 中可知，几乎所有的一级分行业股票收益在不同程度上受到汇率高阶矩指标的影响。12 个行业中有 10 个行业股票收益同时受到所有三类汇率高阶矩的负面影响，其方差、偏度与峰度系数显著。

从方差来看，所有行业均受到方差因素的负面影响。具体从方差因子来看，模型中方差变量对行业 2（采矿业）、行业 11（房地产业）的负面影响最大。其中，行业 2（采矿业）受方差影响最大，系数为 -1.6587；行业 11（房地产业）方差系数为 -1.5340。行业 1（农林牧副渔业）和行业 8（住宿和餐饮业）受方差因子影响相对较小，系数分别为 -1.3923 和 -1.2857；其余行业受方差影响差别程度不大。从行业分布来看，本章所选样本行业多集中于农业[①]、制造业及其关联行业，这些产业具有外向性特点，这一结果与 Bianconi 和 Cai（2017）对美国市场研究的发现较为一致。从方差因素角度来看，值得注意的是农林牧副渔业和制造业这两个行业模型系数显著为负，这两个行业是我国进出口领域的主要行业[②]。例如，在农林牧副渔业中我国是世界最大蔬菜出口国，鱼和海鲜出口量常年居世界第二位，同时我国又是油料作物、淀粉根类作物、谷物的进口大国，其中油料作物进口量占世界总量的 40%；在制造业中，全球市场占有率超过 50% 的有中国制造行业 5 个，超过 20% 的有中国的 22 个，这两个行业的共同特点是其与进出口贸易密切相关，因此其更容易受到汇率波动风险的影响。受方差影响较大的是金融业和房地产，因为金融业类企业相较于其他行业企业，更多接触到外汇类资产，与外汇相关的业务往来也更多，房地产企业受资金流动影响较大，故该两类市场受到汇率波动风险影响较明显。其余行业包括采矿业，交通运输业和仓储邮政业，电力、热力、燃气及水生产供应业，信息传输、软件和信息技术服务业等行业与前述农林牧副渔业和制造业均存在较强的产业链联系，使得这些相关行业受到汇率波动风险的显著影响。

从偏度与峰度角度来看，大部分行业偏度变量与峰度变量对股票收益表现出显著负向影响，证实了高阶矩风险对行业股票收益存在影响。

从偏度因子来看，所有行业均受到了偏度因子的显著负面影响，同样地，这些偏度变量系数显著的行业主要以农业、制造业及其关联行业为主，行业企业生产经营中持有资产多元化，且企业生产销售涉及进出口，不可避免地受到偏度因

---

① 这里的农业指行业 1（农林牧副渔业）的简称；行业 6（批发和零售业）、行业 7（交通运输和仓储邮政业）是与制造业相配套的行业，主要涉及制造业产品的运输营销等环节。

② 相关数据收集自农业部与商务部网站。

子代表的汇率投资风险影响。从系数大小来看，其中对行业8（住宿和餐饮业）影响最小，系数为-0.0143，对行业10（金融业）影响最大，系数为-0.0219。从表4-6还可以看出，在受方差影响较大的一些行业中，如农林牧副渔业、制造业、交通运输和仓储邮政业、采矿业和建筑业其偏度影响在所有行业中也相对偏大。产生这一现象的可能原因在于，偏度在一定程度上代表了投资偏好，其中也包含了投机的因素，由于市场参与者存在投资偏好异质性及理性投资行为，使得可直接观测到的方差（波动）风险通过部分投资者的理性投资行为与相对难以直接观测到的偏度风险产生了联系；同时，由于市场中投资偏好异质性与非理性投资行为的存在使得偏度对行业股票收益影响相对于方差的影响离散程度更高，同方差相比，偏度对某行业股票收益影响的大小与该行业是否为重要进出口行业之间的关系更弱。在方差因子的分析中，不难看出若某行业为重要的进出口行业（或重要相关行业），则其更易受到汇率波动的影响，但在偏度因子的结论中，这种规律性的表现相对更弱、更分散。这比较符合资本市场的内在特性，市场中理性与非理性投资因素的博弈会在一定程度上影响风险的作用机制。

从峰度因子来看，行业1峰度因子系数不显著，可能的原因在于农林牧副渔业行业产品价格波动相对较小，需求弹性偏低，其价格在未来发生剧烈波动的可能性较小，因此，其峰度因子系数不显著。类似于偏度结果，其余行业的峰度因子系数值均显著为负，可能的原因在于，随着国内资本市场不断发展，峰度变量所代表的汇率风险预期对企业汇率风险影响的范围在扩大①。此外，峰度从统计定义上看是方差的方差，衡量的是方差变化速率，因此在大部分情况下其表现出显著的影响，这点可以看作方差风险的另一种传递表现形式。但是类似于偏度，峰度对某行业股票收益影响的大小与该行业是否为重要进出口行业之间的联系相对于偏度的表现甚至更弱，可能的原因在于从投资的角度看峰度代表资产价格预期偏离程度，其所代表的风险同样难以被投资者直接观测，在信息不对称条件下，投资者分散化及非理性的投资行为会使其影响显得更为分散。

综上可以发现，方差因子的行业影响范围最为广泛，就影响程度而言，这说明了两个问题：第一，偏度和峰度高阶矩指标同样能够刻画汇率风险，两者系数显著说明国内股票市场存在投资风险及预期因素的影响，这一方面是资本市场的

---

① 从某种角度来看，笔者认为预期因素发挥作用是市场化程度加深的结果，体现了资产价格更多由众多参与者的博弈及市场供需等因素决定，具有一定积极意义。

固有特性，另一方面也说明国内资本市场在不断发展，将以往较少考虑的风险因子定价到市场收益之中。第二，引入高阶矩指标可以为解决"汇率风险之谜"提供一种新的思路。

4.1.5.2 二级分行业的进一步探索

（1）金融业。综上不难发现，行业 10（金融业）中企业股票收益受到汇率风险的显著影响，其方差、偏度和峰度系数均高度显著。就常理而言，金融类企业的资产风险管理相较于其他行业企业更为复杂，外汇资产或负债亦是其资产负债表的重要组成部分。相对于其他行业企业，其业务活动与外汇市场联系更为密切。从上述角度来看，金融行业企业更容易受到汇率风险的影响。鉴于金融业的特殊地位，本章对金融行业进行进一步的研究，根据证监会《上市公司行业分类指引》（2012 年修订），将金融行业进一步细分为四个二级行业：货币金融服务（主要包括各商业银行）、资本市场服务（主要包括各证券公司）、保险业（主要包括各保险公司）和其他金融业等。本章对这四个二级行业中的前三个行业进行面板回归（因第四个行业所占比重过小而未予以考虑），面板回归方程同前述，在进行回归前本章对所有回归方程均进行了面板平稳性检验，所有回归方程的变量均平稳，限于篇幅未列举，检验结果备索。回归结果见表 4-7。

从表 4-7 的结果来看，与表 4-6 中金融业的情况基本一致，但也存在一定二级行业层面上的差异，在三个二级行业中货币金融业和资本市场服务业同时受到了三种汇率高阶矩的负面影响，而保险业峰度系数不显著。具体来看，一方面，银行业资产负债表规模巨大，外汇资产比重较高，其面临的汇率风险敞口较大；另一方面，银行业在经营过程中要以稳健性为其基本经营原则之一，在一定程度上又能够有效控制风险，避免经营过程中发生剧烈波动现象，因此方差和偏度因子系数虽然显著（这可能也是金融类企业所无法避免的）但峰度因子系数相对较小。同样，保险业峰度系数不显著，考虑保险业的行业属性，尽管存在巨额保险资金池，但保险业外汇资产比重较小，截至 2016 年底，国内保险业外汇资金总额仅约为 100 亿美元[①]尽管外汇业务发展迅速，但其比例相对依然较小，对于整个行业而言，风险敞口有限，从目前来看，单独的汇率因素难以在未来对整体行业产生剧烈影响。

---

① 数据来源于保监会统计数据。

表 4-7　金融业二级分行业回归结果

变量	货币金融服务	资本市场服务	保险业
方差	-1.3773*** (0.0600)	-1.6812*** (0.0744)	-1.5149*** (0.0588)
偏度	-0.0206*** (0.0009)	-0.0252*** (0.0018)	-0.0228*** (0.0013)
峰度	-0.0011*** (0.0003)	-0.0017*** (0.0004)	-0.0012 (0.0007)
净资产收益率	0.0012*** (0.0003)	0.0013*** (0.0007)	0.0008 (0.0015)
换手率	0.0001** (0.0000)	0.0001*** (0.0000)	0.0001 (0.0000)
市场收益	0.9669*** (0.0074)	0.9762*** (0.0231)	0.9676*** (0.0194)
截矩项	0.0484*** (0.0053)	0.0707 (0.0052)	0.0654** (0.0147)
观测量值	630	385	169
WITHIN R^2	0.7685	0.7392	0.7613

注：回归采用稳健回归形式，括号内为稳健标准差。＊＊、＊＊＊分别表示在 5%、1% 置信水平上显著。

对于整体金融行业对汇率风险敏感，可能存在如下几种原因：第一，金融类企业资产负债表中外汇资产比重较高，受汇率风险影响较为明显；第二，金融企业的业务种类中相当比例存在杠杆效应，可能会放大汇率风险的影响。此外，由于金融企业可以凭借其专业性和市场信息，并借以相应的衍生工具避险（Allay-annisa and Ofek，2001），又能够在一定程度上抑制汇率风险，使得二者能够在特定背景下达到平衡状态。

（2）制造业。在扩大对外开放的背景下，行业 3（制造业）在中国出口格局中占有重要地位，汇率风险对制造业企业的影响成为学术界关注的热点。

结合本章研究结果，可以看出行业 3（制造业）企业受到较为明显的汇率风险影响，方差、偏度和峰度均对其产生负面影响。国内制造业企业在面对汇率风险的情形下，可采取的应对措施有限：如果企业产品竞争力强，具备国际市场定价能力，可以通过汇率传递（ERPT）将汇率风险转嫁给出口目的国；反之若产品竞争力弱，国际市场定价能力差则难以通过汇率传递的形式转嫁风险，而由自身承担汇率波动导致的风险（邹宏元、罗大为，2013）。随着中国制造业发展迅速，对外开放不断扩大，但产品竞争力有待于进一步增强。基于以上分析，对制造业企业进行进一步探索具有较强现实意义。

根据证监会《上市公司行业分类指引》（2012 年修订）的划分，制造业行业二级行业共计 31 个。本章选取了制造业行业中 10 个二级行业进行进一步研究，一方面是这些行业企业的产品是我国制造业产品的主要代表品种，另一方面这 10 个行业出口总额占到我国出口总额的 86% 以上（邹宏元、罗大为，2014），具有良好的行业代表性。制造业二级分行业选取见表 4-8。

表 4-8　制造业二级分行业

序号	行业	序号	行业
1	纺织业	6	电器机械和器材制造业
2	化学原料与化学制品制造业	7	金属制品业
3	橡胶和塑料制品业	8	家具制造业
4	汽车制造业	9	计算机、通信和其他电子设备制造业
5	铁路、船舶、航空航天和其他运输设备制造业	10	仪器仪表制造业

对制造业二级行业面板回归方程设定同前所述，在进行回归前本章对所有回归方程均进行了面板平稳性检验，所有回归方程的变量均平稳，限于篇幅未列举，检验结果备索，回归结果见表 4-9。

从表 4-9 回归结果来看，所有制造业二级行业除行业 1（纺织业）、行业 5（铁路、船舶、航空航天和其他运输设备制造业）和行业 8（家具制造业）外均同时受到三类汇率高阶矩风险影响。整体来看，国内制造业行业企业普遍受到汇率高阶矩风险影响。

形成上述格局的可能原因如下：第一，对于除行业 2（化学原料与化学制品制造业）、行业 5（铁路、船舶、航空航天和其他运输设备制造业）外的其余行业，其产品多为工业中间品，如机械、电子、汽车和交通工具。从产业链角度来看，其处于中低端领域，国内企业在国际市场起步较晚，面临较为激烈的竞争，缺乏定价权；从生产角度来看，上述企业生产业需依赖进口原材料和进口中间品（苏振峰，2011），汇率变化会对企业生产成本产生显著影响，进而影响企业产品

表4-9 制造业二级分行业回归结果①

变量	行业1	行业2	行业3	行业4	行业5	行业6	行业7	行业8	行业9	行业10
方差	-1.5097*** (0.0525)	-1.4932*** (0.0385)	-1.2471*** (0.1129)	-2.0889*** (0.0894)	-1.4171*** (0.0550)	-1.4955*** (0.0546)	-1.4140*** (0.1125)	-1.1387*** (0.2089)	-1.4592*** (0.0470)	-1.2742*** (0.1513)
偏度	-0.0165*** (0.0008)	-0.0194*** (0.0059)	-0.0163*** (0.0011)	-0.0373*** (0.0021)	-0.0152*** (0.0008)	-0.0184*** (0.0010)	-0.0198*** (0.0025)	-0.0146** (0.0038)	-0.0173*** (0.0007)	-0.0191*** (0.0026)
峰度	2.3e-05 (0.0003)	-0.0013*** (0.0077)	-0.0019** (0.0008)	-0.0082*** (0.0003)	-0.0001 (0.0003)	-0.0027*** (0.0004)	-0.0019** (0.0008)	-0.0041 (0.0021)	-0.0016*** (0.0002)	-0.0022* (0.0010)
净资产收益率	-0.0001 (0.0002)	-7.24e-06 (6.81e-06)	0.0000 (0.0000)	-5.17e-06 (0.0001)	2.4e-05*** (5.81e-06)	-3.05e-07 (7.57e-07)	0.0003 (0.0003)	0.0030 (0.0019)	-5.40e-07 (2.30e-06)	-0.0003 (0.0008)
换手率	0.0001*** (0.0000)	0.0001*** (0.0000)	0.0003*** (0.0000)	0.0002*** (0.0000)	0.0002*** (0.0000)	0.0003*** (0.0001)	0.0001* (0.0000)	0.0001* (0.0000)	0.0003*** (0.0001)	0.0003*** (0.0001)
市场收益	0.9905*** (0.0121)	0.9622*** (0.0079)	0.9398*** (0.0215)	0.8699*** (0.0136)	0.9900*** (0.0111)	0.9251*** (0.0108)	0.9585*** (0.0265)	0.8971*** (0.0567)	0.9620*** (0.0084)	0.9572*** (0.0238)
截距项	0.0400*** (0.0041)	0.0549*** (0.0027)	0.0379*** (0.0057)	0.1219*** (0.0062)	0.0369*** (0.0039)	0.0459*** (0.0052)	0.0590*** (0.0094)	0.0314 (0.0164)	0.0395*** (0.0026)	0.0442* (0.0060)
观测量值	1476	2385	505	901	1345	1685	356	89	2385	185
R^2	0.8263	0.7777	0.7853	0.6935	0.8326	0.7717	0.7637	0.7277	0.8010	0.7935

注:回归采用稳健回归形式,括号内为稳健标准差;*、**、***分别表示在10%、5%、1%置信水平上显著。

---

① 表4-9中制造业二级行业对应的序号同表4-8中制造业二级行业序号。

定价和销售。第二，行业 1（纺织业）与行业 5（铁路、船舶、航空航天和其他运输设备制造业）均是我国主要出口产业，行业 1（纺织业）是我国制造业的优势产业，其产品多为生活生产所需的中间品，近年来随着国际经济逐步复苏，国际市场需求逐步增大①，出口价格波动较小，邹宏元和罗大为（2013）的结论与本观点类似。行业 5（铁路、船舶、航空航天和其他运输设备制造业）为我国出口行业后起之秀，产品附加值高，特别是高铁航天等项目在国际市场上有较强竞争力，同时得到政府支持，如李克强总理开展的"高铁外交"。

综上所述，国内制造业企业股票收益对高阶矩汇率风险较为敏感，其风险产生的源头是多方面的，但也反映出国内制造业行业整体实力还有待进一步加强，以减少由于缺乏市场定价权所导致的汇率风险。

4.1.6　风险间的横向比较

上述研究结果表明，我国股票收益普遍受到了汇率高阶矩的影响，但是我们也注意到，由于三类高阶矩在数量量值上存在大小之分，其中方差数值最小，偏度次之，峰度最大，这表明如果要利用原始数据横向比较三者影响大小存在一定缺陷，因此，在进行了上述回归后，参照 Bianconi 和 Cai（2017）的做法，对三类高阶矩指标变量进行了标准化处理，以消除数量量纲大小，再比较三类指标影响大小。

同时出于稳健考虑，我们从上海股票交易所上市的 A 股股票选取样本股票，共从 834 家上市企业选取，同时将回归模型中净资产收益利率变量更换为企业每股盈余，重新对数据进行分行业回归（这里行业分类同表 4-5 中的分类）。在进行回归前对所有回归方程均进行了面板平稳性检验，所有回归方程的变量均平稳，限于篇幅未列举，检验结果备索。回归结果见表 4-10。

由表 4-10 可知，进行标准化后回归结果同原始数据回归结果在模型系数显著程度及 R^2 等方面几乎无区别，表明进行标准化后回归结果是稳定的。此时可以对三种高阶矩导致的股票风险暴露影响大小进行比较，不难看出，整体上方差的影响是最大的，偏度影响次之，峰度影响最小。这说明，方差对于市场和市场

---

① 以 2014 年为例，我国化工产业产量占世界化工产业总产量的 33.2%。数据收集自中国石油和化工工业联合会网站及中国石油和化学工业联合会《2015 年中国石油和化工行业经济运行回顾与展望》。

表4-10 回归结果

变量	行业 1	行业 2	行业 3	行业 4	行业 5	行业 6	行业 7	行业 8	行业 9	行业 10	行业 11	行业 12
方差	-0.0304*** (0.0014)	-0.0281*** (0.0013)	-0.0294*** (0.0002)	-0.0286*** (0.0005)	-0.0282*** (0.0012)	-0.0288*** (0.0007)	-0.0289*** (0.0006)	-0.0277** (0.0050)	-0.0277*** (0.0015)	-0.0251*** (0.0011)	-0.0264*** (0.0007)	-0.0256*** (0.0032)
偏度	-0.0177*** (0.0008)	-0.0158*** (0.0011)	-0.0169*** (0.0002)	0.0177*** (0.0007)	-0.0170*** (0.0011)	-0.0143*** (0.0007)	-0.0168*** (0.0010)	-0.0117 (0.0042)	-0.0150*** (0.0012)	-0.0182*** (0.0010)	-0.0157*** (0.0008)	-0.0108*** (0.0020)
峰度	-0.0002 (0.0015)	-0.0089*** (0.0018)	-0.0041*** (0.0003)	-0.0048*** (0.0010)	-0.0043* (0.0018)	-0.0093*** (0.0012)	-0.0050*** (0.0014)	-0.0029 (0.0086)	-0.0048*** (0.0020)	-0.0041 (0.0066)	-0.0084*** (0.0014)	-0.0105* (0.0055)
每股盈余	0.0056 (0.0108)	-0.0001 (0.0044)	0.0074** (0.0020)	0.0157* (0.0081)	0.0213 (0.0147)	0.0084 (0.0051)	0.0270* (0.0193)	0.0740 (0.0319)	0.0376*** (0.0109)	0.0109* (0.0052)	0.0168*** (0.0073)	0.0614* (0.0219)
市场收益	1.0272*** (0.0058)	0.9987*** (0.0101)	1.0104*** (0.0016)	1.0133*** (0.0049)	1.0211*** (0.0075)	0.9918*** (0.0051)	1.0101*** (0.0068)	1.0300*** (0.1927)	1.0101*** (0.0074)	1.0406*** (0.0078)	1.0065*** (0.0063)	0.9775*** (0.0223)
换手率	0.0092*** (0.0015)	0.0186*** (0.0020)	0.0107*** (0.0005)	0.0079* (0.0016)	0.0058* (0.0013)	0.0148*** (0.0012)	0.0108*** (0.0023)	0.0233 (0.0102)	0.0123*** (0.0018)	0.0026 (0.0027)	0.0108*** (0.0017)	0.0231*** (0.0034)
截距项	-0.0237*** (0.0060)	0.0144*** (0.04045)	-0.0161*** (0.0012)	-0.0059* (0.0029)	-0.0107* (0.0051)	-0.0214*** (0.0033)	-0.0104*** (0.0033)	-0.0345*** (0.0107)	-0.0126*** (0.0043)	0.0054 (0.0035)	-0.0145*** (0.0041)	-0.0334** (0.01331)
观测量值	704	914	17626	1733	789	2702	1735	127	978	676	2253	282
WITHIN R²	0.8697	0.8204	0.8538	0.8418	0.8482	0.8381	0.8476	0.8826	0.8620	0.8254	0.8188	0.8596

注：回归采用稳健回归形式，括号内为稳健标准差；*、**、***分别表示在10%、5%、1%置信水平上显著。

参与者而言是最直接的风险观测指标，其运用范围广，影响程度深；偏度和峰度影响相对较小，形成这种格局的原因在于，随着国内金融市场体系建设不断完善，市场所传递的信息相较以往更为丰富，市场对各类信息的反应越发敏锐，以往难以被市场价格直接反映的高阶矩风险信息也开始被披露。但是我国金融市场建设还存在一定不足，如透明度较差、市场参与者类型与数量还有待提高、市场参与者理性程度还有待提高、完全的市场化机制有待完善、市场管制较强等，其虽然能够在一定程度上反映出高阶矩风险信息，但信息量有限。重点仍然应该放在对汇率方差即波动的管控上，同时不应忽视偏度和峰度的影响。

4.2 对香港离岸人民币市场的影响

4.2.1 香港离岸人民币市场的发展背景综述

2005 年汇改后，人民币兑美元汇率持续走高，至 2015 年汇改，人民币中间报价机制进一步调整后，人民币对美元汇率呈现双向波动趋势，人民币整体上依然呈现了币值稳中有升的特点。根据国际清算银行所公布的人民币有效汇率指数，可以清楚看出，相较于其他国际主要货币，人民币升值趋势明显（见图 4-2）。近年来，随着中国经济实力增强，人民币国际化进程速度加快，中国对外贸易中以人民币结算的比重从 2010 年的零激增至 2016 年的 16%①。继 2014 年英国政府发行人民币计价债券之后，俄罗斯央行、欧洲央行和新加坡央行等也相继宣布将人民币纳入其外汇储备之中，2016 年人民币进入特别提款权（Special Drawing Right，SDR）货币篮子，成为人民币国际化的重要里程碑，2018 年 1 月 15 日，法国和德国两国央行宣布将人民币纳入外汇储备。此外，随着中国对外开放不断深入，越来越多的国内企业走向国际化，人民币在世界市场中的交易范围与规模不断扩大，其地位被越来越多的国家和地区认可。由此，人民币的国际化影

---

① 数据来源于中国人民银行网站。

响开始引起各界的重视，离岸人民币市场作为人民币国际化进程重要标志之一，呈现加速发展的趋势。

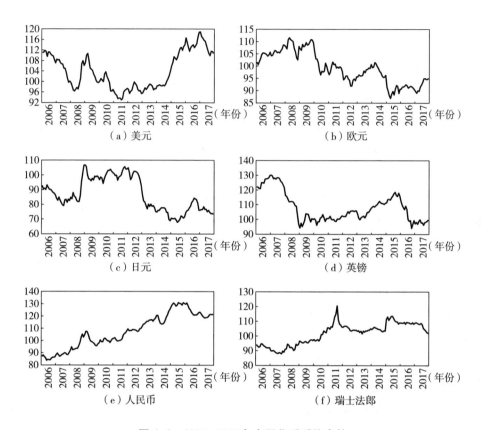

（a）美元　　　　　　　　　　　　（b）欧元

（c）日元　　　　　　　　　　　　（d）英镑

（e）人民币　　　　　　　　　　　（f）瑞士法郎

图 4-2　2006~2017 年主要货币币值走势

从离岸人民币市场发展历程来看，我国于 2004 年在香港地区开始试行人民币个人业务的办理，但业务规模有限。2010 年 7 月，中国人民银行与香港金管局签署《清算协议》补充合作备忘录，可以看作离岸人民币市场在业务规模与业务范围发展上的一大突破。在此之后，离岸人民币市场业务发展迅速，也进一步带动了人民币国际化进程，因此，本章以 2011 年之后的时期作为研究时间段，根据本书的研究目的，本章所使用的汇率为人民币的离岸汇率。离岸人民币市场尚在进一步完善发展之中，其中最大的离岸人民币市场为香港市场，离岸人民币汇率数据由香港财政司定期公布。

4.2.2 研究思路及方法简介

4.2.2.1 研究思路

在岸人民币市场与离岸人民币市场之间不论是从经济政治角度还是从地理位置角度来看，两者间均存在千丝万缕的联系。汇率市场的主要功能在于进行国际清算、贸易融资、授信、套期保值和投机，相较于西方发达国家，虽然在岸人民币市场开放程度不断提高，但仍存在较多管制，因此对于在岸人民币市场而言，其主要功能仍在于清算与融资等领域，投机的空间较小。香港离岸人民币汇率市场虽然也属于外汇市场的一类，但其价格形成及交易机制、法规约束程度均与在岸市场不同。在这两个市场既存在同质性（均为外汇市场）又存在异质性（价格形成及交易机制、法规约束程度不同）的背景下，探讨两个市场间的风险传递显然具有重要现实意义。事实上，在现有研究在岸人民币市场与离岸市场之间相关关系的文献中，大部分研究立足于两个市场间的低阶矩（价格）风险传染关系，如严佳佳等（2015）、陈昊等（2016）、李政等（2018）以及周先平等（2019），但是从高阶矩的角度来研究两个市场间的风险传染研究则相对不足。因此，下文将从高阶矩的角度研究在岸市场对离岸市场的风险传递问题。

根据 Forbes 和 Rigobon（2002）的观点，风险传染现象一般产生于经济危机期间，当风险逐步增强时，不同类型或不同区域的市场之间由于存在资金及信息等传播渠道，其联动性加强，当危机在一个或多个市场爆发时，风险通过各类市场间传播渠道迅速蔓延至其他市场，从而对其他市场产生影响。基于以上论述，本章从高阶矩风险的角度研究在岸人民币市场对香港离岸人民币市场的汇率风险传染现象。需要特别指出的是，由于各市场间的反馈作用机制，风险传染现象往往具有双向影响特征，例如 A 市场风险对 B 市场产生溢出影响，同时 B 市场的反应又会对 A 市场产生反馈效应，因此出于全面考虑，本章在研究在岸人民币市场对香港离岸人民币市场汇率高阶矩风险传染的同时，也研究了香港离岸人民币市场对在岸人民币市场的汇率高阶矩风险传递。根据统计学知识可知，研究变量间联动性应用最广泛的指标是相关系数，而相关系数又是以协方差为基础计算出来的，但是相关系数及协方差等指标是线性指标，现实中宏观变量之间关系往往是非线性的，故采用相关系数及协方差等指标衡量市场间的联动性是不够准确的，且相关系数及协方差无法用于研究高阶矩之间的联动关系。为解决这一问题，国外学者近年来在协方差基础上推导出协高阶矩指标用以描述变量间高阶矩风险的传染现象（详见后文描述），协高阶矩指标是非线性指标，且能够用于刻画高阶矩之间的联动关系，弥补了以往研究高阶矩风险传染现象时工具相对缺乏的不足。本章采用协高阶矩指标为工具进行研究，而协高阶矩指标存在方向性（如研究 A 市场风险传染给 B 市场存在一个协高阶矩指标，反之研究 B 市场风险传染给 A 市场也会存在一个协高阶矩指标），为统一起见，本章将上述市场间双向风险传染统一称为市场间风险传染，那么本章所说的汇率高阶矩风险传染的含义已经包含在市场间风险传染的含义之中了。

金融风险传染一直是理论界关注的热点问题。资金在各金融市场间不断流动进行套期保值或寻求投资机会，投资者在构建投资组合时必须考虑金融风险传递问题，更为重要的是金融风险传递还关乎一国乃至多国金融体系稳定性问题。如 20 世纪 80 年代初的拉美国家债务危机、20 世纪 90 年代中期的墨西哥金融危机、1997 年亚洲金融危机以及 2007～2009 年世界金融危机，上述危机均表现出一个显著共同点，即危机均是在一个国家或市场爆发，并随即通过各国金融市场间的传递渠道迅速蔓延，最终形成区域性甚至全球性危机，对区域金融体系及国际金融体系产生巨大冲击。

由此，学者们对金融市场间的风险传染问题进行了探讨，研究范围几乎涵盖了金融领域所有的子市场，特别是对股票市场的研究最为丰富。具体研究内容中除了对同性质的金融市场间风险传染进行研究外，还有学者对不同金融市场间风险传递进行了研究。

Hamao 等（1990）指出，如果传染源市场对其他被传染市场之间存在波动溢出现象，则表明存在市场间风险传染现象，该学者所提出的此观点也被认为是对市场间风险传染现象的一个早期理论定义。当然，随着近年来各国金融市场间联系日益紧密，资本管制开始放松，传染源市场与被传染市场之间的区别开始变得模糊，被传染市场受到传染源市场影响的同时，也会对传染源市场产生反向影响，即这种影响可能是双向的。

King（1990）利用相关系数研究市场间风险传染现象，作者设定一个金融冲击发生的时点，基于冲击前后市场间相关系数的变化来判断是否发生市场间风险传染，如果相关系数发生显著变化，则说明市场间存在风险传染现象，该学者提出的利用相关系数进行研究的方法也成为后续学者研究该类问题的一个基本思路。相关系数指标计算简便，结果也比较直观，但其是一个静态指标，只能衡量市场间的线性关系，存在一定不足。根据 King（1990）的观点，还可利用波动溢出效应进行风险传染研究，后续学者则采用了 ARCH 模型或 GARCH 模型对此问题进行研究。随着国内金融市场逐步与国际市场接轨，离岸人民币市场也得到了快速发展，自人民币香港离岸市场建立以来，学者们也对在岸人民币市场和离岸市场之间关系展开研究（详见文献部分，此处不再赘述），由于在岸人民币市场与离岸市场在价格形成机制等领域还存在较大差异，因此两个市场既存在联系又存在区别，继而研究两者市场间的关系具有重要现实指导意义。但是国内以往的文献中大多以相关系数、格兰杰检验及 GARCH 模型为研究工具，这使得研究多集中于一阶矩、二阶矩风险的层面，较少涉及更高阶矩的层面，而现有文献表明，高阶矩风险也是金融风险的重要组成成分，其影响不容忽略（王鹏等，2017）。要想更为全面系统地研究风险传染问题，还应当考虑从更高阶矩的角度出发；同时，引入高阶矩概念会进一步拓宽现有研究框架及思路。不难看出，在现有研究工具中，相关系数法是一种常用的线性研究工具，其采用的是传统的正态分布假设，而由前文描述性统计指标可知，金融（汇率）变量收益分布并不符合这一假定，单纯利用相关系数进行研究结果可能会出现偏差。同时，传统计量模型如格兰杰检验或 GARCH 模型很难全面反映市场间的相关关系，原因在于其在进行计算时往往将样本中每一个收益率做了等权重处理，显然在不同时间段不同大小的收益率其影响往往是不同的。

为解决上述问题，部分学者引入协高阶矩概念，此概念将高阶矩指标引入研究框架，能在一定程度上克服原有研究工具的不足，因此本章采用协高阶矩的方法研究在岸人民币市场与其他金融市场之间的汇率高阶矩风险相互传染关系，以期能够为人民币汇率风险传染研究提供一种新的思路，本章重点研究了在岸人民币市场对离岸人民币市场的汇率高阶矩风险传染问题，同时出于全面考虑，也研究了离岸人民币市场对在岸人民币市场的汇率风险传染。

4.2.2.2 研究方法

将高阶矩纳入风险传染研究框架的通常做法是，借助于传统投资组合模型，其中最主要的理论为资本资产定价模型（Capital Asset Pricing Model，以下简称

CAPM），在此模型背景下，投资者依据风险与收益均衡原则最大化自身效用。但是该模型假定资产收益服从正态分布显然与实际不符，有学者（Fang and Lai，1997；Conrad et al.，2013；郑振龙等，2016）认为，资产预期收益不仅与其波动率相关，而且与收益的高阶矩相关，特别是高阶矩中偏度所代表的投资偏好及峰度所代表的资产收益尾部风险均会影响资产收益。鉴于此，部分学者如 Fry-Mckibbin 和 Hsiao（2015）、Martellini 和 Ziemann（2010）对 CAPM 进行了拓展，在包含两种投资品（风险资产）的 CAPM 中引入了高阶矩和协高阶矩，其中此处的协高阶矩是指相关系数、协偏度、协波动率以及协峰度。此时 CAPM 可以写成如下形式：

$$
\begin{aligned}
E(R_i) - R_f = {} & a_1 E[(R_1 - M_1)] + a_2 E[(R_2 - M_2)] + a_3 E[(R_1 - M_1)(R_2 - M_2)] + \\
& a_4 E[(R_1 - M_1)^3] + a_5 E[(R_2 - M_2)^3] + a_6 E[(R_1 - M_1)^2(R_2 - M_2)] + \\
& a_7 E[(R_1 - M_1)(R_2 - M_2)^2] + a_8 E[(R_1 - M_1)^4] + a_9 E[(R_1 - M_1)^4] + \\
& a_{10} E[(R_1 - M_1)^3(R_2 - M_2)] + a_{11} E[(R_1 - M_1)(R_2 - M_2)^3] + \\
& a_{12} E[(R_1 - M_1)^2(R_2 - M_2)^2]
\end{aligned}
\tag{4-3}
$$

其中，R_i 代表第 i 种资产的收益率（此处假定只有两类风险资产，因此 i 取值为 1 和 2），R_f 代表无风险收益率，M_1 和 M_2 分别代表 R_1 和 R_2 的期望值（均值）。a_n 表示二阶矩、三阶矩和四阶矩所度量的风险价格（$n = 1, 2, \cdots, 12$），在式（4-3）中各 a_n 具体表现形式如下：

$$
\begin{aligned}
& a_1 = \Phi_1^2(\partial E[U(V)]/\partial \sigma_q^2), \quad a_2 = \Phi_2^2(\partial E[U(V)]/\partial \sigma_q^2) \\
& a_3 = 2\Phi_1 \Phi_2(\partial E[U(V)]/\partial \sigma_q^2), \quad a_4 = \Phi_1^3(\partial E[U(V)]/\partial s_q^3) \\
& a_5 = \Phi_2^3(\partial E[U(V)]/\partial s_q^3), \quad a_6 = 3\Phi_1^2 \Phi_2(\partial E[U(V)]/\partial s_q^3) \\
& a_7 = 3\Phi_1 \Phi_2^2(\partial E[U(V)]/\partial s_q^3), \quad a_8 = \Phi_1^4(\partial E[U(V)]/\partial k_q^4) \\
& a_9 = \Phi_2^4(\partial E[U(V)]/\partial k_q^4), \quad a_{10} = 4\Phi_1^3 \Phi_2(\partial E[U(V)]/\partial k_q^4) \\
& a_{11} = 4\Phi_1 \Phi_2^3(\partial E[U(V)]/\partial k_q^4), \quad a_{12} = 6\Phi_1^2 \Phi_2^2(\partial E[U(V)]/\partial k_q^4)
\end{aligned}
\tag{4-4}
$$

其中，Φ_i（$i = 1, 2$）表示投资者构建的投资组合中两种风险资产各自的比重；$E[U(V)]$ 为所构建的资产组合的投资期望效用；σ_q^2 为资产组合收益的波动率；s_q^3 为资产组合收益的偏度；k_q^4 为资产组合收益的峰度。

结合式（4-3）和式（4-4）可知，纳入高阶矩的 CAPM 模型将资产的预期超额收益分解为两部分：一部分是风险价格；另一部分是风险度量值。其中风险价格也就是风险补偿 a_i 由风险资产在投资者组合中的比重 Φ_i 和投资者的风险厌恶程度，即式（4-4）中 $\partial E[U(V)]/\partial \sigma_q^2$、$\partial E[U(V)]/\partial s_q^3$、$\partial E[U(V)]/\partial k_q^4$ 各项决定。而风险度量值则是由风险资产收益的高阶矩和协高阶矩构成，其中风险资产收益的高阶矩包括二阶矩 $E[(R_1-M_1)^2]$ 和 $E[(R_2-M_2)^2]$、三阶矩 $E[(R_1-M_1)^3]$ 和 $E[(R_2-M_2)^3]$、四阶矩 $E[(R_1-M_1)^4]$ 和 $E[(R_2-M_2)^4]$；风险资产收益的协高阶矩则包括除协方差即 $E[(R_1-M_1)(R_2-M_2)]$ 以外的协偏度即 $E[(R_1-M_1)^2(R_2-M_2)]$ 和 $E[(R_1-M_1)(R_2-M_2)^2]$、协波动率 $E[(R_1-M_1)^2(R_2-M_2)^2]$、协峰度 $E[(R_1-M_1)(R_2-M_2)^3]$ 和 $E[(R_1-M_1)^3(R_2-M_2)]$。可以看出，协高阶矩是以高阶矩为基础构成，在式（4-4）中风险度量值主要由协高阶矩决定，协高阶矩的大小直接决定风险度量值大小，进而影响投资组合的超额预期收益，从而改变投资者投资决策，调整其投资组合以期达到风险与收益均衡的目的，在投资者调整投资组合过程中便会产生风险传染现象。因此本章的研究重心即为基于协高阶矩概念所体现出的不同市场间风险传染问题。

从前文的基础理论模型可以看出，协高阶矩（这里主要指协偏度、协波动率和协峰度）将不同资产收益的高阶矩指标结合在一起，由此可以推论出，协高阶矩的应用范围相对单个高阶矩指标而言更为广泛和灵活，其可以运用在不同资产组成的投资组合问题研究中，也可以运用在不同市场间的资产所构成投资组合问题研究，例如当投资组合中的资产分属不同类型市场乃至不同国家或区域市场时其同样可以发挥研究作用。

在 King（1990）提出的利用市场间相关系数判断市场间是否存在风险传染这一研究思路具有一定合理性但也存在不足的背景下，后续学者针对该思路的缺陷提出了一系列改进措施。Fry 等（2010）首次提出了协偏度风险传染统计量；在此之后 Fry-Mckibbin 和 Hsiao（2015）又进一步提出了协波动率和协偏度风险传染统计量。为克服相关系数指标的不足之处，Forbes 和 Rigobon（2002）也对传统相关系数测算进行改进，形成了调整后的相关系数风险传染检验方法[①]。上述学者在提出协高阶矩概念的同时，又基于广义分布指数（简称 GED 指数）推导出各协高阶矩的拉格朗日统计量，对根据上述各协高阶矩的拉格朗日统计量进行卡方检验，如果检验结果显著则表明市场间存在显著的风险传染现象，反之则表明市场间不存在风险传染。该检验的贡献在于，既在理论上解释了基于协高阶

---

① 相关系数计算公式是基于变量间协方差指标计算的，因此相关系数与协高阶矩也存在一定联系，或者说协高阶矩可以看作基于协方差概念进一步发展出来的指标。

矩的风险传染现象,又从数理统计的角度给出了判断市场间是否存在高阶矩风险传染现象的统计依据。

上述学者所提出的协高阶矩研究方法具体来说如下:由协高阶矩(包括协方差)公式定义可知,二元投资组合的协高阶矩在特定时间段内是一个固定数值,在不同时段投资组合收益的协高阶矩是不同的,例如当经历市场冲击时,冲击前后投资组合收益的协高阶矩是不同的。但是单纯依靠冲击前后投资组合收益的协高阶矩数值比较进行风险传染判断显然只停留在数值层面,还需要进一步进行统计检验以验证协高阶矩数值变化是否显著,这样判断结果才更加准确。Fry 等(2010)、Fry-Mckibbin 和 Hsiao(2015)、Forbes 和 Rigobon(2002)等学者则对此提出了具体检验方法,下文对检验方法进行介绍。

(1)相关系数检验统计量。Forbes 和 Rigobon(2002)提出的相关系数检验法针对不同时期资产间或市场间相关系数是否发生显著变化做出判断,如果在冲击前后相关系数变化显著则表明存在风险传染。在正式描述前需要对相关符号进行说明,假设存在两个市场(或两种资产),将其分别定义为市场 a 和市场 b,假定存在一个市场冲击(也可以是特定时间段)将样本期分为冲击前和冲击后两个阶段,则冲击前的时期定义为 m 期间,冲击后的时期定义为 n 期间,T 代表总样本日期数量,T_m 代表冲击前的样本日期数量,T_n 代表冲击后的样本日期数量,m 期间的两市场无条件相关系数为 ρ_m,n 期间的两市场无条件相关系数为 ρ_n,假设 a 市场为传染源市场,b 市场为被传染市场(反之亦可),即风险由 a 市场传向 b 市场。$\mu_{m,a}$ 代表 m 时期 a 市场的样本收益均值,$\mu_{m,b}$ 代表 m 时期 b 市场的样本收益均值,$\mu_{n,a}$ 代表 n 时期 a 市场的样本收益均值,$\mu_{n,b}$ 代表 n 时期 b 市场的样本收益均值,$\sigma_{m,a}$ 代表 m 时期 a 市场的样本收益标准差,$\sigma_{m,b}$ 代表 m 时期 b 市场的样本收益标准差,$\sigma_{n,a}$ 代表 n 时期 a 市场的样本收益标准差,$\sigma_{n,b}$ 代表 n 时期 b 市场的样本收益标准差。后文中所使用的符号意义与此处相同,后文不再赘述。

Forbes 和 Rigobon(2002)提出的风险传染的相关系数检验统计量计为 FR,则 FR 具体公式如下:

$$FR(a \rightarrow b) = \left[V_{n|ma} - \rho_m \Big/ \sqrt{Var(V_{n|ma} - \rho_m)} \right]^2$$

$$V_{n|ma} = \rho_n \Big/ \sqrt{1 + \gamma(1 - \rho_n^2)} \tag{4-5}$$

$$\gamma = (s_{n,a}^2 - s_{m,a}^2) / s_{m,a}^2$$

其中，a→b 代表风险由 a 市场传导向 b 市场，γ 代表市场冲击后市场波动变化的比例，S 代表市场的方差，其下标含义同前所述；$V_{n|ma}$ 代表冲击发生后的市场条件相关系数。Forbes 和 Rigobon（2002）指出，该检验原假设为不存在市场间风险传染，此时 FR 统计量服从一个自由度为 1 的卡方分布。

（2）协偏度风险传染检验统计量。协偏度的风险传染检验思路类似于上述相关系数检验方法，是以冲击前后两个市场间的协偏度是否发生显著变化为依据来判断是否存在风险传染现象。根据前述协偏度的定义可知，协偏度的计算同时涉及两个市场收益率的水平值和平方值，按照公式，协偏度可分为两类：一类是传染源市场收益率的水平值对被传染市场收益率的平方值的影响；另一类是传染源市场收益率的平方值对被传染市场收益率的水平值的影响。因此，协偏度检验统计量也需要按照上述分类分为两类统计量，本章定义 CS1 统计量检验的是传染源市场收益率的水平值对被传染市场收益率的平方值的影响，CS2 统计量检验的是传染源市场收益率的平方值对被传染市场收益率的水平值的影响。其具体公式如下：

$$CS1(a{\rightarrow}b) = \left[\, \omega_n(r_a^1,\ r_b^2) - \omega_m(r_a^1,\ r_b^2) \big/ \sqrt{(4V_{n|ma}^2 + 2)/T_n + (4\rho_m^2 + 2)/T_m}\,\right]^2$$

$$CS2(a{\rightarrow}b) = \left[\, \omega_n(r_a^2,\ r_b^1) - \omega_m(r_a^2,\ r_b^1) \big/ \sqrt{(4V_{n|ma}^2 + 2)/T_n + (4\rho_m^2 + 2)/T_m}\,\right]^2$$

$$\omega_n(r_a^x,\ r_b^y) = \frac{1}{T_n}\sum_{t=1}^{T_n}\left(\frac{n_{a,t} - \mu_{n,a}}{\sigma_{n,a}}\right)^x \left(\frac{n_{b,t} - \mu_{n,b}}{\sigma_{n,b}}\right)^y \qquad (4\text{-}6)$$

$$\omega_m(r_a^x,\ r_b^y) = \frac{1}{T_m}\sum_{t=1}^{T_m}\left(\frac{m_{a,t} - \mu_{m,a}}{\sigma_{m,a}}\right)^x \left(\frac{m_{b,t} - \mu_{m,b}}{\sigma_{m,b}}\right)^y$$

其中，r 代表市场收益率，$n_{a,t}$ 代表 a 市场在冲击后 t 时刻的市场收益率，$n_{b,t}$ 代表 b 市场在冲击后 t 时刻的市场收益率，$m_{a,t}$ 代表 a 市场在冲击前 t 时刻的市场收益率，$m_{b,t}$ 代表 b 市场在冲击前 t 时刻的市场收益率（下文含义与此相同）。x 和 y 分别代表协偏度公式中相应市场收益率的阶数（x 和 y 取值均为 1 和 2），CS1 和 CS2 统计量在没有风险传染的原假设下均服从自由度为 1 的卡方分布。

（3）协波动率检验统计量。协波动率及其检验统计量主要是用于检验传染源市场对被传染市场的市场收益率的影响。由定义可知，协波动率检验统计量只存在一种形式，本章将其定义为 CV，具体形式如下：

$$CV(a \rightarrow b) = \Big[\xi_n(r_a^2, r_b^2) - \xi_m(r_a^2, r_b^2) /$$

$$\sqrt{(4V_{n|ma}^4 + 16V_{n|ma}^2 + 4)/T_n + (4\rho_n^4 + 16\rho_n^2 + 4)/T_m} \Big]^2$$

$$\xi_n(r_a^2, r_b^2) = \frac{1}{T_n} \sum_{t=1}^{T_n} \left(\frac{n_{a,t} - \mu_{n,a}}{\sigma_{n,a}} \right)^2 \left(\frac{m_{b,t} - \mu_{m,b}}{\sigma_{n,b}} \right)^2 - (1 + 2V_{n|ma}^2)$$

$$\xi_m(r_a^2, r_b^2) = \frac{1}{T_n} \sum_{t=1}^{T_n} \left(\frac{n_{a,t} - \mu_{m,a}}{\sigma_{m,a}} \right)^2 \left(\frac{m_{b,t} - \mu_{m,b}}{\sigma_{m,b}} \right)^2 - (1 + 2\rho_m^2)$$

$$(4-7)$$

在不存在风险传染的原假设下，CV 统计量服从一个自由度为 1 的卡方分布。

（4）协峰度检验统计量。由协峰度定义可知，协峰度检验统计量可分为两类：一类是传染源市场收益率的水平值对被传染市场收益率的立方值的影响；另一类是传染源市场收益率的立方值对被传染市场收益率的水平值的影响。协峰度检验统计量也需按照上述分类分为两类统计量，本章定义 CK1 统计量检验的是传染源市场收益率的水平值对被传染市场收益率的立方值的影响，CK2 统计量检验的是传染源市场收益率的立方值对被传染市场收益率的水平值的影响。具体公式如下：

$$CK1(a \rightarrow b) = \left[\frac{\zeta_n(r_a^1, r_b^3) - \zeta_m(r_a^1, r_b^3)}{\sqrt{(18V_{n|ma}^2 + 6)/T_n + (18\rho_m^2 + 6)/T_m}} \right]^2$$

$$CK2(a \rightarrow b) = \left[\frac{\zeta_n(r_a^3, r_b^1) - \zeta_m(r_a^3, r_b^1)}{\sqrt{(18V_{n|ma}^2 + 6)/T_n + (18\rho_m^2 + 6)/T_m}} \right]^2$$

$$(4-8)$$

$$\zeta_n(r_a^x, r_b^y) = \frac{1}{T_n} \sum_{t=1}^{T_n} \left(\frac{n_{a,t} - \mu_{n,a}}{\sigma_{n,a}} \right)^x \left(\frac{n_{b,t} - \mu_{n,b}}{\sigma_{n,b}} \right)^y - 3V_{n|ma}$$

$$\zeta_m(r_a^x, r_b^y) = \frac{1}{T_n} \sum_{t=1}^{T_n} \left(\frac{m_{a,t} - \mu_{m,a}}{\sigma_{m,a}} \right)^x \left(\frac{m_{b,t} - \mu_{m,b}}{\sigma_{m,b}} \right)^y - 3\rho_m$$

其中，x 和 y 取值为 1 和 3。在不存在风险传染的原假设下，CK1 和 CK2 统计量服从一个自由度为 1 的卡方分布。

4.2.3 在岸汇率对离岸汇率的风险传染

4.2.3.1 数据说明

本章采用在岸人民币市场与离岸人民币市场中人民币对美元汇率为研究对

象，汇率标价法采用间接标价法，选取了 2012 年 1 月 1 日到 2018 年 12 月 30 日的日度数据，同时剔除了两个市场中交易日期数不相同的样本数据，共得到 1650 组数据，收集自 Wind 数据库。

本章对样本数据进行对数差分后乘以 100，即 $R_t = 100 \times (\ln P_t - \ln P_{t-1})$，作为两个市场中人民币对美元汇率收益。由前文数据统计性描述可知，两个市场中人民币对美元汇率收益均不服从正态分布，存在尖峰厚尾的现象。经检验市场收益率均为平稳序列，可以进行进一步分析。由于在岸人民币市场与离岸人民币市场之间受基本面因素影响会产生一定关联性，同时为降低序列自相关影响，本章参照 Fry 等（2010）的做法，利用向量自回归模型（VAR 模型）来获取模型残差 ε_t 进行协高阶矩检验。即设定向量自回归模型 $R_t = \Psi(L) R_t + \varepsilon_t$，其中 R_t 为在岸人民币市场与离岸人民币市场中人民币对美元收益构成的二元向量，$\Psi(L)$ 为滞后项符号，滞后阶数根据赤池信息准则（Akaike Information Criterion，AIC）选取为 4。

4.2.3.2 整体样本协高阶矩检验结果及分析

由前述，基于协高阶矩的风险传染检验需要将整体样本根据外部冲击进行区段划分，然后根据检验结果显著与否判断是否存在风险传染现象。在样本期内，2015 年 8 月 11 日我国外汇市场进行了汇改，此次汇改调整了在岸人民币中间价形成机制，汇改后人民币对美元汇率开始呈现双向波动，市场波动加剧。本章以 2015 年 8 月 11 日为界将样本分为两部分，即汇改前和汇改后，其中汇改前期间段为 2012 年 1 月 1 日到 2015 年 8 月 10 日，共计 848 个交易日，汇改后期间段为 2015 年 8 月 11 日至 2018 年 12 月 30 日，共计 802 个交易日。

表 4-11 为在岸人民币市场与离岸市场在 "8·11" 汇改前后的协方差、协偏度、协波动率和协峰度的计算结果。

由表 4-11 可以看出，在汇改前后协高阶矩指标都发生了显著变化，在绝对值上表现出数值量级的增加。具体来看：①协方差所代表的线性相关程度在汇改后明显上升。②协偏度变化显著，协偏度 1 和协偏度 2 由汇改前的负值变为正值，且数值的绝对值上升，直观上表明两个市场间水平值-方差的关联度变化明显。同时，汇改前协偏度 1 和协偏度 2 的数值虽然为负，但其值非常接近于零，而汇改后两个协偏度数值为正，且有明显增加。这表明汇改前两个市场之间的联系相对较弱，在岸市场价格走势对离岸市场波动以及在岸市场价格波动对离岸市场价格走势均不存在明显的影响，通过汇改，在岸市场波动加剧，随着在岸市场与离岸市场之间价格形成机制逐步靠拢，两个市场间的联系得到加强，一个市场无论是收益上升还是波动率加剧都会对另一个市场的波动率或收益产生影响。③协波动率与协峰度均有较为明显的变化，这说明两个市场汇率收益的联合分布表现出"尖峰厚尾"现象，即一个市场波动增大会通过市场间联系渠道传导给另一个市场，同时一个市场收益增大会迅速影响另一个市场投资者心理预期，市场价格走势趋于更加剧烈的波动。

表 4-11　"8·11"汇改前后在岸市场与离岸市场协高阶矩计算结果

协方差		协偏度 1		协偏度 2	
汇改前	汇改后	汇改前	汇改后	汇改前	汇改后
0.0031	0.0470	−4.3e−05	0.0155	−1.2e−06	0.0116
协波动率		协峰度 1		协峰度 2	
汇改前	汇改后	汇改前	汇改后	汇改前	汇改后
0.0001	0.0381	0.0001	0.0613	7.8e+05	0.0283

注：协偏度 1 是指在岸市场收益水平值对离岸市场平方值；协偏度 2 是指在岸市场收益平方值对离岸市场水平值；协峰度 1 是指在岸市场收益水平值对离岸市场立方值；协峰度 2 是指在岸市场收益立方值对离岸市场水平值。

在计算出协高阶矩数值后，本章依据前文介绍的风险传染检验方法进行风险传染效应分析。表 4-12 给出了 FR 统计量（相关系数的检验统计量）、CS1 与 CS2 统计量（协偏度的检验统计量）、CV 统计量（协波动率的检验统计量）、CK1 与 CK2 统计量（协峰度的检验统计量）。

表 4-12　基于协高阶矩的全样本风险传染检验结果

统计量	FR	CS1	CS2	CV	CK1	CK2
在岸→离岸	0.1876 (0.6649)	8.1364 (0.0043)	6.1294 (0.0132)	6513.9150 (0.0000)	3889.411 (0.0000)	2543.682 (0.0000)
离岸→在岸	3.9001 (0.0483)	6.1160 (0.0133)	8.1240 (0.0043)	3157.9360 (0.0000)	2512.0880 (0.0000)	3748.5760 (0.0000)

注：→代表风险传递方向，括号内为卡方检验 P 值。

由表 4-12 可知，以 2015 年 "8·11" 汇改为界，汇改后，在岸市场对离岸市场未产生显著的线性风险传染，离岸市场对在岸市场产生了显著的线性风险传染，尽管在岸市场与离岸市场之间存在密切联系，但由于离岸市场价格形成机制市场化程度相对更高，其对信息冲击的反应往往更为敏感，在岸市场相较离岸市场所受管制较多，对信息冲击的反应较弱，这就会使得对信息冲击反应较弱的在岸市场跟随对信息冲击反应较强的离岸市场变动，即形成在岸市场对离岸市场未产生显著的线性风险传染，而离岸市场对在岸市场产生了显著的线性风险传染这一格局，这一结果与李婧等（2017）针对人民币在岸与离岸市场溢出效应研究的结论类似。在协偏度检验层面，两市均值—波动率和波动率—均值之间均表现出显著的传染现象。这表明 "8·11" 汇改后，两市之间联系加强，其中在岸市场对离岸市场均值对波动率影响更大，离岸市场对在岸市场波动率对均值影响更大，市场对于信息的吸收及动态调整会使市场暂时处于均衡状态，而 "8·11" 汇改虽然在一定程度上加强了两市之间的联系，但不可否认的是，汇改也进一步使得两市汇率形成机制及市场参与者结构更加复杂化。离岸市场的波动加剧影响更多体现在其对在岸市场价格均值的影响上，而在岸市场由于监管法规更为严格，其影响更多体现在均值对离岸市场波动的影响上。此外，汇改后两市协波动率和协峰度关联变化显著。从协波动率角度来看，在岸市场对离岸市场波动传染影响更大，Lin 等（1991）就指出不同市场波动率之间会产生相互溢出效应。"8·11" 汇改通过汇率波动使得在岸市场与离岸市场之间信息传递渠道加强，而从整体来看，在岸市场规模相对离岸市场更大，其所包含的信息冲击影响更为深远，因此在岸市场对离岸市场的波动传递影响相较而言也更为明显。从协峰度的角度来看，在岸市场的均值—偏度传染相较离岸市场更大，离岸市场的偏度—均值传染相较在岸市场更大，汇改实施后，两市参与者的投资理念及投资偏好进一步相互影响，使得两市均值—偏度传染发生了显著变化，在岸市场通过市场规模渠道影响离岸市场投资者偏好，而离岸市场基于信息传递反馈机制又会影响在岸市场价格均值走势。我们注意到，协高阶矩检验中，特别是协波动率和协峰度的检验在数值的量级上有非常明显的增加，而形成这种现象的可能原因在于，随着外汇市场价格形成机制市场化进程不断加快，原先高阶矩所代表的市场风险影响开始出现显著增长，这也从侧面表明汇改对于市场化进程开始产生明显作用。同时另一个可能的原因在于，根据前述协高阶矩检验的计算公式，样本期长短会对检验结果产生一定影响，本章为了进行全面研究，样本期设定较长可能对计算结

果也产生了一定影响。

4.2.3.3 分阶段协高阶矩风险传染检验结果及分析

为考察在不同阶段在岸汇率价格不同走势所带来的不同影响，本章在进行整体分析的基础上进行分阶段检验。图4-3为在岸人民币汇率（对美元）价格走势，根据在岸人民币汇率价格走势，本章将样本期内在岸人民币汇率走势大体划分为5个子阶段。子阶段1：2012年1月1日至2012年10月11日，缓慢上升阶段。子阶段2：2012年10月12日至2015年8月10日，缓慢下降阶段。子阶段3：2015年8月11日至2017年1月4日，震荡急速上升阶段。子阶段4：2017年1月5日至2018年4月27日，震荡急速下降阶段。子阶段5：2018年5月2日至2018年12月28日，震荡急速上升阶段。

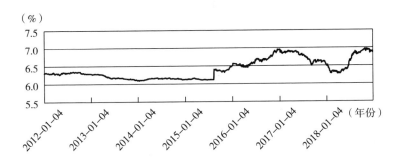

图4-3　在岸人民币汇率（对美元）价格走势

图4-4给出了5个子阶段各协高阶矩数值。

由图4-4可知，代表线性相关的协方差系数在子样本期内呈现上升趋势，两类协偏度数值呈现波动起伏状态，协波动率和两类协峰度均呈现先上升后下降的趋势，进一步看，除协方差外的其他协高阶矩整体变化均较为明显。但所有指标均在子样本2和子样本3期间，即"8·11"汇改期间出现明显变化，这也从侧面证实了前述基于"8·11"汇改整体检验的结果。同时，除去"8·11"汇改区间，其余时间段各协高阶矩变化也较为明显，且带有显著的时变特征，因此单独考察"8·11"汇改前后以线性相关为特征的协方差系数显然不足以充分说明两个市场间的风险相互传染现象，因此还需分时段以考察其他渠道的风险传染现象。

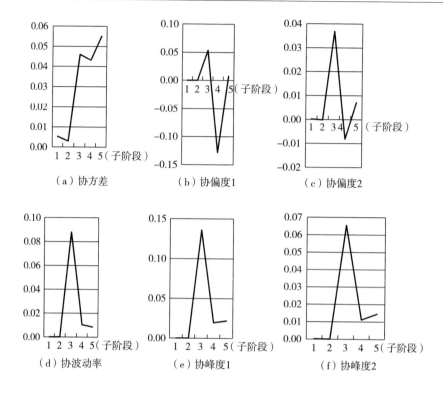

图 4-4   5 个子阶段协高阶矩数值

在对协高阶矩数值进行直观评价后，接下来本章按照前述协高阶矩的卡方检验方法对在岸市场与离岸市场之间是否存在显著风险传染现象进行分阶段检验。本章以在岸市场与离岸市场汇率收益率作为研究对象考察 5 个连续的子样本区间之间的风险传递。具体来说，以子样本 1 和子样本 2 为例，当序列经由子样本 1 过渡到子样本 2 时，为考察在岸市场与离岸市场汇率收益率的协方差、协偏度、协波动率及协峰度是否发生显著变化，利用前述卡方检验统计量是否具有统计上的显著性来进行判断，若统计量显著，则表明两个序列在由子样本 1 向子样本 2 过渡时协高阶矩发生显著变化，也即表明存在风险传染现象。类似地，可计算并判断子样本 2 向子样本 3、子样本 3 向子样本 4 以及子样本 4 向子样本 5 过渡时是否存在风险传染现象。表 4-13 给出各子样本过渡时期的检验统计结果。

由表 4-13 可以看出，从整体来看，除去子样本 1 向子样本 2 过渡期间的协偏度检验外，大部分卡方检验在各样本期过渡期均显著，这一状况与前述整体样本检验的结果比较接近，表明结果具有一定稳健性。随着时间推移，各协高阶矩检验统计量均呈现高度显著特征，表明两个市场间存在明显的风险传染现象，市场间联系增强。

表4-13 子样本阶段检验结果

	过渡	1→2	2→3	3→4	4→5
在岸→离岸	FR	17.1294 (0.0000)	4.1692 (0.0412)	20.8296 (0.0000)	5.5803 (0.0181)
	CS1	2.9033 (0.0885)	3969.9232 (0.0000)	271.0197 (0.0000)	3.6295 (0.0567)
	CS2	2.7574 (0.0972)	2601.7245 (0.0000)	177.4154 (0.0000)	2.0939 (0.1478)
	CV	4.6118 (0.0317)	7511.9100 (0.0000)	1616.8830 (0.0000)	13.4395 (0.0002)
	CK1	0.6108 (0.4345)	9998.6789 (0.0000)	2550.5132 (0.0000)	10.8751 (0.0009)
	CK2	0.5584 (0.4549)	4887.9345 (0.0000)	1049.9902 (0.0000)	18.9658 (0.0000)
	过渡	1→2	2→3	3→4	4→5
离岸→在岸	FR	26.7495 (0.0000)	0.0395 (0.8435)	7.7524 (0.0053)	9.0321 (0.0026)
	CS1	2.7572 (0.0968)	321.1307 (0.0000)	183.6130 (0.0000)	2.1311 (0.1443)
	CS2	5.2632 (0.0217)	490.0075 (0.0000)	324.6139 (0.0000)	3.6941 (0.0546)
	CV	4.5993 (0.0320)	6870.4644 (0.0000)	1789.2555 (0.0000)	12.3827 (0.0004)
	CK1	0.5487 (0.4588)	4416.0430 (0.0000)	1066.0518 (0.0000)	17.9413 (0.0000)
	CK2	0.6007 (0.4383)	9273.8684 (0.0000)	2613.7971 (0.0000)	9.5677 (0.0019)

注：1→2代表由子样本1向子样本2过渡，后者以此类推，括号内为卡方检验P值。

分别从在岸市场与离岸市场角度来看，在岸市场与离岸市场间在由子样本1

向子样本 2 过渡时，协偏度检验统计量在双向渠道中均不显著，造成这一现象的可能原因在于子样本 1 与子样本 2 的汇率价格走势在所有子样本中均相对较为平稳，波幅较小，且两个子样本均在"8·11"汇改之前，这种背景下市场参与者的投资偏好不易发生变化，从而一个市场价格走势对另一个市场投资者投资偏好难以产生显著影响；在子样本 3、子样本 4 和子样本 5 中，汇率价格走势变化较为剧烈，且子样本区间均在"8·11"汇改之后，由此则表现出以协高阶矩为代表的风险传染开始变得显著，这也进一步说明了随时间推移两市间联系的增强。

从各具体检验统计量来看，在大部分情况下（除去子样本 1 向子样本 2 过渡时），协偏度、协波动率和协峰度检验统计量均显著大于协方差统计量，且高度显著，这表明以往在研究汇率风险传递时未考虑到的高阶矩风险不应被忽视。其中子样本 2 向子样本 3 过渡期间包含了"8·11"汇改，使得这个区间的协高阶矩统计量在所有区间中最大，而在此之后协高阶矩统计量有所变小，存在时变的现象，笔者考虑可能是由于"8·11"汇改，子样本 2 向子样本 3 过渡期间市场包含的大量信息会导致两市投资者的风险敏感度及投资偏好发生相应变化，同时市场对汇改信息的吸收及反应过程也集中体现在这一阶段，而随着汇改完成，市场及投资者对改革信息逐步消化吸收，新的市场均衡逐步完成，使得风险传染的力度逐步稳定下来，市场反应不再显得过于激烈，风险传染势态也随之稳定。

4.3 对房地产市场收益的影响

下文将主要从高阶矩的角度研究人民币汇率风险对我国房地产市场收益的影响。

4.3.1 房地产市场发展及影响背景综述

20 世纪 80 年代初以前，中国是国家按实际情况分配房子的福利分房制度，因此在当时国内还不存在真正意义上的房地产交易市场。1987 年，深圳作为试点地区进行了国内首宗土地土地使用权的公开拍卖，土地价格由市场实际供需决定，这一交易行为拉开了土地交易市场化的序幕，并为日后房地产交易市场化奠定基础。1988 年的宪法修正案规定在合法条件下土地的使用权可以进行商业性质转让，同年海南省脱离广东省成为土地商业转让试点区域。1991 年国务院召开第二次全国住房制度改革工作会议，24 个省份开始进行住房改革。受 1997 年亚洲金融危机影响，国内房地产价格大跌。1998 年，我国完全取消了单位福利分房（这里主要指国有和集体企业），此时市场参与者（这里主要指房地产建筑商）包括中外合资、合作、独资、私营等各类企业，同时随着人民生活水平的提高，收入不断增加，个人开始逐步成为房地产市场的主要需求者（购买者）。进入 21 世纪以后，随着国内经济高速发展，房地产价格节节高升，其中申奥成功以及中国加入 WTO 进一步刺激了房地产市场价格上涨。由于此时期国内经济预期较好，GDP 处于较快增长态势，国内通胀形势也存在较大压力，2006~2007 年，国内房地产市场开始进入全面增长阶段，房地产价格一路飙升，2008 年金融危机爆发，国内房地产价格出现一定下滑，中央政府进行了 4 万亿元投资再次拉动了房地产价格上涨；2010 年，为抑制房价过高可能带来的不利影响，政府先后采用提高利率和限购等手段进行房价调控，取得了一定效果，但房价整体上涨的势头并未被完全遏制。从 2014 年开始，中央及多级地方政府几乎每一年都会出台相应政策调控房地产市场，但是国内房地产价格依然较高。

房地产行业已成为我国国民经济体系的重要行业之一。从其影响来看：第一，房地产行业由于其自身规模不断扩大，对国民经济多个行业产生了重要影响，其对拉动钢铁、水泥、建材、家电及家居等行业的发展起到了重要作用，在较大程度上解决了社会就业问题，同时还促进了金融、旅游、国内贸易和交通等行业的发展。第二，由于国内房价上涨过快也为国民经济发展埋下了一定隐患。房价过高，会挤占家庭支出，使社会消费结构发生变化，导致消费支出不足，进而使得生产企业资金流受到影响，从而影响社会产出。同时，过高的房价会影响居民家庭的医疗、养老、教育等领域支出，居民生活水平可能会因此下降。第三，房地产市场发展过快会导致市场中投机现象产生，如炒房这类投机者的行为使房价高涨。第四，近年来政府对炒房等投机行为进行管制，但是更需要注意的是国际游资可以通过金融渠道进入中国市场，然后利用银行融资渠道将资金引入房地产市场。相对于国内炒房，这种国际游资进入房地产市场的方式更为隐蔽，如果大量社会资金始终停留在房地产行业内，而其他金融市场如股票市场、债券市场等投融资市场难以得到资金补充，进而导致其余金融市场流动性下降、大量企业无法通过股票市场或债券市场进行融资，而投资者资金也缺乏投资场所，长此以往会对国家金融体系产生不利影响，也更容易导致国内房地产市场形成泡沫并破裂，进而对国民经济产生巨大冲击。对于房地产市场存在的一些问题，需要政府根据实际进行引导，同时也需要市场参与者对房地产市场持有理性态度，使房地产行业更有效地为国民经济服务。

4.3.2 外汇市场对房地产市场影响的理论简析

联系本书的研究内容，外汇市场与房地产市场均为我国宏观经济的重要子市场，两者之间由于复杂的宏观经济运行机制而产生联系。因此下文将重点研究的是汇率风险对房地产市场的影响。

通常而言，对房地产市场主要从以下三个角度产生影响：预期角度、市场流动性角度与货币供给角度。

4.3.2.1 预期角度

预期角度是指资金（特别是国际游资）进入一国市场时，往往会选择收益较高的子市场作为投资场所。当一国经济发展出现波动，货币币值不稳定时，持有该国货币风险增大，资金继续留在该国市场所面临的风险也会增大。这时交易者会根据自身风险偏好及国际经济状况做出判断，一般来说其选择有以下两种方式：一是资金完全撤离该国市场，寻求收益更高的国家或地区继续进行投资，但对于存在资本管制的国家，这在短期内显然是不可能实现的；二是资金并不完全撤离该国市场，而是在该市场内寻求安全资产，如该国发行的国库券、信用级别较高的公司债券或直接在该国购买黄金等避险资产，此时会对资金原投资市场产生负面影响。以中国为例，房地产市场近年来价格涨势较快，相对于股票市场其收益更稳定，相对于实体制造业其收益更高，从行业横向比较来看，房地产业具有明显的投资优势，因此中国房地产市场的高速发展会吸引相当部分资金进入房地产市场。2005～2015 年人民币持续升值的同时房价大幅上扬，在此期间中国房地产价格累计上扬近 115%[①]。对于中国市场，资金持有者会根据自身风险偏好状况及中国经济实际情况来做出判断。尽管资金持有者的风险偏好往往较难从

---

① 数据源于 CEIC 数据库，并经笔者计算。

定量的角度进行分析，但是从理性投资的角度出发，可以认为资金持有者往往是规避风险的。此外，我国近年来由于经济结构调整，经济发展速度放缓，整体宏观经济面临的不确定性增大，从这个角度来看，对于资金持有者特别是一些国际游资会选择离开中国市场，也会有一些资金进入安全资产市场，如债券市场或贵金属市场以实现资金的保值，待经济风险结束后再次在国内寻求投资机会。资金持有者无论做出哪种选择，原有进入房地产市场的资金均会不同程度地脱离房地产市场，从而对房地产市场产生负面影响，房地产市场收益下降。该过程如图4-5所示。

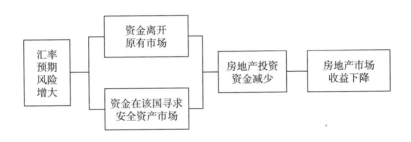

图4-5　传导过程

4.3.2.2　市场流动性角度

市场流动性角度是指当一国经济风险增大，货币汇率风险随之增大时，持有该国货币风险增加，此时会出现大量资本外逃现象。如果资金之前大量投资于房地产市场，那么当货币风险增大时，大量资金特别是国际游资会将投资于房地产的资金变现，在市场上大量抛售房地产资产。如果资金原先投资于房地产建设，那么在经济风险增大的情况下，这部分资金会将已投资的资金视作沉没成本，即便建设项目未能完工，其也可能会撤离房地产市场，形成大量烂尾资产。由于土地供给在一定时期内是固定的，这些烂尾资产又会挤占其余房地产项目的正常施工。如果资金原先投资于已建成的房地产项目，那么在资金大量撤离前，其会在市场上大量抛售房地产资产，市场上的房地产资产在短期内会陡然增加，而在需求没有发生变化甚至萎缩的情况下（如经济危机时期），前述两者因素叠加便会使房地产价格短期内下降。

4.3.2.3 货币供给角度

货币供给角度是指当一国汇率风险增加或预期增加时，此时往往持有该国货币风险增大，资金持有者特别是国际游资对本币的需求会减少，本币币值会出现贬值或预期将出现贬值状况，那么此时为维持本币币值，央行会减少本国货币投放量或通过收紧银根等方式控制国内货币市场中的货币数量，此时进入房地产市场的资金会明显减少，房地产市场的收益会受到负面影响。

需要说明的是，上述分析均是从理论的角度展开的，其是否成立需要借助数据分析，且我国宏观经济与房地产市场的实际情况与上述理论简析中的假设情况也存在不同，因此接下来本章将对该问题进行实证验证。

4.3.3 数据及实证方法

在数据上，本章收集了全国 41 个大型城市的房价数据，各城市的平均房价数据采用当地商品房销售总额除以商品房销售面积的方式得到，样本数据采用季度数据频率，样本区间为 2007 年第四季度到 2018 年第四季度。由于部分城市数据缺失，故形成了一个非平衡面板数据集，所有数据收集自《中国统计年鉴》、CEIC 数据库以及国泰安数据库。汇率数据（高阶矩指标）同前述股票市场分析，采用人民币对美元汇率数据计算。

在实证方法上，由于现有涉及外汇市场与房地产市场的相关文献在研究时所采用的计量方法多是以向量自回归模型（VAR）为计量框架，如王绍洪等（2013）、李芳和李秋娟（2014）、林文生和程阳（2017）等，故在计量方法上本章参照现有文献的普遍做法，以向量自回归模型（VAR）为计量框架。具体来看，本章采用面板向量自回归的计量方式进行研究，需要注意的是，本章中有三个汇率高阶矩指标，而向量自回归模型估计是采用整体估计思路，故如将三个汇率高阶矩指标一起纳入向量自回归模型中，变量间会产生相互干扰，故而无法分辨各汇率高阶矩指标对房地产收益的影响，因此本章在回归时采用分别回归的方式，以便能够单独分辨三个汇率高阶矩指标各自对房地产收益的影响。此外，由于本章研究内容涉及汇率高阶矩风险指标与房地产价格，而单纯采用双变量的方式有可能会导致回归过程中重要信息的丢失，因此在变量选取上本章参照肖卫国和兰晓梅（2017）的做法，引入货币供应量作为回归中介变量。之所以采用货币供应量作为模型中介变量，是因为根据前述汇率风险对房地产市场影响的理论分析中所提到的三条渠道中不难看出，货币市场流动性始终是外汇市场影响房地产市场的重要因素。在选取货币供应量时，采取文献中最为广泛应用的 M2 货币供应量指标作为中介变量，对其取对数差分，则由此在面板向量自回归模型中本章采用的变量顺序为：汇率风险高阶矩测度指标→货币供应量→房地产收益，除汇率风险高阶矩测度指标外，其余变量均以对数差分形式表示。表 4-14 为主要模型变量的描述性统计结果。

表 4-14　主要模型变量的描述性统计结果

变量	均值	标准差	最小值	最大值
方差	0.0307	1.0242	-0.7870	3.4295
偏度	0.0092	0.9839	-3.6415	2.9494
峰度	0.0083	1.0120	-0.6679	4.4359
货币流动性	0.0330	0.0178	0.0041	0.0906
房地产收益	0.0236	0.0783	-0.2896	0.8788

由于此数据为非平衡面板数据，故本章采用面板费雪检验方法，结果见表 4-15。

表 4-15　主要模型变量的平稳性检验结果

费雪检验指标	方差	偏度	峰度	货币流动性	房地产收益
Inverse chi-squared（80）P	340.4235 (0.0000)	1195.9605 (0.0000)	1439.1123 (0.0000)	1299.0368 (0.0000)	1446.7412 (0.0000)
Inverse normal Z	-13.8628 (0.0000)	-31.4704 (0.0000)	-33.7443 (0.0000)	-32.9715 (0.0000)	-34.7086 (0.0000)
Inverse logit t(204) L^*	-14.8244 (0.0000)	-52.2565 (0.0000)	-58.9485 (0.0000)	-56.7603 (0.0000)	-63.2141 (0.0000)
Modified inv. chi-squared Pm	20.5883 (0.0000)	88.2244 (0.0000)	100.3321 (0.0000)	96.3733 (0.0000)	108.0504 (0.0000)

注：Inverse chi-squared（80）P、Inverse normal Z、Inverse logit t(204) L^*、Modified inv. chi-squared Pm 分别为费雪检验的四个统计指标，表中小括号为统计量检验的 P 值。

由表 4-15 面板费雪检验的结果可知,所有变量均为平稳变量,可以进行面板向量自回归建模。

4.3.4 回归结果

4.3.4.1 面板格兰杰检验

在进行面板向量自回归前,我们对面板数据进行面板格兰杰检验,以确定各变量之间是否存在格兰杰因果联系。表 4-16 显示了方差、偏度和峰度的面板向量自回归模型面板格兰杰检验回归结果,其中 var、ncs、kur 分别代表方差、负收益偏度指标、峰度,m2 代表货币供应量,r 代表房地产收益(下同)。

表 4-16 格兰杰检验结果

因变量—自变量	Chi2 值	P 值	结论
var-m2	248.13	0.0000	m2 是 var 的格兰杰原因
var-r	29.21	0.0000	r 是 var 的格兰杰原因
m2-var	243.23	0.0000	var 是 m2 的格兰杰原因
m2-r	34.60	0.0000	r 是 m2 的格兰杰原因
r-var	14.13	0.0007	var 是 r 的格兰杰原因
r-m2	34.51	0.0000	m2 是 r 的格兰杰原因
ncs-m2	160.54	0.0000	m2 是 ncs 的格兰杰原因
ncs-r	19.95	0.0001	r 是 ncs 的格兰杰原因
m2-ncs	114.96	0.0000	ncs 是 m2 的格兰杰原因
m2-r	17.47	0.0002	r 是 m2 的格兰杰原因
r-ncs	17.38	0.0002	ncs 是 r 的格兰杰原因
r-m2	54.77	0.0000	m2 是 r 的格兰杰原因
kur-m2	157.43	0.0000	m2 是 kur 的格兰杰原因
kur-r	18.432	0.0100	r 是 kur 的格兰杰原因
m2-kur	643.29	0.0000	kur 是 m2 的格兰杰原因
m2-r	61.90	0.0000	r 是 m2 的格兰杰原因
r-kur	18.55	0.0100	kur 是 r 的格兰杰原因
r-liq	85.08	0.0000	m2 是 r 的格兰杰原因

从表4-16面板格兰杰检验结果来看，各个模型变量间均存在显著的格兰杰因果联系，可以进行下一步分析。

4.3.4.2 脉冲响应分析

在进行回归前，首先要确定面板向量自回归的最优滞后阶数，本章依据施瓦茨信息准则作为参考标准，然后分别建立方差、偏度和峰度的面板向量自回归模型。图4-6至图4-8显示了方差、偏度和峰度面板向量自回归模型的脉冲响应结果。考虑到数据为季度数据，我们将最长滞后阶数定为4，其中方差模型最优滞后阶数为4，偏度模型和峰度模型最优滞后阶数也为4。

由方差模型可知，当受到正向冲击时，房地产收益出现了一个极短时间的正向反应，然后逐步震荡收敛，大约在第6期时趋于平稳，但是我们注意到根据95%置信区间水平线位置来看，方差对房地产市场的收益并无显著影响。由

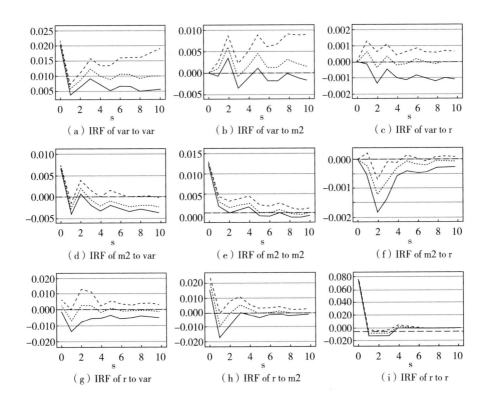

图4-6 方差模型脉冲响应

注：实线代表5%置信区间下限，长点虚线代表5%置信区间上限，短点虚线代表脉冲线。以下同。

偏度模型可知，在受到正向冲击时，尽管房地产收益呈现上升趋势，但是我们注意到，根据95%置信区间水平线的位置，在第3期之前房地产收益的上升趋势从统计角度来看基本不显著，到了大约第5期房地产收益开始出现显著下降，到了滞后第7期左右房地产收益开始显著为负。由峰度模型可知，同样地，当受到正向冲击时，虽然房地产收益出现上升趋势，但是在第5期之前，这样的上升趋势基本不显著（在第2期附近有一个极短暂的上升），从第5期左右开始，房地产收益显著为负，随后又短暂为正，至第9期左右再次显著为负，但是其变化幅度已然很小。整体来看，汇率高阶矩指标中的偏度和峰度会对房地产收益产生负面影响，但是影响力有限，这与前述汇率风险对房地产市场影响的理论分析有一定吻合。综合来看，方差因子对房地产市场收益则几乎没有产生影响，偏度因子与峰度因子对房地产收益存在有限的、滞后的负面影响。

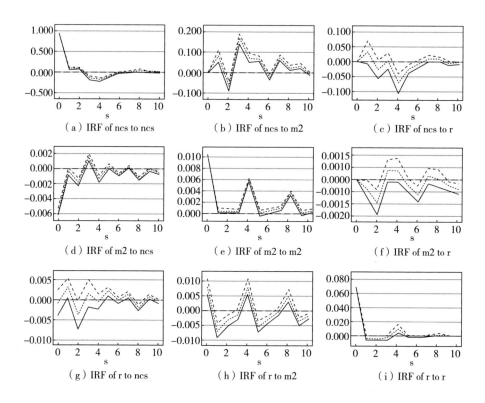

图4-7 偏度模型脉冲响应

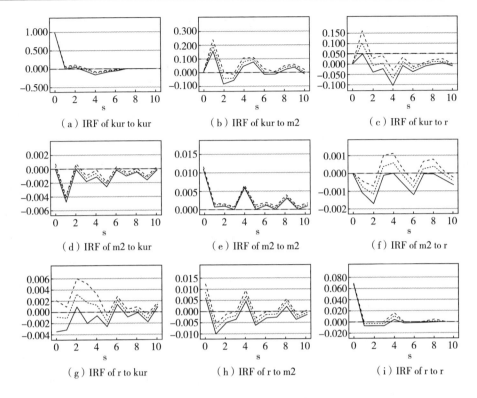

图4-8 峰度模型脉冲响应

4.3.5 汇率高阶矩风险对房地产市场影响的理论分析

基于上述模型结果，分析如下：

4.3.5.1 从方差角度

从方差角度来看，人民币汇率波动几乎未对房地产收益产生显著的负面影响，甚至在初始阶段房地产收益还出现了短暂的正向反应（尽管并不显著）。可能的原因在于：从前述理论来看，市场的非有效性会使市场间存在联动性，继而出现波动溢出现象，理论上汇率波动会使房地产市场价格也出现波动，进而影响房地产市场收益。在现实中，各市场也的确存在不同程度的市场非完全有效性，但结果却表现出外汇市场未对房地产市场产生显著的波动溢出现象：首先，我国货币管理部门通过多年的不断探索已积累了较多的管理经验与市场调节手段以应付汇率波动，当汇率波动加剧时，货币管理部门可以进行迅速有效的调节，在较大程度上抑制了汇率波动的溢出效应。其次，由房地产在我国经济体系中的特殊地位所导致，同样基于前述理论，资金的趋利性会使其寻求投资收益高的行业（或市场）作为投资目标。对于我国而言，房地产市场易吸引资金入场，其资金周转速度快于一般制造业，资金保值增值能力强于债券或黄金市场，上述因素使得房地产在我国经济体系中的地位不同于其他市场，上述因素的存在使市场间波动溢出现象对房地产市场的影响大打折扣，房地产市场的高收益在很大程度上覆盖了信息在不同市场间传递所带来的不对称影响。最后，由房地产市场运作过程的特殊性所致。房地产市场与其他市场类似，同样由市场供需双方构成。从供给一方来看，国内房地产市场的供给方（房地产商）中外资房地产商所占比重相对较低，且集中于一线大城市（例如北京市的美林集团、罗浮集团等），国内大部分地区的房地产市场主导依然是中资企业，房地产商向市场提供房地产产品，决定房地产的成本价格。中资地产商的制造成本中原材料来源主要是国内市场，原材料种类主要是钢铁、水泥、机械及人工费用，其中钢铁、水泥、机械在国内供给充足，价格受汇率影响较小；成本中的另一部分是房地产商的土地获得成本，而该部分成本表象是由土地招标价格所确定，但价格中标定地价、基准地价以及土地使用权出让底价均是政府基于供需状况事先确定的，这种价格决定机制削弱了房地产市场与外汇市场之间的联系，而外资房地产企业在经历了近百年发展后，其运营机制与中资企业存在不同，中资企业多采用开发运营模式，而外资房地产企业更多采用收购或策划运营模式，其本身较少直接参与开发过程，这样也不会对房地产市场价格产生明显影响。

4.3.5.2 从偏度角度

从偏度角度来看，整体上偏度因素对房地产市场仅产生了有限的负向影响，且这种影响存在明显的滞后性，持续时间也较短，该结论部分印证了前述理论。原因如下：

（1）近十余年来，国内房地产价格基本处于上升阶段，这使得房地产市场在国内市场中具有较强的投资效应，房屋除了具有居住用途外，还具备类似债券或黄金等的安全资产属性，使房地产在中国成为一种既具备高投资收益又兼顾安全资产属性的特殊"商品"。中国是一个人口大国，由于受到传统家庭文化等因素影响，对房地产始终具有较强的刚需，尽管近年来房地产价格上涨，使得国内部分需求被压制，但同时政府出台了一系列措施延缓房地产价格上升趋势，银行房地产贷款的出现又使得人们对房地产的需求得以实现，于是会吸引更多房地产需求方进入市场，房地产价格进一步走高，吸引更多资金进入房地产市场供给方，如此形成循环使房地产价格不断上升，形成一种价格惯性。这种价格惯性在短期内单纯依靠市场内在调节机制或市场间相互作用机制是难以完全遏制的，因此汇率偏度风险对房地产市场收益仅存在有限影响的格局。

（2）如前所述，偏度风险是由投资者偏好所导致的市场崩溃风险，汇率的偏度风险即外汇市场的崩溃风险，从我国实际情况来看，市场化改革会在一定程度上导致整体汇率风险加剧。从理论上来看，我们无法完全保证在极端情况下外汇市场崩溃的现象在未来不会出现（如爆发大规模战争、出现区域性或全球性重大灾害等），但市场整体崩溃的可能性很低，这使得汇率偏度风险对房地产市场影响有限。同时，随着市场参与者理性程度不断提高，对信息分析能力增强，市场参与者也会逐步重视市场崩溃风险（尽管其出现的概率很低），因此，偏度风险也会在市场中有一定的体现。这其实释放了积极的信号，一方面表明我国外汇市场改革初见成效，更多市场信息得以释放；另一方面，市场参与者理性程度提高，风险意识加强，这对于市场进一步发展是有积极促进作用的。

（3）近年来，政府为抑制房地产价格过快增长也先后出台相关政策进行调节，但不可否认的是，由于房地产行业对地方经济发展意义重大，房地产可以带动当地制造业发展，吸引更多外来人口，创造更多就业机会，但也应当看到，由于"刚需"等因素存在，在一定程度上削弱了政策调节作用，进一步促使房地产价格上涨，这实际上强化了房地产的高增值保值特性，所以汇率偏度风险对其影响较小。

（4）与方差风险不同，尽管偏度风险对房地产影响有限，但是偏度风险还是表现出了对房地产风险一定程度的滞后的负面影响。造成这种局面的主要原因是我国资本市场开放程度有限，对于国际市场上的资金进入我国市场，我国的相关政策对其准入及投向渠道还存在限制，特别是在间接投资领域，对国外资金进入国内金融市场包括股票市场、衍生品市场、大宗商品市场等市场有严格法规监管，因此我国利用外资的方式大多是采用中外合资合作或外商直接投资。这种机制使得进入我国市场的外资经历了一次筛选，即投机性较强的资金不愿也无法大举进入国内市场，进入国内的资金有相当比例进入了实体产业部门包括房地产行业，还有部分被银行系统吸收投资于各类投资项目。这样便会产生一种格局，即国际资金进入国内市场会形成一个资金池，而这个资金池由于受本国资本管制的影响流动性减弱，加之受投资产业的经营周期及银行部门的稳健性经营原则限制（主要是指银行发放贷款时对其用途的限制），会形成资金流动的"惯性"现象，即资金在短期内无法改变使用途径或投资方向，那么即便理论上国内外出现足够大的冲击使得外汇市场出现崩溃危机，外资也会因短期内无法改变使用途径或投资方向而无法从原市场撤离，这就出现了汇率偏度风险对房地产市场产生滞后影响的现象。

4.3.5.3 从峰度角度

从峰度角度来看，其结果类似于偏度模型结果，当房地产市场受到峰度因子冲击时，整体上房地产市场收益呈震荡变化，峰度因子对房地产市场收益产生了有限的、滞后的负面影响原因如下：

（1）近年来我国经济在经历金融危机后依然表现出较强活力，整体发展态势向好，在一定程度上继续带动房地产市场发展，国内房地产市场价格走势预期同样向好，价格惯性在较长一段时间内依然存在，其受其他市场影响相对较小。

（2）峰度风险体现的是一种预期性的风险，外汇市场出现峰度风险意味着市场参与者认为汇率未来走势可能会出现较大波动，结合我国在岸汇率市场来看，我国外汇市场还受到比较严格的管制，汇率市场参与者类型有限，加之我国相关法律规定，我国外汇市场不存在投机性机会，市场参与者对市场的预期是比较稳定的。也就是说，市场参与者认为在较长一段时间内我国外汇市场会保持相对稳定，尽管近年来人民币对美元走势出现波动，但从国内宏观经济基本面来看，国内宏观经济走势相对稳定，即便经济增速相对之前有所下降，这也主要是由于国内经济结构改革所致，而并非其他消极因素所致，国内外投资者依然对中国经济未来发展抱有较高信心，这在 IMF 2015～2018 年度报告中均有体现。因此，一方面短期内国内市场不太可能会出现大量资本外逃现象；另一方面国内货币管理手段多样化也能够在很大程度上化解汇率风险；同时，国内稳定的经济政治环境也为外汇市场和宏观经济持续稳定健康发展提供了保障，投资者对国内整体经济态势抱有信心。当然，随着市场不断完善，投资者理性程度与分析信息能力提高，投资者也会根据自身掌握的信息对市场走势做出预期，因此会出现以峰度为代表的预期风险在国内房地产市场中有一定的影响格局，这期间传递出了积极信号，原因在于国内市场透明度提高，市场传递的信息增多，市场参与者预期开始发挥作用，这也是市场改革所应当经历的阶段。

（3）类似于偏度风险，汇率峰度风险也对房地产市场产生了滞后的负面影响，可能是由于我国金融市场格局所致。当预期汇率发生较大波动时，国内市场的资金或者选择离开原市场甚至是选择离开中国，或者是选择安全资产市场待机而动，而鉴于我国目前尚存的资本管制格局，显然短期内资金的运营方式与投资方向是不可能发生变化的。对于资金持有者而言，在极短时间内离开原市场甚至是选择离开中国市场显然不现实（由于资本管制的约束），那么其可能采取的应对方案是观望并做好调整的准备。在此过程中，随着宏观经济势态的不断发展，资金持有者对汇率风险的预期会随之不断发生变化，各种预期所产生的效果可能会互相抵消，这种预期相互抵消的过程也是预期融合的过程，其持续的时间会最终使预期风险对房地产市场产生滞后效应。

4.3.6 稳健性检验

出于稳健性考虑，本章将商品房价格变为住宅用商品房价格，再次进行回归，脉冲响应结果如图4-9至图4-11所示。

由图4-9至图4-11可知，在更换了房地产收益变量之后，回归脉冲响应几乎无显著变化，说明模型结论是稳健的。

4.3.7 方差分解

方差分解分析是为了估算各面板向量自回归模型中各变量的贡献度，以确认汇率风险中的高阶矩因子对房地产收益影响程度的大小。表4-17为方差分解的结果，本章以4阶为最大滞后阶数，分别报告各模型方差分解结果。

由方差分解结果可知，对于房地产收益而言，在三类汇率高阶矩风险中，偏度和峰度存在明显的滞后性，这与之前脉冲反应的结论基本吻合。从整体上来看，汇率高阶矩风险虽然对房地产收益产生了负面影响，但是这种影响目前来看是有限的，这也从侧面说明目前我国房地产市场面临的汇率风险处于可控区间，外汇市场虽对其有一定影响，但影响有限，我国政府多年来对市场的管控措施是有效的。

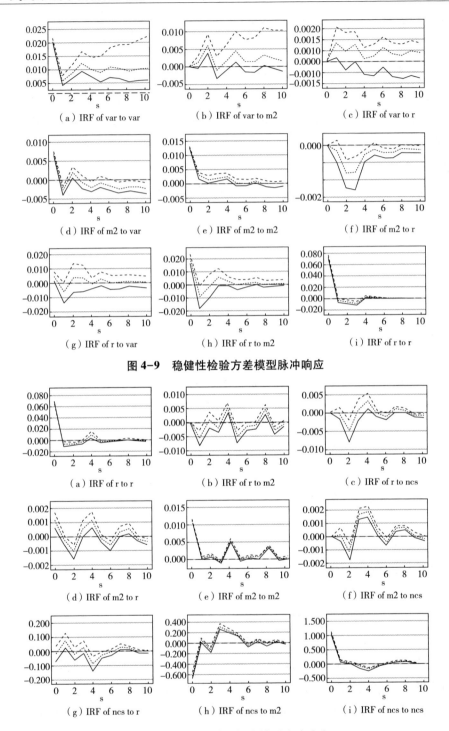

（a）IRF of var to var （b）IRF of var to m2 （c）IRF of var to r

（d）IRF of m2 to var （e）IRF of m2 to m2 （f）IRF of m2 to r

（g）IRF of r to var （h）IRF of r to m2 （i）IRF of r to r

图 4-9 稳健性检验方差模型脉冲响应

（a）IRF of r to r （b）IRF of r to m2 （c）IRF of r to ncs

（d）IRF of m2 to r （e）IRF of m2 to m2 （f）IRF of m2 to ncs

（g）IRF of ncs to r （h）IRF of ncs to m2 （i）IRF of ncs to ncs

图 4-10 稳健性检验偏度模型脉冲响应

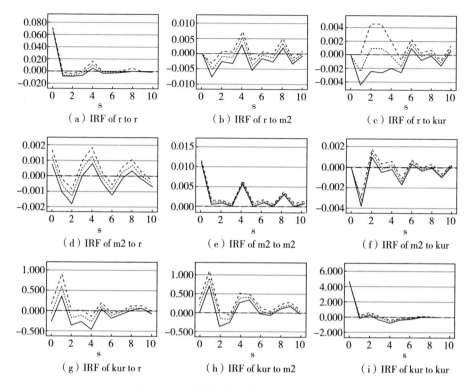

图 4-11 稳健性检验峰度模型脉冲响应

表 4-17 方差分解检验

时期		1	2	3	4
var 方程	var	1	0.985	0.975	0.929
	m2	0	0.013	0.022	0.068
	r	0	0.002	0.003	0.003
m2 方程	var	0.277	0.277	0.281	0.292
	m2	0.732	0.722	0.712	0.7
	r	0	0.001	0.007	0.008
r 方程	var	0.009	0.013	0.022	0.022
	m2	0.033	0.043	0.045	0.045
	r	0.959	0.944	0.933	0.933
ncs 方程	ncs	1	0.991	0.984	0.954
	m2	0	0.008	0.014	0.044
	r	0	0.001	0.002	0.002

续表

时期		1	2	3	4
	ncs	0.244	0.244	0.259	0.272
m2 方程	m2	0.756	0.755	0.733	0.72
	r	0	0.001	0.008	0.008
	ncs	0	0.003	0.006	0.006
r 方程	m2	0.014	0.024	0.027	0.027
	r	0.986	0.973	0.967	0.967
	kur	1	0.99	0.983	0.949
kur 方程	m2	0	0.009	0.015	0.05
	r	0	0.001	0.002	0.002
	kur	0.001	0.001	0.021	0.044
m2 方程	m2	0.999	0.998	0.971	0.947
	r	0	0.001	0.008	0.009
	kur	0	0	0.007	0.008
r 方程	m2	0.016	0.029	0.032	0.032
	r	0.984	0.971	0.961	0.96

 本章小结

首先，本章基于我国上市公司收益率数据研究了汇率高阶矩风险对国内上市企业股票收益的影响，汇率高阶矩风险包括汇率变化率的方差、偏度和峰度。在非正态分布的情况下，高阶矩指标能更准确地描述资产收益的概率分布及衡量企业的风险暴露状况。利用非平衡面板数据回归，结果显示：整体上汇率高阶矩风险对上市公司收益率存在显著负向影响，其中方差影响最大，偏度影响次之，峰度影响力度最小。在早期文献中未将高阶矩风险因子（偏度和峰度）纳入研究框架中，本章实证结果表明，高阶矩风险对股票市场收益存在显著的负向影响，高阶矩风险因子应当被纳入研究框架。在对整体研究的基础上，本章还依据行业分类从一级分行业角度对汇率高阶矩风险对分行业股票收益的影响进行了研究，结果表明，绝大部分一级分行业同时受到三种汇率高阶矩风险的显著负向影响，且一级分行业股票收益率对汇率高阶矩风险的反应表现出一定程度的异质性特

征，这主要是由于行业不同的生产经营特点、市场结构及投资者行为因素所造成的。在一级分行业研究基础上，本章进一步对金融业和制造业行业进行了二级分行业研究，结果表明，汇率高阶矩风险在多数情况下对绝大部分制造业二级行业表现出负面影响，这表明国内制造业行业的国际竞争力及定价能力有待进一步提高。同时本章还发现，国内金融二级行业企业受到汇率高阶矩风险的影响，是由于金融行业所特有的专业性及其营业模式所形成的特定行业格局所致，这也说明国内金融业监管还需进一步完善。

其次，本章利用协高阶矩的方法研究了在岸人民币市场对香港离岸人民币市场的汇率风险传染影响，出于全面考察的目的，本章同时也考察了香港离岸人民币市场对在岸人民币市场的汇率风险传递。结果表明，在岸人民币市场对香港离岸人民币市场存在除协方差以外的其他协高阶矩的风险传染途径，同样香港离岸人民币市场也对在岸人民币市场存在协高阶矩风险传染途径。此外，本章还从分阶段的角度研究了在岸人民币市场对香港离岸人民币市场的风险传染影响，结果表明，在不同阶段协高阶矩风险传染存在不同特征，应对两个市场间风险传染加以重视。

最后，本章研究了外汇市场风险对我国房地产市场的影响，基于面板向量自回归的研究结果表明，我国外汇市场风险对我国房地产价格产生了有限的负面影响，这主要是由我国外汇市场与房地产市场现阶段特点所致的。

我国汇率机制正在不断完善，随着资本市场的不断开放，可以预计未来国内企业面临外汇风险状况会日益复杂。由于汇率预测的困难性及汇率决定因素的复杂性，随着汇率形成机制不断市场化，汇率的影响会变得更加错综复杂。在制定汇率政策时应当考虑汇率的长期性与连续性问题，避免投资风险与预期偏差对市场产生的负面影响。同时，应当重视汇率政策对产业发展的影响，制定更有针对性的汇率政策，从而有利于产业经济与外汇市场长期稳定发展。

5

人民币汇率高阶矩风险
对出口的影响

5.1 研究背景综述

汇率本身反映的是国与国之间货币兑换的比率，但是由于国际金融体系与国际贸易体系的建立，汇率成为影响国际资金流动与国际贸易活动的重要因素之一。而国际贸易活动又是受汇率影响较为明显的领域之一，因为汇率除了是不同国家货币的兑换比例之外，更重要的是其能够体现一国（或地区）的国际综合竞争力。在国际贸易活动中，汇率衡量了一国商品在其他国家的相对价格，当本国货币升值时，本国商品在其他国家的相对价格随之上升，此时其他国家会减少从本国进口商品，继而本国出口下降。但同时由于本币的升值，本国进口其他国家商品时所需支付的货币数量会减少，此时本国进口会增加，出口会下降，不利于本国国内企业特别是出口企业的生产，进口增加可以改善本国消费者福利并充分利用他国资源增强国内市场竞争；反之，当一国货币贬值时有利于本国出口而不利于本国进口，其产生的经济效应与本国货币升值时刚好相反。需要指出的是，决定国际贸易进出口的因素很多，正如前述，汇率只是其中的影响因素之一，还存在其他因素影响国际贸易进出口，例如本国经济规模、产品供给、出口企业生产成本、外国需求等因素。当然，依据本书的研究目的，本章考察的侧重点还是基于汇率风险的角度研究其对国际贸易出口的影响。

长期以来，出口是拉动中国经济增长的三个重要因素之一，中国在改革开放过程中依靠出口积累了大量资金为日后的国民经济建设打下基础。直到现在，出口依然是影响我国经济发展的重要因素之一，以 2017 年和 2018 年为例，2017 年我国出口累计金额达到 15.33 万亿元，贸易顺差 2.87 万亿元；2018 年我国出口累计金额达到 16.42 万亿元，贸易顺差 2.33 万亿元。[①] 在改革开放初期，我国依靠对外贸易顺差获取外汇，用以从国外购买原材料、引入先进技术或购买国内急缺的各类商品。如今，我国已累积了巨额贸易顺差，形成了巨额外汇储备资金池，这一方面使我国有充足的外汇储备，能够保障我国从国外购买商品或引入先进技术，有利于稳定人民币汇率乃至在极端情况下抵御金融危机；另一方面也需要看到，巨额外贸顺差也会导致国内通胀压力较大、存在较大机会成本甚至会影响国内经济结构，使其发展不均衡。但总体而言，就目前国内经济状况来看，由于近年来国内经济体制改革加速，经济发展速度整体有所放缓，加之受房价快速上涨以及社会保障体系不健全等因素影响，国内储蓄率整体偏高，国内消费相较于发达国家不足，因此可以预计在未来相当长一段时期内，我国依然需要依靠出口来拉动经济增长。而全球经济在经历了 2008 年金融危机冲击后，经济发展速度放缓，无疑这又从外部对我国出口提出了新的挑战，因此，研究出口问题对国内经济发展具有显著现实意义。

从国内市场来看，2005 年 7 月汇改以来，人民币对美元汇率经历了长达 10 年的升值期，这对于我国出口产生了一定不利影响。而在 2015 年 "8·11" 汇改后，这种格局发生了改变，人民币对美元汇率出现了双向变化，甚至出现了贬值倾向，即人民币波动开始加剧，人民币汇率风险特征相较以往时期更加明显。对于这一系列改革，一方面，我们要认识到改革的目的是进一步适应我国金融体系市场化要求的需要，是经济市场化进程中必要的过程与经历；另一方面，更为重要的是改革也增加了人民币市场的风险，加剧了人民币汇率的波动。人民币汇率对我国出口的影响自然成为国内学术界关注的重点。国内外学者有关汇率对出口问题的研究非常丰富（详见前述文献综述部分，此处不再赘述），这其中有相当部分文献是针对汇率传递角度展开研究的，学者们所利用的研究变量主要是汇率的变化率，以考察汇率变化率对出口价格的影响，也有少量学者研究了汇率变化率对出口量的影响，如邹宏元和罗大为（2014），同样类似于前述学者们在计算

---

① 数据源于中国海关网站。

汇率变化率时采用的是对数差分形式，仍然属于低阶矩的角度，而几乎没有学者从高阶矩的角度对上述问题进行研究。基于此，本章试图从高阶矩的角度研究汇率风险对出口的影响。

从国际贸易的角度来看，一国商品出口除了受到国内外产出、国内生产成本等因素影响外，还受到商品自身因素的影响。这里所说的商品自身因素是指一国出口商品的国际竞争力，国际竞争力是一个相对宽泛的概念，它既包括传统意义上所说的产品价格也包括产品质量、产品的可替代程度、产品创新程度及消费者对产品心理认可程度，上述因素共同构成了一国出口商品的国际竞争力。显然，随着世界人均收入水平不断上升，国际消费者除了看重产品价格外，其对产品质量及其他因素也越来越重视。因此，价格不再是衡量出口的唯一重要指标。而出口额度指标包含了除价格影响因素外的上述其他产品竞争力因素。例如，一国出口商品质量较好，在国际市场中缺乏相应替代品，消费者对其品牌认可程度较高，则即使该产品出口价格较高，但其出口额度较少会受到价格影响，也即该类产品出口价格弹性较小，即便在价格较高的情况下该产品出口额度也可能较大。基于上述分析，本章以我国出口商品额度作为研究对象，从高阶矩的角度判断汇率风险是否会对我国产品出口额度产生影响。由于我国相较于西方发达国家进入世界市场的时间较短，且我国出口目的地市场分布相对不均匀，产品出口结构中资本密集型与技术密集型产品总体占比依然较小，尽管这一格局近年来有一定改观，但未发生根本性改变（邹宏元等，2017），在这种情况下，人民币汇率风险可能会对我国产品出口额度产生负面影响，下文研究内容将验证这一判断是否成立。

5.2 数据及实证方法

对于出口额度数据，本章采用了商品名称及编码协调制度的国际公约分类数据（HS 分类），以下简称海关分类数据作为研究对象。海关分类数据根据商品类别划分细致程度，目前可以分为两位数编码（HS2）、四位数编码（HS4）以及六位数编码（HS6），个别国家甚至已经形成了更高位数、更为细致的编码，我国目前主要采用两位数编码（HS2）、四位数编码（HS4）以及六位数编码

（HS6），其中六位数编码（HS6）分类最为详细。为了获取更多信息，本章采用六位数编码（HS6）分类数据作为研究对象。这里所说的六位数编码（HS6）分类出口额度是指我国对世界总出口数量，本章收集了2006～2018年的我国所有六位数编码（HS6）分类商品的出口额度。

对于汇率数据，需要说明的是，由于前述出口数据采用的是我国对世界总出口数量，因此如果单独采用人民币对美元数据则无法有效衡量汇率对出口额度的影响，原因在于尽管美元依然是世界主要结算货币，但出口额度数据是我国对世界的总出口额度，是全世界200余个国家或地区数据的汇总，显然美元只能衡量其中一部分出口数据。由此，应当采用一种能够综合反映人民币币值水平的汇率数据作为研究样本数据，故本章采用了国际清算银行公布的人民币有效汇率指数作为汇率数据，该数据为以中国对世界主要国家贸易额为权重，经多国汇率加权后计算出人民币汇率数据，也是目前所能获取的最具有广泛性和代表性的人民币汇率数据。

本章研究数据为年度数据，出口额度数据收集自联合国贸易数据库（UN-Comtrade），汇率数据收集自国际清算银行网站（BIS）。在建立回归模型时，本章参考了邹宏元和崔冉（2020）的模型设定以及成本加成模型，同时考虑数据的可得性，建立了如下面板回归方程：

$$EX_{i,t} = \beta_0 + \beta_1 VAR_t + \beta_2 NCS_t + \beta_3 KUR_t + \beta_4 DGDP_t + \beta_5 DPPI_t + \beta_6 WGDP_t + \varepsilon_{i,t}$$

$$(5-1)$$

其中，EX代表出口额度，VAR代表方差，NCS代表负收益偏度系数，KUR代表峰度，DGDP代表国内GDP，DPPI代表国内PPI，WGDP代表世界GDP，ε为回归残差，后三者数据收集自泰安数据库及世界银行数据库。

在所有变量中，本章根据国际清算银行公布的人民币有效汇率指数计算年度人民币方差、负收益偏度系数（同第4章所述）及峰度。需要注意的是，由于出口额度数据是以美元计算的，而本章中汇率数据是采用国际清算银行所公布的人民币有效汇率指数，是一个无单位的变量，因此两者量纲是不一致的。为此，本章对出口额数据进行了标准化以消除量纲[①]，其余数据均取对数差分。表5-1为各变量原始数据的描述性统计结果，其中出口额、方差、偏度和峰度为原始水平

[①] 本章也对汇率原始数据标准化后进行了回归，发现标准化完全未影响结果系数的显著性及回归 R^2，而只是影响系数大小，为便于比较，本章在研究时也采用了未标准化的汇率数据和标准化的汇率数据。

数据，国内 GDP、国内 PPI 与世界 GDP 为对数差分后的数据。

表 5-1 变量原始数据的描述性统计结果

变量	均值	标准差	最小值	最大值
出口额	4.10e+08	2.46e+09	1	1.42e+11
方差	0.0843	0.0448	0.0304	0.1685
偏度	0.0560	0.5114	−0.9260	0.6346
峰度	5.1526	1.8835	3.2379	9.6344
国内 GDP	7.8189	0.2695	7.3537	8.2168
国内 PPI	5.9269	0.0405	5.8687	5.9919
世界 GDP	31.8690	0.1076	31.6928	32.0433

注：此处偏度为前述负收益偏度的简称。

表 5-2 显示了各变量的面板平稳性检验结果，由于是非平衡面板，本章采用了费雪面板检验。

表 5-2 各变量面板平稳检验结果

统计量	出口额	方差	偏度	峰度	国内 GDP	国内 PPI	世界 GDP
Inverse chi-squared P	2.17e+04 (0.0000)	2.05e+04 (0.0000)	5.04e+04 (0.0000)	3.28e+04 (0.0000)	1.76e+04 (0.0000)	1.78e+04 (0.0000)	5.52e+04 (0.0000)
Inverse normal Z	−18.6099 (0.0000)	−75.8364 (0.0000)	−168.2570 (0.0000)	−121.3212 (0.0000)	−47.0986 (0.0000)	−60.1490 (0.0000)	−180.7089 (0.0000)
Inverse logit t L*	−38.1892 (0.0000)	−72.2764 (0.0000)	−192.7045 (0.0000)	−123.6548 (0.0000)	−50.6551 (0.0000)	−57.8801 (0.0000)	−212.3013 (0.0000)
Modified inv. chi-squared Pm	80.6072 (0.0000)	71.7057 (0.0000)	280.9684 (0.0000)	157.9127 (0.0000)	51.4772 (0.0000)	53.0291 (0.0000)	314.6190 (0.0000)

注：此处偏度为前述负收益偏度的简称，括号内为检验结果 P 值。

在面板平稳性检验过程中发现，标准化后的出口额水平项、方差、偏度和峰度均平稳，国内 GDP、国内 PPI 和世界 GDP 的水平项均不平稳，一阶差分后平稳，故表 5-2 中国内 GDP、国内 PPI 和世界 GDP 三项检验结果为一阶差分后的检验结果。经处理后的各变量均为面板平稳，故可以进行下一步回归分析。

5.3 实证结果及分析

5.3.1 整体回归结果

本章采用面板回归分析，根据豪斯曼检验结果确定回归应当采用固定效应回归，表5-3为回归结果，同时也给出了随机效应回归结果作为对比。

表5-3 固定效应回归结果和随机效应回归结果

变量	固定效应回归结果		随机效应回归结果	
	系数	P 值	系数	P 值
方差	−1.6387 （0.1098）	0.0000	−1.5224 （0.1085）	0.0000
偏度	−0.1816 （0.0097）	0.0000	−0.1823 （0.0096）	0.0000
峰度	−0.0531 （0.0021）	0.0000	−0.0540 （0.0021）	0.0000
国内 GDP	−0.2225 （0.0037）	0.0000	−0.2220 （0.0038）	0.0000
国内 PPI	−0.8533 （0.1224）	0.0000	−0.8027 （0.1272）	0.0000
世界 GDP	0.1087 （0.0032）	0.0000	0.19779 （0.0032）	0.0000
截矩项	2.0285 （0.0403）	0.0000	1.5611 （0.0396）	0.0000
组间 R^2	0.1949			
F 检验 P 值	0.0000		0.0000	
观测值	55224		55224	

注：此处偏度为前述负收益偏度的简称，括号内为稳健标准差。

由表 5-3 可以看出，我国出口商品额度同时受到汇率方差、偏度和峰度的影响，且高度显著，无论在固定效应回归模型中还是在随机效应回归模型中，系数基本无明显差异。表 5-3 的结果表明，我国商品出口额显著受到汇率风险影响，这表明：第一，在研究汇率风险对出口影响问题时，高阶矩指标不应当被忽略，其对我国出口额的影响是显著存在的。第二，所有的高阶矩指标对出口额均产生了负面影响，这说明随着人民币汇率风险的增大，我国出口商品额度会显著下降。第三，整体上，我国商品出口还是受到了汇率的影响，说明我国出口商品的国际竞争力还有待进一步加强。[①]

出于稳健性检验，本章还采用了国际贸易标准分类（SITC）的数据进行了研究，类似于海关分类数据，国际贸易标准分类数据可分为一类编码（SITC1）、二类编码（SITC2）直至五类编码（SITC5），为收集更多信息，本章同样采用分类最为详细的五类编码（SITC5）为研究对象（出于历史及国情原因，国际贸易标准分类在我国的运用不及海关分类编码广泛）。出口额数据同样收集自联合国贸易数据库，其余数据及处理方式同前述分析，模型设定方式同海关分类数据模型设定，此处不再赘述。经检验，所有变量均为平稳变量，可以进行回归。表 5-4 给出了国际贸易标准分类模型的平稳检验结果。

表 5-4　国际贸易标准分类模型各变量面板平稳检验结果

统计量	出口额	方差	偏度	峰度	国内 GDP	国内 PPI	世界 GDP
Inverse chi-squared P	1.02e+04 (0.0000)	1.32e+04 (0.0000)	2.21e+04 (0.0000)	1.89e+04 (0.0000)	4.66e+04 (0.0000)	7860.4081 (0.0000)	3.25e+04 (0.0000)
Inverse normal Z	−7.4848 (0.0000)	−70.2948 (0.0000)	−110.3743 (0.0000)	−96.8281 (0.0000)	−176.4128 (0.0000)	−36.9890 (0.0000)	−144.8385 (0.0000)
Inverse logit t L*	−20.1612 (0.0000)	−68.3923 (0.0000)	−118.6511 (0.0000)	−100.4967 (0.0000)	−249.9029 (0.0000)	−34.3792 (0.0000)	−175.3379 (0.0000)
Modified inv. chi-squared Pm	48.4436 (0.0000)	78.1464 (0.0000)	165.2750 (0.0000)	133.4877 (0.0000)	405.5150 (0.0000)	25.8908 (0.0000)	266.7709 (0.0000)

注：此处偏度为前述负收益偏度的简称，括号内为检验结果 P 值。

[①] 由于我国出口产品比例分布不均，制造业产品所占比重较大，因此对该结论的详细分析一并放在后文分门类分析中进行。

表 5-5 给出了国际贸易标准分类模型的回归结果，经豪斯曼检验，应采用固定效应回归，本章同时给出了随机效应估计的结果。

表 5-5　国际贸易标准分类模型的回归结果

变量	固定效应回归结果		随机效应回归结果	
	系数	P 值	系数	P 值
方差	−1.7553 (0.1423)	0.0000	−1.7375 (0.1418)	0.0000
偏度	−0.1986 (0.0129)	0.0000	−0.1988 (0.0129)	0.0000
峰度	−0.0610 (0.0028)	0.0000	−0.0609 (0.0028)	0.0000
国内 GDP	−0.2523 (0.0051)	0.0000	−0.2549 (0.0052)	0.0000
国内 PPI	−1.0299 (0.1734)	0.0000	−1.0220 (0.1730)	0.0000
世界 GDP	0.1202 (0.0043)	0.0000	0.1199 (0.0043)	0.0000
截矩项	2.2997 (0.0530)	0.0000	2.2901 (0.0528)	0.0000
组间 R^2	0.2524			
F 检验 P 值	0.0000		0.0000	
观测值	30667		30667	

注：此处偏度为前述负收益偏度的简称，括号内为稳健标准差。

由表 5-5 的回归结果可知，国际贸易标准分类模型的回归结果同海关分类模型结果几乎一致，无显著差异，在两种不同的出口分类标准下系数大小及显著程度均无明显变化，表明回归结果是稳健的。

5.3.2　分门类回归结果

在进行了整体回归后，本章进一步对分行业出口额进行面板回归分析，采用在我国运用更为广泛的海关分类数据进行研究，海关分类数据相对于国际贸易标准分类在分类标准上更加细致，在考虑了产品性质分类的基础上进一步考虑了产品间相关性，因此其相对于国际贸易标准分类更为科学，也更适用于交易种类及标准越来越复杂的国际贸易体系。

海关分类数据一共分为22大类，详细分类见表5-6。

表 5-6　海关分类目录

第 1 类	活动物，动物类产品	第 12 类	鞋、帽及其零件
第 2 类	植物产品	第 13 类	石料及类似材料制品
第 3 类	动、植物油、脂、蜡；精制食用油脂	第 14 类	珍珠、宝石、贵金属及其制品
第 4 类	食品；饮料、酒及醋；烟草及制品	第 15 类	贱金属及其制品
第 5 类	矿产品	第 16 类	机器、电器设备及其零件
第 6 类	化学工业及相关工业的产品	第 17 类	车辆、航空器、船舶及运输设备
第 7 类	塑料、橡胶及其制品	第 18 类	精密仪器机器设备
第 8 类	革、毛皮及其制品	第 19 类	武器、弹药及其零件、附件
第 9 类	木及木制品	第 20 类	杂项制品
第 10 类	木浆、纸、纸板及其制品	第 21 类	艺术品、收藏品及古物
第 11 类	纺织原料及纺织制品	第 22 类	特殊交易品和未分类商品

在共22大类分类中，第6、7、11、15、16、17、18类及第20类这8类出口产品均为工业类出口产品，也是我国目前最主要的工业出口门类，2010～2018年，这8个门类出口量占到了我国总出口量的75%以上[①]，具有良好的门类代表性。本章以此8个门类出口额为研究目标进行分门类角度的回归。

行业变量及模型设定同前述整体模型研究一致，在此不再赘述，所有变量经面板平稳性检验均为平稳变量，限于篇幅，在此不详细列举，经豪斯曼检验均应采用固定效应模型回归，表5-7列出了这8个门类的回归结果。

由表5-7可知，我国绝大部分主要工业品出口门类的出口额均受到汇率高阶矩因子的负面影响。

---

① 数据源于 CEIC 数据库，并经笔者计算。

表 5-7　分门类回归结果

变量	第6类	第7类	第11类	第15类	第16类	第17类	第18类	第20类
	系数	系数	系数	系数	系数	系数	系数	系数
方差	-2.1199*** (0.2868)	-3.7681*** (0.3792)	-0.6740** (0.2712)	-1.4560*** (0.3065)	-1.8720*** (0.2556)	-1.0187 (0.6837)	-2.2438*** (0.4547)	-1.9039*** (0.5978)
偏度	-0.1828*** (0.0244)	-0.2215*** (0.0404)	-0.2682*** (0.0132)	-0.1940*** (0.0274)	-0.1499*** (0.0223)	-0.1675*** (0.0563)	-0.0615 (0.0421)	-0.1844*** (0.0503)
峰度	-0.0881*** (0.0055)	-0.0788*** (0.0083)	-0.0566*** (0.0097)	-0.0610*** (0.0118)	-0.0445*** (0.0048)	-0.0710*** (0.0168)	-0.0142 (0.0096)	-0.0577*** (0.0102)
国内 GDP	-0.2504*** (0.0093)	-0.3305*** (0.0131)	-0.1765*** (0.0102)	-0.1677*** (0.0133)	-0.3124*** (0.0081)	-0.2895*** (0.0201)	-0.2628*** (0.0163)	-0.3580*** (0.0162)
国内 PPI	0.7477** (0.3279)	-1.3824** (0.5466)	-2.1039*** (0.3298)	0.0349 (0.3359)	-0.2353 (0.2818)	-2.1498*** (0.7745)	-1.9600*** (0.5575)	-3.0400*** (0.6692)
世界 GDP	0.0630*** (0.0078)	0.1270*** (0.0124)	0.1186*** (0.0800)	0.1291*** (0.0787)	0.1196*** (0.0073)	0.1592*** (0.0217)	0.1456*** (0.0143)	0.1799*** (0.0166)
截矩项	2.5593*** (0.0766)	3.1749*** (0.1348)	1.5414*** (0.0810)	1.5061*** (0.1305)	2.6771*** (0.0860)	2.4780*** (0.2214)	2.0954*** (0.1721)	3.0042*** (0.1640)
组间 R²	0.2159	0.4512	0.1277	0.1432	0.3581	0.3084	0.3198	0.5029
F 检验 P 值	0.0000	0.0000	0.0000	0.0000	0.0000	0.0000	0.0000	0.0000
观测值	8273	2484	9380	6443	9009	1365	7203	1387

注：此处偏度为前述负收益偏度的简称；**、***分别代表在5%、10%置信区间显著。

5.4　汇率高阶矩风险对我国出口影响的理论分析

5.4.1　方差角度

从方差角度来看，所有出口门类均受到其负面影响，第7类塑胶制品门类所受影响最大，第18类精密仪器门类次之，此外，化工产品、机电设备等门类也受到较大影响。可以看出，这些出口门类中多数属于中间品，产品附加值低，国际市场竞争对手较多，如塑胶制品，虽然我国是世界塑胶制品出口大国，目前出口规模约占全球总出口额的 10%，但塑胶制品附加值相对较低，其中的橡胶类产品除我国以外，南美洲、东南亚等较多国家均是橡胶原材料国际市场中的主要出口国，国际市场间竞争激烈；同时我国塑胶制品出口中最主要的一项是轮胎及其相关产品（约占塑胶制品总出口额的 30%）[①]，而众所周知，世界知名轮胎品牌中几乎没有我国品牌，这从侧面说明我国该出口门类产品虽然出口量大，但缺乏国际竞争力或国际产品定价权。此外，我国还有一些出口门类产品属于资本与技术密集型产品，如精密仪器门类，这类产品虽然附加值高，但是同西方发达国家相比，我国行业起步较晚，产品在技术与工艺上还存在较大差矩，相对缺乏国际竞争力。因此，一旦人民币币值出现较大波动，则国外进口商将面临交易费用的不确定性，特别是对于一些跨国企业而言，可能会导致其在经营期末进行报表合并时产生收益损益，从而形成经营风险，其可能会采取更换进口市场等手段规避风险，这势必将影响我国产品出口额度。同时，币值波动也可能会对国内厂商的生产造成影响，国内厂商生产所需的原材料包括石油、铁矿石、木材等在较大程度上需要依靠进口（我国本身就是上述原材料的进口大国），原材料价格变化会使国内厂商面临生产成本不确定，加之我国产品国际竞争力不足，难以转移由于汇率风险增加的生产成本，那么厂商面临的选择只有两个：一是自身承担生产成本的不确定性问题带来的风险以维持国际市场占有份额；二是减少出口量以控制风险。选择二会直接影响我国出口额度；而对于选择一，由于我国大部分出口产品技术含量低，其市场进入门槛不高，利润率在国内厂商竞争激烈与在国际市场上缺乏定价权的双重影响下会受到较大冲击：企业对资金流动性要求较高，如果企业选择自身承担风险则会加大企业资金负担，甚至会导致企业出现大面积破产，行业产量下降，从而出口额度降低。

5.4.2 偏度角度

从偏度角度来看，除了第 18 类精密仪器门类外，其他出口门类均受到了其负面影响，由前所述偏度系数可以看作基于投资者偏好所导致的市场崩溃风险的

---

① 数据收集自海关网站。

度量。就目前而言，因为中国政府的管制存在，中国外汇市场出现崩溃的概率几乎为零，但是，随着中国市场化进程加深，特别是资本管制程度整体上逐年下降，加之2015年"8·11"汇改后人民币币值波动明显加剧，人民币汇率风险特征相较于以往任何时期都更加明显。形成这种格局的原因可能在于：首先，如前所述，汇率作为价格因素，其并非影响出口的唯一因素，如果一国出口产品缺乏足够的国际竞争力，那么即便其货币处于稳定甚至是贬值状态，那么其出口也未必能出现增长甚至会受到国际竞争者影响而逐步萎缩。反过来，如果一国出口产品具备足够国际竞争力，那么即使其货币升值，对其出口也不会产生太大冲击，以日本为例，1985年《广场协议》签订后，日元在长时间内处于升值态势，而在进入20世纪90年代后，大量新兴市场兴起，日元被大量投入新兴市场以获取高额收益，日元继续升值，甚至使得日元一度成为避险货币，但是在此数十年间，日本出口并未受到日元升值的显著负面影响，目前其依然是世界第三大出口国。这主要得益于日本出口产品多集中于高新技术产品，如机电设备、精密加工车床、汽车、智能产品与通信产品，这些产品技术含量高，国际上缺乏相应替代品，使得日本在国际贸易市场中占有凭借技术取得的优势。类似分析可以用在中国出口活动中，在理论上，如果人民币汇率偏度风险增大，那意味着人民币贬值，从理论上看是有利于出口的，但现实情况是，对比日本，整体上我国出口产品缺乏竞争力，尽管近年来这种状况在部分行业有一定改观，但整体格局没有发生根本性变化。此外，我们也要注意到，其贬值程度越大，对我国进口的不利影响也会越大，我国本身是一个对原材料进口比较依赖的国家，而出口产品在国际上定价权很弱，这会形成一个不利局面，即进口成本增大的不利影响会覆盖人民币贬值对出口的促进作用，一方面厂商成本增加，另一方面却又无法提高产品价格，最终的结果只能是降低出口额度。其次，反向来看，汇率价格反映了一国综合经济竞争力及宏观经济状况，如果外汇市场出现偏度风险，这事实上是向世界市场传递了一个信息，即该国外贸可能出现了较为严重的失衡，导致本国外汇市场上外汇供给减少，需求增加，从而使得外币升值，本币贬值。如果该国政府手中没有足够的外汇储备进行市场干预，这又会进一步导致本币的贬值。同时，政府的干预还将直接引起本国货币供应量的减少，而货币供应量的减少又将引起国内利率水平的上升，导致经济下滑、失业增加，例如，在20世纪90年代墨西哥金融危机中，墨西哥比索贬值65.8%，其外汇市场基本处于崩溃状态。当然上述所说更多体现在理论层面，我国外贸长期处于顺差状态，资本市场尚未完全放开，且国家外汇储备充足，目前来看墨西哥发生的危机几乎不太可能在我国重演，而笔者想要通过上述内容指出的一个现实是，近年来人民币币值走势波动加剧（见图5-1）。

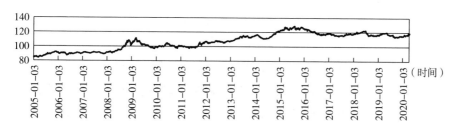

图 5-1　人民币币值走势

资料来源：国际清算银行网站。

随着国内汇改不断进行，人民币与国际市场联系越发紧密，例如2008年金融危机阶段，人民币币值出现显著波动，而2015年"8·11"汇改后，波动起伏越发明显，而且整体上来看，人民币币值在2015年之后曾出现缓慢震荡下降的趋势，这从侧面表明人民币之前长达十年的升值期已结束，市场参与者对于人民币的预期可能正在发生变化。笔者认为引致这种现象的根本原因在于我国宏观经济下行压力逐年增大，国际贸易保护主义抬头使我国出口面临极其复杂与困难的局面，中国出口面临严峻挑战，人民币国际化程度虽有提升，但人民币汇率形成机制的转变使人民币币值不确定性增大，这样一对矛盾使得国际市场参与者对人民币的态度正逐步发生转变，开始更偏于理性对待，这就使得人民币汇率发生偏度风险的市场心理基础开始形成，随着市场心理基础的形成，其对市场开始显现出影响，对于这一点货币管理者应当给予足够的重视。

5.4.3　峰度角度

从峰度角度来看，峰度可以看作预期风险的度量，在表5-7的回归结果中可以看出，几乎所有的门类都受到其负面影响（除第18类以外），类似于前述对方差和偏度的分析，当国外进口商预感到人民币风险可能加剧的情况下，其可能会在国际市场上选择其他替代产品或替代出口国家，其产生负面影响的根本原因依然在于出口产品缺乏国际竞争力。实际上邹宏元等（2017）的研究就已经表明我国目前是一个出口大国而非一个出口强国。

在中国经济下行压力不断加大的今天，我们在国际制造业中的位置客观上会进一步加大我们经济下行的压力，对于这一点，我们有清晰的认识，而对处于世界制造业顶端的西方发达国家同样也有清晰的认识。我国当前供给侧结构性改革进入关键时期，供给侧结构性改革属于经济的结构性改革，之前数十年改革过程中积累的问题不可能在短期内完全解决。此外，我国宏观社会体系也开始出现一些结构性问题，如老龄化问题已初现端倪、劳动力成本上涨以及社保体系压力过大，这些无疑会对今后国内经济改革包括制造业转变升级带来不利影响。事实上，我们也注意到近年来我国开始出现部分外资转移的迹象，外资开始寻求劳动力成本更低的国家作为新的生产基地，这表明当前国际社会对中国经济的预期也开始出现不同看法（尽管目前来看整体预期向好），这些不同的看法中不乏对中国的不良预期，即中国有可能在未来出现经济波动。笔者认为这些不良预期的形成可能也与国内近年来经济增速放缓、劳动力成本提高等因素有关，因为这对于国外投资者意味着原先可以在中国市场上获取的超额利润将逐步消失，市场吸引力会下降，而这些预期同我国出口产品缺乏竞争力的势态的结合使得峰度因子（对中国整体经济预期不佳可能导致的汇率波动）对我国出口产品额度产生了负面影响，需要引起各方面的重视，这也是未来在三类高阶矩风险中最应该被重视的问题。

5.5 高阶矩影响的横向比较

同样地，由于三类高阶矩的量级大小不一致，故本章参考 Bianconi 和 Cai（2017）的做法，对高阶矩指标进行标准化后再进行回归，以便消除三者指标之间的量级差异，所有变量经面板平稳性检验均为平稳变量，限于篇幅，在此未详细列举，经豪斯曼检验均应采用固定效应模型回归。

由表 5-8 可知，对高阶矩指标标准化再进行回归后的结果与之前未经标准化进行回归的结果相比，首先回归系数的显著程度没有发生任何改变；其次除高阶矩指标外，其余系数的结果未发生变化；最后模型的组间 R^2 也没有发生变化。经标准化后仅有三个高阶矩指标的系数大小发生变化，其量级差异已被消除。

表 5-8　标准化后回归结果

变量	第 6 类	第 7 类	第 11 类	第 15 类	第 16 类	第 17 类	第 18 类	第 20 类
	系数	系数	系数	系数	系数	系数	系数	系数
方差	-0.0950 ***	-0.1689 ***	-0.0302 **	-0.0652 ***	-0.0839 ***	-0.0456	-0.1005 ***	-0.0853 ***
	(0.0128)	(0.0169)	(0.0121)	(0.0137)	(0.0114)	(0.0306)	(0.0203)	(0.0267)
偏度	-0.0935 ***	-0.1133 ***	-0.1372 ***	-0.0992 ***	-0.0766 ***	-0.0856 ***	-0.0314	-0.0943 ***
	(0.0124)	(0.0206)	(0.0132)	(0.0140)	(0.0114)	(0.0288)	(0.0215)	(0.0257)
峰度	-0.1660 ***	-0.1484 ***	-0.1067 ***	0.1149 ***	-0.0839 ***	-0.1337 ***	-0.0267	-0.1087 ***
	(0.0103)	(0.0156)	(0.0097)	(0.0118)	(0.0091)	(0.0318)	(0.0182)	(0.0196)
国内 GDP	-0.2504 ***	-0.3305 ***	-0.1762 ***	-0.1677 ***	-0.3124 ***	-0.2895 ***	-0.2628 ***	-0.3580 ***
	(0.0093)	(0.0131)	(0.0102)	(0.0133)	(0.0081)	(0.0202)	(0.0164)	(0.0162)
国内 PPI	0.7477 **	-1.3824 ***	-2.1039 ***	0.0349	-0.2353	-2.1498 ***	-1.9600 ***	-3.0400 ***
	(0.5466)	(0.5466)	(0.3298)	(0.3359)	(0.2818)	(0.7745)	(0.5575)	(0.6692)
世界 GDP	0.0630 ***	0.1270 ***	0.1186 ***	0.1291 ***	0.1196 ***	0.1592 ***	0.1456 ***	0.1799 ***
	(0.0124)	(0.0124)	(0.0810)	(0.1056)	(0.0073)	(0.0217)	(0.0143)	(0.0166)
截矩项	1.9161 ***	2.4387 ***	1.1774 ***	1.0580 ***	2.2812 ***	2.0168 ***	1.8296 ***	2.5360 ***
	(0.0766)	(0.1052)	(0.0810)	(0.1056)	(0.0651)	(0.1589)	(0.1342)	(0.1301)
组间 R^2	0.2159	0.4512	0.1277	0.1432	0.3581	0.3084	0.3198	0.5029
F 检验 P 值	0.0000	0.0000	0.0000	0.0000	0.0000	0.0000	0.0000	0.0000
观测值	8273	2484	9380	6443	9009	1365	7203	1387

注：此处偏度为前述负收益偏度的简称；**、*** 分别代表在 5%、10% 置信区间显著。

通过表 5-8 可知，在三类高阶矩指标中，整体上，偏度系数的绝对值在大多数情况下普遍偏大，这说明预期因素对我国出口额度产生了较大影响，方差和偏度因素的系数绝对值相对峰度而言较小。形成这种格局的可能原因，除了我国出口商品整体上相对缺乏国际竞争力外，人民币近年来尤其是 2015 年"8·11"汇改后双向波动加剧也使得部分贸易伙伴国对人民币产生了预期风险，迫使其在衡量成本的基础上重新选择进口市场国。当然，形成这种格局也并非单纯由中国自身的因素造成，本章的研究样本期主要集中于 2008 年国际金融危机后，国际经济体系在受到经济危机冲击后虽然逐步得到恢复，但是在此期间，欧债危机、国际贸易保护主义抬头使得国际市场需求疲软，无论是发达国家还是大量发展中国家，经济恢复速度较为缓慢，各国经济参与者对世界经济发展整体呈现悲观预期。中国作为传统意义上的出口大国，自然也会受到这种国际市场态势的负面影响，因此三类高阶矩中的峰度因子负面影响整体上相对较大，而对于方差与偏度指标影响相对较小。其中可能的原因在于，对于汇率方差问题，尽管近年来人民币波动幅度增大，但我国贸易顺差额度较大，央行外汇储备充足，人民币在世界范围内相较而言币值依然比较稳定，因此，较多国家仍然对人民币币值稳定抱有信心，将其纳入本国央行储备货币，如俄罗斯、新加坡、巴西等国；同时，经过多年的改革与探索，我国央行对保持人民币汇率稳定已探索出较为丰富的应对手段，这无疑在一定程度上可消除人民币币值波动所带来的不利影响。

本章小结

本章基于高阶矩的角度研究了人民币汇率风险对我国出口额度的影响。从出口额度的角度来看，我国出口整体上受到了人民币汇率风险的影响，三类高阶矩指标均对我国总体出口额度产生了负面影响，本章还从分行业的角度对出口额度进行考察，选取了8类我国主要工业出口产品的出口额度为研究对象。结果表明，这8类出口产品基本都受到汇率风险影响，形成这种格局的根本原因在于，我国出口产品的国际竞争力不强、缺乏定价权，改变这种格局的根本方法，要进一步强化创新，转变我国产业格局。

我国是一个出口大国但不是出口强国，应当进一步调整产业结构，实现我国出口产品由劳动密集型向资本技术密集型转变。

6

结论及展望

6.1　主要结论

金融市场风险问题一直为学术界所关注，外汇市场作为金融市场的重要组成部分，其风险问题亦为学者们的研究重点。作为金融市场风险的主要表象之一，汇率风险对一国宏观经济发展以及金融市场稳定会产生深远影响。近年来，部分学者开始将金融市场风险研究扩展至高阶矩领域，对于汇率高阶矩风险问题的研究也开始提上日程。本书针对人民币汇率的高阶矩风险问题进行了探索性研究，并得出相关结论，以期为货币管理部门及市场参与者提供有用信息。

传统上，对于汇率风险的研究多集中于中低阶矩领域，主要研究汇率波动对宏观经济、其他金融市场以及进出口方面的影响。其优点在于资产价格波动现象在市场中相对容易观察，指标含义直观，易为市场参与者所理解，且其所包含的市场信息能够直接体现在资产价格走势中。随着研究深入，有学者认为，以往易被忽略的高阶矩风险在经济体系中也开始显示出重要影响，但是高阶矩指标所代表的风险相对于低阶矩指标难以直接观测，其所体现的风险信息往往需要市场花费更多时间进行吸收转化，对于市场本身而言，也需要在其自身市场化程度较高及投资者理性的条件下，高阶矩指标所代表的风险才能更直观地被体现。由于上述原因，在以往研究中，各类金融市场高阶矩风险往往处于被忽略的境地，而单纯依靠低阶矩风险所反映的风险信息极其有限。随着金融市场快速发展，全球金融自由化程度不断加深，衍生工具被大量使用，市场间联系不断加强，投资者结构及理性程度也在发生变化，以上种种因素导致金融市场所面临的不确定性增大，市场风险特征更为错综复杂，在此背景下进一步引入高阶矩风险研究对于全面准确认知市场风险、防范市场风险有显著现实意义，同时也能为风险理论研究提供新的思路，拓展金融市场风险研究范围。

我国外汇市场经过多年发展，特别是近十余年来经历了数次汇率改革，其市场化程度得到较大提高。作为世界第二大经济体，中国在国际经济体系中的地位作用不断增强，对外开放进程亦随之不断加快，作为衡量国家对外竞争力的重要代表性市场与连接中外经济交往的纽带，外汇市场地位显著上升的同时其所面临的风险也日趋复杂化。当前我国正处于资本市场开放的进程之中，合格境内投资者与合格的境外机构投资者已开始实施，国家外汇管理局 2016 年也明确表示"支持个人有序开展外汇衍生品交易"。从未来发展趋势来看，国内外汇市场势必会进一步开放，对于汇率风险需要从全方位的角度进行考察。因此本书在前人研究基础上引入汇率高阶矩风险概念，对在岸人民币市场汇率高阶矩风险进行研究。

本书以在岸人民币市场汇率为主要研究目标，系统研究在岸人民币高阶矩汇率风险及其影响，具体从数个角度出发，分别研究了我国外汇市场发展过程中人民币对主要国际性货币（美元、日元、欧元、英镑等）汇率高阶矩风险因子的聚集性与时变性状况、在岸人民币市场高阶矩风险对其他市场的影响及其对我国出口的影响。

研究结果显示：

第一，本书第 3 章基于不同设定形式的 GARCHSK 模型回归结果表明，所选取的样本在岸人民币汇率高阶矩风险因子存在聚集性和时变性特征，可能会导致风险的发生，从实证角度验证了人民币汇率高阶矩风险不应被忽视。

第二，基于对比的目的，本文比较了 GARCHSK 模型族与 GARCH 模型族的系数。结果表明：第一，考虑偏度与峰度指标的 GARCHSK 模型族的估计结果及检验表现要优于未考虑偏度与峰度指标的 GARCH 模型族，引入偏度与峰度等高阶矩指标在一定程度上有助于模型改进。第二，在对比了 GARCHSK 模型族及 GARCH 模型族回归结果及检验结果后，本章还进一步对 GARCHSK 模型族及 GARCH 模型族的波动率预测能力进行了检验，结果显示 GARCHSK 模型族的波动率预测能力要优于 GARCH 模型族。上述研究结果表明引入高阶矩指标能够获取更多风险信息，同时其结果也表明引入高阶矩指标有助于风险管理工作的改进。

第三，本书第 4 章则基于高阶矩的角度研究了在岸人民币汇率风险对其他市场的影响。鉴于股票市场在我国金融市场中的重要地位，第 4 章针对人民币汇率高阶矩风险是否会对我国股票市场收益产生影响这一问题进行研究，实证结果表明，在整体上，人民币汇率高阶矩风险会对我国股票市场收益产生显著负向影响，这表明人民币汇率高阶矩风险影响机制已经对国内资本市场产生作用。进一步地，本章对人民币汇率高阶矩风险对分行业股票市场收益是否产生影响问题进行研究，结果显示，绝大部分分行业股票市场收益均受到了人民币汇率高阶矩风险的负向影响，其中与外贸行业联系越紧密的行业越容易受到人民币汇率高阶矩风险的影响。此外，本章还针对金融业与制造业两个具有代表性的行业进行更进一步的分析，结果表明金融业与制造业显著受到人民币汇率高阶矩风险的负向影响。以上结论表明，货币管理部门进一步促进外汇市场发展与开放的同时还需注意对汇率风险的管理，以避免汇率风险对股票市场产生不利影响。对于香港离岸市场，本章则利用国外学者近年来提出的协高阶矩概念及其相应的卡方检验方法研究了在岸人民币市场对离岸人民币市场风险传染问题，出于全面考虑也研究了香港离岸人民币市场对在岸人民币市场的风险传染问题。结果显示，在岸人民币市场对香港离岸人民币市场存在风险传染现象。对于房地产市场，本章采用面板向量自回归方法从高阶矩角度研究了汇率风险对房地产市场收益的影响，结果显示，高阶矩指标所刻画的汇率风险对我国房地产市场收益产生了有限的负面影响。

第四，本书第 5 章则从高阶矩的角度研究了人民币汇率风险对我国出口的影响，本章从出口额度的角度展开研究，结果显示，高阶矩指标所刻画的汇率风险对我国出口额度无论是从整体上还是从分行业层面上均产生了负面影响。

6.2 建议与展望

6.2.1 建议

根据本书实证结果，提出以下建议：

第一，国内在岸市场中存在汇率高阶矩风险影响，货币管理部门除了预防市场过度波动所导致的风险外，还需要从多个方面采取相应措施减轻高阶矩风险所带来的不利影响。货币管理部门应当进一步关注市场预期走向，对市场投资者心理预期合理引导；增强政策透明度，使市场参与者能够准确理解相关政策含义防止出现预期偏差；进一步识别市场参与者结构，减少投机性因素对市场产生的不利影响。

　　第二，货币管理部门应加快外汇市场制度建设，在推进外汇市场市场化进程的同时制定相应法规政策，使外汇市场既能在市场化背景下快速发展，又能在健全法规监督下健康发展，采用双管齐下的手段保证外汇市场的稳定发展；对于资本市场的开放进度应当有序进行，防止出现断崖式的变化从而影响市场投资者偏好与预期。

　　第三，市场投资者自身应当加强学习认知能力，提高理性决策水平，使自身具备对市场信息及相关政策的理性分析能力，避免在市场中做出非理性决策。

　　第四，由实证结果可知，目前在岸市场高阶矩风险整体上会对国内其他市场产生负面影响，应当做好市场间的"防火墙"，进一步强化金融市场风险防范体系的建设。在各金融子市场联系不断强化的背景下，管理部门需对各金融子市场风险状况进行全面系统性评估，对金融子市场除细化管理外还应着眼于整体角度，建立风险预警体系，减轻市场间风险传染所带来的不利影响。

　　第五，目前我国出口产品的国际竞争力还有待进一步提高，改变这种格局的根本方法在于进一步强化创新，转变我国产业格局，强化出口产品在国际市场上的竞争力与定价能力。

6.2.2　展望

　　目前国内外学术界对于金融市场高阶矩风险的研究尚处于起步阶段，同时研究方法及思路尚在不断发展之中，本书是在现有框架下进行的一次探索，对于高阶矩风险未来的研究内容还可从以下方面进行进一步拓展：

　　第一，结合当前中国具体国情，中国外汇市场的高阶矩风险产生机制是否与国外有所不同？汇率高阶矩风险具体传递机制又是怎样的？汇率高阶矩风险对整体宏观经济的影响程度如何？这些内容都是将来值得去认真研究的领域。

　　第二，我国已成为世界第二大经济体，人民币近年来国际化趋势加快，研究汇率风险（包括高阶矩风险）对人民币国际化影响的学术意义不言而喻。在人民币国际化进程中，人民币汇率的高阶矩风险会发生怎样的变化？反过来，这些变化又会对人民币国际化进程产生怎样的影响？笔者认为这个问题是具有重要现实意义的。

第三，尽管近十余年来我国外汇市场的市场化程度不断加深，但相关资本市场依然受到较多政策管制，当然这与我国是发展中国家，需要稳定的发展环境这样一个事实有关，那么货币管理部门制定的各种汇率相关政策对人民币汇率风险又会产生怎样的影响？各种政策究竟会对汇率风险特别是高阶矩风险产生怎样的影响？政策性效果又该如何评价？这也是一个值得重视的研究切入点。

参考文献

［1］Abreu D, Brunnermeier M K. Bubbles and Crashes ［J］. Econometrica, 2003, 71（1）: 173-204.

［2］Adler M, Dumas B. Exposure to Currency Risk: Definition and Measurement ［J］. Financial Management, 1984, 13（2）: 41-50.

［3］Akram F. Oil Prices and Exchange Rates: Norwegian Evidence ［J］. The Econometrics Journal, 2004, 7（2）: 476-504.

［4］Allayannisa G, Ofek E. Exchange Rate Exposure, Hedging, and the use of Foreign Currency Derivatives ［J］. Journal of International Money and Finance, 2001, 20（2）: 237-296.

［5］Amihud Y. Exchange Rates and the Valuation of Equity Shares ［M］. New York: Irwin, 1994.

［6］Aparicio F, Estrada J. Empirical Distributions of Stock Returns: Scandianvian Securities Maekets ［J］. European Journal of Finance, 2001, 7（1）: 1-21.

［7］Arditti F D. A Utility Function Depending on the First Three Moments: Reply ［J］. The Journal of Finance, 1969, 24（4）: 715-719.

［8］Arize A, Osang T, Slottje D J. Exchange-Rate Volatility and Foreign Trade: Evidence from Thirteen LDC's ［J］. Journal of Business and Economic Statistics, 2000, 18（1）: 10-17.

［9］Bai J, Ng S. Tests for Skewness, Kurtosis, and Normality for Time Series Data ［J］. Journal of Business and Economic Statistics, 2005（1）: 49-59.

［10］Baldwin R. E. Re-interpreting the Failure of Foreign Exchange Market Efficiency Tests: Small Transaction Costs, Big Hysteresis Bands ［R］. NBER Working Papers, 1990, No. 3319.

［11］Basher S A, Haug A, Sadorsky P. Oil Prices, Exchange Ratesand Emerging Stock Markets ［J］. Energy Economics, 2012, 34（1）: 227-240.

［12］ Bianconi M, Cai Z. Higher Moment Exchange Rate Exposure of S&P500 Firms ［J］ North American Journal of Economics and Finance 2017, 42 （8） : 513-530.

［13］ Bodnar G, Gentry W. Exchange Rate Exposure and Industry Characteristics: Evidence from Canada, Japan, and the USA ［J］. Journal of International Money and Finance, 1993, 12 （1） : 29-45.

［14］ Bollerslev T, Engle R T. Common Persistence in Conditional Variance ［J］. Econometrica, 1993, 61 （1）: 167-186.

［15］ Bollerslev T. Generalized Autoregressive Conditional Heteroskedasticity ［J］. Journal of Economics, 1986, 31 （3）: 307-327.

［16］ Breedon F, Rime D, Vitale P. Carry Trades, Order Flow, and the Forward Bias Puzzle ［J］. Journal of Money, Credit and Banking, 2016, 48 （8） : 1113-1134.

［17］ Brissimis S N, Kosma T S. Market Power and Exchange Rate Pass-Through ［J］. International Review of Economics and Finance, 2007, 16 （2）: 202-222.

［18］ Brown G. Managing Foreign Exchange Risk with Derivatives ［J］. Journal of Financial Economics, 2001, 60 （2-3） : 401-448.

［19］ Bussiere M. Exchange Rate Pass-through to Trade Prices: The Role of Nonlinearities and Asymmetries ［J］. Oxford Bulletin of Economics & Statistics, 2013, 75 （5）: 731-758.

［20］ Campa J M, Goldberg L S. Exchange Rate Pass-Through into Import Prices: A Macro or Micro Phenomenon? ［J］. SSRN Electronic Journal, 2002, 87 （4）: 679-690.

［21］ Campa J M, Minguez J M G. Differences in Exchange Rate Pass-Through in the Euro Area ［J］. European Economic Review, 2002, 50 （1）: 121-145.

［22］ Campa J, Goldberg L. Investment, Pass-Through, and Exchange Rates: A Cross-Country Comparison ［J］. International Economic Review, 1999, 40 （2） : 287-314.

［23］ Campbell J Y, Hentschel L. No News is Good News: An Asymmetric Model of ChangingVolatility in Stock Returns ［J］. Journal of Financial Economics, 1992, 31 （3）: 281-318.

[24] Campbell Y. John, Karine Serfaty-De Medeiros, Luis M. Viceria. Global Currency Hedging [J]. The Journal of Finance, 2010, 65 (1): 87-121.

[25] Ceglowski J. Has Pass-Through to Export Prices Risen? Evidence for Japan [J]. Journal of the Japanese & International Economies, 2010, 24 (1): 86-98.

[26] Chen Y C, Rogoff K, Rossi B. Can Exchange Rates Forecast Commodity prices? [J]. Quarterly Journal of Economics, 2010, 125: 1145-1194.

[27] Chen Y T. Testing Conditional Symmetry with an Application to Stock Returns [J]. Journal of Business and Economic Statistics, 2001 (23): 49-60.

[28] Christiansen C. Volatility-Spillover Effects in European Bond Markets [J]. European Financial Management, 2007, 13 (5): 923-948.

[29] Christofferson P. F. Elements of Financial Risk Management [M]. New York: Academic Press, 2003.

[30] Conrad J, Dittmar F, Ghysels E. Exante Skewness and Expected Stock Returns [J]. Journal of Finance, 2013, 68 (1): 85-124.

[31] Cooper John. Purchasing Power Parity: A Cointegration Analysis of the Australian, New Zealand and Singaporean Currencies [J]. Applied Economics Letters, 1994, 1 (10): 167-171.

[32] Crain S J, Lee J H. Intraday Volatility in Interest Rate and Foreign Exchange Spot and Futures Markets: Introduction [J]. The Journal of Futures Markets, 1995, 60 (4): 395-420.

[33] Crouhy M, Galai D, Mark R. Risk Management [M]. New York: McGraw-Hall Companies, 2000.

[34] Dash A K, Narasimhan V. Exchange Rate Pass-through How Much Do Exchange Rate Changes Affect the Prices of Indian Exports and Imports [J]. South Asia Economic Journal, 2011, 12 (1): 1-23.

[35] David S. Bates. Dollar Jump Fears, 1984-1992: Distributional Abnormalities Implicit in Currency Futures Options [J]. Journal of International Money and Finance, 1996, 15 (1): 65-93.

[36] Degiannakis S, Kiohos A. Multivariate Modelling of 10-Day-Ahead VaR and Dynamic Correlation for Worldwide Real Estate and Stock Indices [J]. Journal of Economic Studies, 2014, 41 (2): 216-231.

［37］ Dibooglu Selahattin, Ali M. Kutan. Sources of Real Exchange Rate Fluctuations in Transition Economies: The Case of Poland and Hungary ［J］. Journal of Comparative Economics, 2001, 29 (2): 257-275.

［38］ Dibooglu S. Sources of Real Exchangge Rate Fluctuation in Transition Econ- omies: The Case and Hungary ［J］. Journal of Comparative Economics, 2001, 29 (4): 257-275.

［39］ Diks C, Panchenko V. A New Statistic and Practical Guidelines for Non- parametric Granger Causality Testing ［J］. Journal of Economic Dynamics and Control, 2006, 30 (9): 1647-1669.

［40］ Dittmar R. Nonlinear Pricing Kernels, Kurtosis Preference, and Evidence from the Cross Section of Equity Returns ［J］. The Journal of Finance, 2002, 57 (1) : 369-403.

［41］ Doidge C, Karolyi A, Stulz R. Why are Foreign Firms Listed in the U. S. Worth More? ［J］. Journal of Financial Economics, 2003, 71 (2) : 202-238.

［42］ Dornbusch R, Fisher S. Exchange Rates and the Current Account ［J］. American Economic Review, 1980, 70 (5): 960-971.

［43］ Dornbusch R. Expectation and Exchangerate Dynamics ［J］. The Journal of Political Economy, 1976, 84 (6): 1161-1176.

［44］ Engle R F. Autoregressive Cnditional Heroskedasticity with Etimates of the Vriance of the United Kingdom Iflation ［J］. Econometrica, 1982, 50 (4): 987- 1007.

［45］ Fama E. Efficient Capital Markets: A Review of Theory and Empirical Work ［J］. The Journal of Finance, 1970, 25 (2): 383-417.

［46］ Fama E. The Behavior of Stock-Market Prices ［J］. The Journal of Busi- ness, 1965, 38 (1) : 34-105.

［47］ Fang H, Lai T Y. Co-kurtosis and Capital Asset Pricing ［J］. Financial Review, 1997, 32 (2): 293-307.

［48］ Forbes K J, Rigobon R. Nocontagion, Only Interdependence: Measuring Stock Market Movements ［J］. Journal of Finance, 2002, 57 (5) : 2223-2261.

［49］ Forbes K, Chinn M. A Decomposition of Global Linkages in Financial Mar- kets Over Time ［J］. The Review of Economics and Statistics, 2004, 86 (3):

705-722.

[50] Frankel J A. Monetary and Portfolio-balance Models of Exchange Rate Determination [R]. NBER Research Paper No. 387, 1983.

[51] French K R, Schwert G W, Stambaugh R F. Expected Stock Returns and Volatility [J]. Journal of Financial Economics, 1987, 19 (1): 3-29.

[52] Fry R, Martim V L, Tang C. A New Class of Tests of Contagion with Applications [J]. Journal of Business and Economic Statistics, 2010, 28 (3): 423-437.

[53] Fry-Mckibbin A, Hsiao Y. Extremal Dependence Tests for Contagion [J]. Econometric Reviews, 2015, 37 (6): 626-649.

[54] Ghosh A, Rajan R S. Rajan. A Survey of Exchange rate pass-thought in Asian [J]. Asian-Pacific Economic Literature, 2007, 16 (3): 373-382.

[55] Ghosh Sajal. Examining Crude Oil Price-Exchange Rate Nexus for India During the Period of Extreme Oil Price Volatility [J]. Applied Energy, 2011, 88 (5): 1886-1889.

[56] Giacomini R, Gottschling A, Haefke C, et al. Mixtures of Distributions for Finance and Forecasting [J]. Journal of Econometrics, 2008, 144 (1): 175-192.

[57] Goldberg, L. Industry-Specific Exchange Rates for the United States [J]. Economic Policy Review, 2004, 10 (1): 1-16.

[58] Granger C. Investigating Causal Relations by Econometric Models and Cross-Spectral Methods [J]. Econometrica, 1969 (37): 424-438.

[59] Gray B, French D. Empirical Comparisons of Distributional Models for Stock Index Return [J]. Journal of Bussness, Finance and Accounting, 1990, 17 (3): 451-451.

[60] Hansen P R, Huang Z, Shek H H. Realized GARCH: a Joint Model for Returns and Realized Measures of Volatility [J]. Journal of Applied Econometrics, 2012, 27 (6): 877-906.

[61] Harris R, Kucukozmen C. The Empirical Distribution of UK and US Stock Returns [J]. Journal of Business Finance and Accounting, 2001, 28 (5-6): 715-740.

[62] Harvey C, Siddique A. Conditional Skewness in Asset Pricing Tests [J].

The Journal of Finance, 2000, 55 (3) : 1263-1295.

[63] Heffernam S. Modern Banking in Theory and Practice [M]. New York: John Wiles, 1996.

[64] Hiemstra C, Jones D. Testing for Linear and Nonlinear Granger Causality in the Stock Price - Volume Relation [J]. Journal of Finance, 1994, 49 (5): 1639-1664.

[65] Hodder James. Exposure to Exchange-Rate Movements [J]. Journal of International Economics, 1982, 13 (31): 375-386.

[66] Hoffman W. Michael, Judith Brown Kamm, Robert E. Frederick, et al. Petry The Ethics of Accounting and Finance: Trust, Responsibility, and Control [C]. (National Conference on Business Ethics Proceedings) Quorum Books, 1996.

[67] Hong H, Stein J. Differences of Opinion, Short Sales Constraints, and Market Crashes [J]. Review of Fincial Studies, 2003, 16 (2): 487-525.

[68] Hossfeld O. , MacDonald R. Carry Funding and Safe Haven Currencies: A Threshold Regression Approach [J]. Journal of International Money and Finance, 2015 (59): 185-202.

[69] Hsieh N, Lin A, Swanson P E. Global Money Market Interrelationships [J]. International Review of Economics and Finance, 1998, 8 (1): 71-85.

[70] Hutson V, John S, Michael J. Applications of Functional Analysis and Operator Theory [M]. New York: Elsevier Science Ltd, 2005.

[71] Jondeau E, Rockinger M. The Copula-GARCH Model of Conditional Dependencies: An International Stock Market Application [J]. Journal of International Money and Finance, 2006, 25 (5): 827-853.

[72] Jondeau E, Rockinger M. Conditional Volatility, Skewness and Kurtosis: Existence, Persistence and Comovement [J]. Journal of Economics Dynamics and Control, 2003, 27 (1): 1699-1737.

[73] Jorion P. The Exchange-Rate Exposure of U. S. Multinationals [J]. Journal of Business, 1990, 63 (3) : 331-345.

[74] Kempa B. An Oversimplified Inquiry into Exchange-rate Volatility: Impulses or Propagation? [J]. Economic Modeling, 2005, 22 (1): 439-458.

[75] Khalifa A, Hammoudeh S, Otranto E. Patterns of Volatility Transmissions

within Regime Switching Across GCC and Global Markets [J]. International Review of Economics and Finance, 2014, 29: 512-524.

[76] King M. Transmission of Volatility between Stock Markets [J]. Review of Financial Studies, 1990, 3 (1): 5-33.

[77] Kiyota K, Urata S. Exchange Rate, Exchange Rate Volatility and Foreign Direct Investment [J]. The World Economy, 2004, 27 (10): 1501-1536.

[78] Kiyotaka S, Junko S, Shestha W, et. al. The Construction and Analysis of Industry-Specific Effective Exchange Rates in Japan [R]. RIETI Discussion Paper Series, 2012.

[79] Koutmos G, Booth G G. Asymmetric Volatility Transmission in International Stock Markets [J]. Journal of International Money and Finance, 1995, 14 (6): 747-762.

[80] Koutmos G, Martin A. First and Second-Moment Exchange Rate Exposure: Evidence from U.S. Stock Returns [J]. The Financial Review, 2003, 38 (3): 455-471.

[81] Kraus A, Litzenberger R H. Market Equilibrium in a Multiperiod State Preference Model with Logarithmic Utility [J]. The Journal of Finance, 1975, 30 (5): 1213-1227.

[82] Kupiec P. Techniques for Verifying the Accuracy of Risk Measurement Models [J]. Journal of Derivatives, 1995, 3 (2): 173-184.

[83] Lee K. Safe-haven Currency: An Empirical Identification [J]. Review of International Economics, 2017, 25 (4): 924-947.

[84] Leon A, Rubio G, Serna G. Autoregresive Conditional Volatility, Skewness and Kurtosis [J]. The Quarterly Review of Economics and Finance, 2005, 45 (4-5): 599-618.

[85] Levi Maurice D. Spot Versus forward Speculation and Hedging: A Diagrammatic Exposition [J]. Journal of International Money and Finance, 1984, 3 (1): 105-109.

[86] Lien D, Yang L. Asymmetric Effect to Basison Dynamic Futures Hedging: Empirical Evidence from Commoditymarkets [J]. Journal of Banking and Finance, 2008, 32 (2): 187-198.

［87］ Lin W L, Engle F, Ito T. Do Bulls and Bears Move across Borders? International Transmission of Stock Returns and Volatility as the World Turns ［J］. Review of Financial Studies, 1991, 7 (3): 507-538.

［88］ Lisi F. Testing Asymmetry in Financial Time Series ［J］. Quantitative Finance, 2007 (7): 687-696.

［89］ Lizardo R A, Mollick A V. Oil Price Fluctuations and U. S. Gollar Exchange Rates ［J］. Energy Economics, 2010, 32 (2): 399-408.

［90］ Mandelbrot B. The Stable Paretian Income Distribution when the Apparent Exponent is Near Two ［J］. International Economic Review, 1963, 4 (1): 111-115.

［91］ Martellini L, Ziemann V. Improve Destimates of Higher-order Comments and Implications for Portfolio Selection ［J］. Reviewof Financial Studies, 2010, 23 (4): 1467-1502.

［92］ McKinnon Ronald, Pill Huw. Financial Deregulation and Integration in East Asia ［M］. University of Chicago Press, 1996.

［93］ McNeil Alexander, Frey R. Estimation of Tail-related Risk Measures for Heteroscedastic Financial Time Series: An Extreme Value Approach ［J］. Journal of Empirical Finance, 2000, 7 (3): 271-300.

［94］ Menkhoff L, Sarno L, Schmeling M, et al. Carry Trades and Global Foreign Exchange Volatility ［J］. Journal of Finance, 2012, 67 (2): 681-718.

［95］ Michael B. The Skewness Risk Premium in Currency Markets ［J］. Economic Modelling, 2016, 58 (3): 494-511.

［96］ Micheal Crouhy, Dan Galai, Robert Mark. Risk Management ［M］. McGraw-Hiall Company, 2001.

［97］ Mike K, Philip L. Empirical Analysis of GARCH Models in Value at Risk Estimation ［J］. Journal of International Financial Markets, Institutions and Money, 2008, 75 (16): 180-197.

［98］ Nelson D B. Stationary and Persistence in the GARCH (1, 1) Model ［J］. Econometric Theory, 1990, 6 (3): 318-334.

［99］ Nguyen H, Faff R. Can the Use of Foreign Currency Derivatives Explain Variations in Foreign Exchange Exposure? Evidence from Australian Companies ［J］.

Journal of Multinational Financial Management, 2003, 13 (3): 193-215.

[100] NgV, Pirrong S C. Fundamentals and Volatility: Storage, Spreadsand the Dynamics of Metals Prices [J]. Journal of Business, 1994, 67 (2): 203-330.

[101] Parsons C R, Sato K. New Estimates of Exchange Rate Pass-Through in Japanese Exports [J]. International Journal of Finance & Economics, 2008, 13 (2): 174-183.

[102] Peiró A. Skewness in Financial Returns [J]. Journal of Banking and Finance, 1999, 23 (6) : 847-862.

[103] Pindyck R S. Inflation and the Stock Market [J]. American Economic Review, 1984, 74 (3): 335-351.

[104] Pippenger Michael K. A Cointegration tests of Purchasing Power Parity: The Case of Swiss Exchange Rates [J]. Journal of International Money and Finance, 1993, 12 (1): 46-61.

[105] Praetz P D. The Distribution of Share Price Changes [J]. The Journal of Business, 1972, 45 (1) : 49-55.

[106] Premaratne G, Bera A. A Test for Symmetry with Leptokurtic Financial Data [J]. Journal of Financial Econometrics, 2005 (3): 169-187.

[107] Rafferty B. Currency Returns, Skewness and Crash Risk [R]. Duke Vniversity Paper, 2012.

[108] Reboredo J C, Ugolini A. Quantile Dependence of Oil Price Movements and Stock Returns [J]. Energy Economics, 2016, 54: 33-49.

[109] Rodriguez R M. Management of Foreign Exchange Risk in the US [J]. Journal of Financial and Quantitative Analysis, 1974, 9 (5): 849-857.

[110] Romer D. Rational Asset Price Movements without News [J]. American Economic Review, 1993, 83 (5): 1112-1130.

[111] Ross S A. Institutional Markets, Financial Marketing, and Financial Innovation [J]. Journal of Finance, 1989, 44 (3): 541-556.

[112] Rubinstein M. A Mean-Variance Synthesis of Corporate Financial Theory [J]. The Journal of Finance, 1973, 28 (1) : 167-181.

[113] Sabiruzzaman M, Huq M M, Beg R A, et al. Modeling and Forecasting Trading Volume Index: GARCH Versus TGARCH Approach [J]. Quarterly Review of

Economics and Finance, 2010, 50 (2): 141-145.

[114] Salant W. Stephen, Henderson W. Dale. Market Anticipations of Government Policies and the Price of Gold [J]. Journal of Political Economy, 1978, 86 (4): 627-648.

[115] Samulson P. The Fundamental Approximation of Theorem of Portfolio Analysis in Terms of Means, Variance and Higher Moments [J]. Review of Economic Studies, 1970 (37) : 537-542.

[116] Shioji E. Time Varying Pass-Through: Will the Yen Depreciation Help Japan Hit the Inflation Target? [J]. Journal of the Japanese and International Economies, 2015 (37): 43-58.

[117] Siddique A, Harvey C. Autoregressive Conditional Skewness [J]. Journal of Finance and Quantitative Analysis, 1999, 34 (4) : 465-487.

[118] Smith Christine. Location Analysis and General Theory : Economic, Political, Regional, and Dynamic [M]. New York: New York University Press, 1990.

[119] Solnik Bruno. Using Financial Prices to Test Exchange Rate Models: A Note [J]. The Journal of Finance, 1987, 42 (1): 141-149.

[120] Tasy R. Analysis of Financial Time Series [M]. New York: Wiley, 2010.

[121] Tekin B, Yazgan M E. Exchange Rate Pass-Thought in Turkish Export and Import Price [J]. Applied Economics, 2009, 41 (17): 2221-2228.

[122] Tully E, Lucey M. A Power GARCH Examination of the Gold Market [J]. Research in International Business and Finance, 2007, 21 (2): 316-325.

[123] Verhoeven P, McAleer M. Fat Tails and Asymmetry in Financial Volatility Models [J]. Mathematics and Computers in Simulation, 2004, 64 (3): 351-362.

[124] Wang B Q, Cao T T, Shu W. The Researches on Exchange Rate Risk of Chinese Commercial Banks Based on Copula-Garch Model [J]. Modern Economy, 2014, 5 (5): 541-551.

[125] Wei Y. , Wang Y. D. , Huang D. S. Forecasting Crude Oil Market Volatility: Further Evidence Using GARCH-class Models [J]. Energy Economics, 2010, 32 (6): 1477-1484.

[126] Xu J G. Pice Cnvexity and Sewness [J]. Jurnal of Fnance, 2007, 62

（5）：2521-2552.

［127］Yasushi H，Masulis R，Victor N. Correlations in Price Changes and Volatility Across International Stock Markets ［J］. Review of Financial Studies，1990，3（2）：281-307.

［128］Tsay. 金融时间序列分析［M］. 北京：人民邮电出版社，2012.

［129］蔡光辉，廖亚琴. 基于结构突变的动态高阶矩 RealizedEGARCH 模型及应用［J］. 数量经济技术经济研究，2021，38（1）：157-172.

［130］曹伟，申宇. 人民币汇率传递、行业进口价格与通货膨胀：1996～2011［J］. 金融研究，2013（10）：68-80.

［131］陈斌开，万晓利，傅雄广. 人民币汇率、出口品价格与中国出口竞争力：基于产业层面数据的研究［J］. 金融研究，2010（12）：30-42.

［132］陈创练，张年华，黄楚光. 外汇市场、债券市场与股票市场动态关系研究［J］. 国际金融研究，2017（12）：83-93.

［133］陈锋，高展军. 上海金属期货与现货市场非对称波动溢出效应的实证研究［J］. 统计与决策，2010（17）：150-152.

［134］陈昊，陈平，杨海生，等. 离岸与在岸人民币利率定价权的实证分析：基于溢出指数及其动态路径研究［J］. 国际金融研究，2016（6）：86-96.

［135］陈六傅，刘厚俊. 人民币汇率的价格传递效应：基于 VAR 模型的实证分析［J］. 金融研究，2007（4）：1-13.

［136］陈秋雨，周生春. 中国黄金期货市场鞅式弱有效检验［J］. 财贸经济，2011（1）：72-78.

［137］陈守东，陈雷，刘艳武. 中国沪深股市收益率及波动性相关分析［J］. 金融研究，2003（7）：80-85.

［138］陈守东，俞世典. 基于 GARCH 模型的 VaR 方法对中国股市的分析［J］. 吉林大学社会科学学报，2002（4）：11-17.

［139］陈硕，王聪. 人民币汇率风险及其非对称性的实证研究［J］. 南方金融，2008（11）：18-20+49.

［140］陈翔，万鹏. 代理成本、媒体关注与股价暴跌风险［J］. 会计与经济研究，2016（3）：45-65.

［141］崔金鑫，邹辉文. 中国股市行业间高阶矩风险溢出效应研究［J］. 系统科学与数学，2020（7）：1178-1204.

［142］丁志杰．我国外汇储备激增的成因与对策［J］．国际贸易，2006（9）：33-37.

［143］董兵兵．债市与股市波动溢出的新特征：基于希腊数据的经验［J］．上海金融，2012（4）：71-73.

［144］樊智，张世英．VaR 的波动持续性研究［J］．系统工程理论方法应用，2002（4）：270-274.

［145］方立兵，曾勇．股市收益率高阶矩风险的产生机制检验［J］．中国管理科学，2016（4）：27-36.

［146］冯菊平．国际游资与汇率风险［M］．北京：中国经济出版社，2006.

［147］傅强，梁巧，袁晨．中国汇率收益率及波动的周内效应实证研究［J］．重庆大学学报（社会科学版），2013（1）：57-63.

［148］甘斌．人民币汇改后江苏省上市公司整体外汇风险研究［J］．苏州大学学报（哲学社会科学版），2010（5）：58-60.

［149］高爱武，王庆松，范致镇．离岸人民币市场与在岸市场联动关系研究［J］．金融纵横，2017（2）：4-17.

［150］龚锐，陈仲常，杨栋锐．GARCH 族模型计算中国股市在险价值（VaR）风险的比较研究与评述［J］．数量经济技术经济研究，2005，31（7）：67-81+133.

［151］龚玉婷．次贷危机在黄金、原油和外汇市场的风险传染和波动溢出［J］．经济经纬，2013（2）：150-154.

［152］古斯塔夫·卡塞尔．1914 年以后的货币和外汇［M］．姜井勇，译．北京：商务印书馆，2016.

［153］郭珺，滕柏华．人民币与欧元、美元、日元之间的汇率联动分析［J］．经济问题，2011（7）：95-99.

［154］韩继云．外商投资企业出口收汇核销中存在的问题及对策［J］．国际贸易探索，1991（5）：42-43+36.

［155］何德旭，苗文龙．国际金融市场波动溢出效应与动态相关性［J］．数量经济技术经济研究，2015（11）：23-40.

［156］黄学军，吴冲锋．离岸人民币非交割远期与境内即期汇率价格的互动：改革前后［J］．金融研究，2006（11）：83-89.

［157］黄志刚，耿庆峰，吴文平．人民币即期汇率与境内外远期汇率动态相

关性研究［J］. 金融经济学研究，2014（1）：109-119.

［158］江孝感，蔡宇. 向量 MRS-GARCH 模型波动持续性研究［J］. 管理科学学报，2011（8）：54-64.

［159］蒋翠侠. 金融风险持续性及其规避策略研究［J］. 数学的实践与认识，2007（13）：13-22.

［160］蒋先玲，王婕. 渐进式汇改背景下的中国商业银行汇率风险研究［J］. 国际贸易问题，2017（6）：155-165.

［161］蒋治平. 我国国债市场分割下的波动溢出效应研究［J］. 统计与决策，2009（1）：82-84.

［162］李成，马文涛，王彬. 我国金融市场间溢出效应研究：基于四元 VAR-GARCH（1，1）-BEKK 模型的分析［J］. 数量经济技术经济研究，2010（6）：3-19.

［163］李芳，李秋娟. 人民币汇率与房地产价格的互动关系：基于 2005—2012 年月度数据的 MS-VAR 模型分析［J］. 国际金融研究，2014（3）：86-96.

［164］李广学，严存宝. 国际金融学［M］. 北京：中国金融出版社，2013.

［165］李汉东，张世英. 存在方差持续性的资本资产定价模型分析［J］. 管理科学学报，2003，6（1）：75-80.

［166］李汉东，张世英. 具有方差续性的套利定价模型研究［J］. 系统工程理论与实践，2002（6）：39-44，52.

［167］李婧，吴远远，赵啟麟. 在岸人民币市场与香港离岸市场汇率溢出效应和联动机制研究："8·11" 汇改前后的比较［J］. 世界经济研究，2017（9）：13-24，135.

［168］李雪莲，刘梅，李健. 商业银行汇率风险暴露系统估计及其规避之浅见［J］. 现代财经（天津财经大学学报），2010（12）：23-29.

［169］李政，郝毅，袁瑾. 在岸离岸人民币利率极端风险溢出研究［J］. 统计研究，2018，35（2）：29-39.

［170］李仲飞，姚京. 中国沪深股市整合性的实证分析［J］. 管理评论，2004，16（1）：27-30+63-64.

［171］林文生，程阳. 人民币汇率长短期变动与房地产股指收益率的关系研究：基于 MSBVAR 模型［J］. 武汉金融，2017（6）：15-19.

［172］刘东旭. 人民币实际有效汇率与中国大宗商品价格指数联动关系实证

分析 [J]. 浙江金融, 2016 (3): 17-24.

[173] 刘辉. 离岸人民币市场与在岸市场互动机制的实证分析 [J]. 宏观经济研究, 2014 (1): 89-96+143.

[174] 刘姝伶, 温涛, 葛军. 人民币汇率预测及方法选择: 基于 ARIMA 与 GARCH 模型 [J]. 技术经济与管理研究, 2008 (4): 91-93.

[175] 刘思跃, 杨丹. 汇率变动、外汇风险暴露与上市公司价值: 基于制造业行业的实证分析 [J]. 证券市场导报, 2010 (10): 46-51+58.

[176] 刘杨树, 郑振龙, 张晓南. 风险中性高阶矩: 特征、风险与应用 [J]. 系统工程理论与实践, 2012, 32 (3): 647-655.

[177] 陆静, 杨斌. 商业银行汇率风险的 VAR-GARCH (1, 1) 模型计量 [J]. 重庆大学学报 (社会科学版), 2013, 19 (5): 66-72.

[178] 吕永健, 王鹏, 胡颖毅. 基于 TGARCHSK 模型的外汇市场极端风险测度研究 [J]. 系统管理学报, 2017, 26 (2): 234-244.

[179] 罗贤东. 汇率与大宗商品、黄金和石油价格的关系研究 [J]. 财政研究, 2011 (1): 20-22.

[180] 潘亚琼. 企业外汇风险评估: 以钢铁行业为例 [J]. 经济与管理研究, 2008 (11): 71-74.

[181] 申建平, 孙菲, 黄敏. 基于 M-Copula-GJRSK-M 模型的沪深两市的相依性分析 [J]. 重庆工商大学学报 (社会科学版), 2014, 31 (1): 16-21.

[182] 师丽霞, 孟浩. 香港离岸人民币市场发展对内地金融市场稳定的影响分析 [J]. 海南金融, 2011 (5): 46-48.

[183] 石泽龙, 程岩. 基于 ARFIMA-HYGARCH-M-VaR 模型的亚洲汇率市场均值和波动过程的双长期记忆性测度研究 [J]. 经济数学, 2013 (1): 67-73.

[184] 史代敏, 田乐蒙, 刘震. 中国股市高阶矩风险及其对投资收益的冲击 [J]. 统计研究, 2017, 34 (10): 66-76.

[185] 宋琴. 汇率与股价波动: 基于中国与日本高频数据的 ARCH 检验 [J]. 重庆工商大学学报 (自然科学版), 2010, 27 (3): 314-318.

[186] 宋清华, 黄峰. 境内外人民币即期汇率与远期汇率动态关系的实证检验 [J]. 统计与决策, 2017 (5): 169-171.

[187] 苏振峰. 我国大宗商品国际定价权困境成因及解决路径探析 [J]. 经济问题探索, 2011 (4): 108-110.

[188] 孙春. 中国碳市场与 EU 碳市场价格波动溢出效应研究 [J]. 工业技术经济, 2018, 37 (3): 97-105.

[189] 唐勇, 张世英, 张瑞锋. 基于高频方差持续的资本资产定价模型研究 [J]. 系统工程理论与实践, 2006 (10): 9-16.

[190] 田凤平, 李仲飞. 考虑结构突变的人民币远期外汇市场无偏性研究 [J]. 上海财经大学学报 (哲学社会科学版), 2012, 14 (4): 72-79.

[191] 田玲. 德国商业银行风险管理研究 [M]. 北京: 科学出版社, 2004.

[192] 万晓莉, 陈斌开, 傅雄广. 人民币进口汇率传递效应及国外出口商定价能力: 产业视角下的实证研究 [J]. 国际金融研究, 2011 (4): 18-29.

[193] 汪素南, 潘云鹤. 美国股市与中国股市间溢出效应的实证研究 [J]. 浙江大学学报 (工学版), 2004, 38 (11): 42-46.

[194] 王春好, 徐静. 香港和境内人民币远期汇率的溢出效应研究 [J]. 武汉金融, 2015 (4): 21-24.

[195] 王鹏, 蒋焰, 吴金宴. 原油价格与世界股票市场之间的高阶矩相依性研究 [J]. 管理科学, 2017, 30 (3): 136-146.

[196] 王鹏, 王建琼, 魏宇. 自回归条件方差—偏度—峰度: 一个新模型 [J]. 管理科学学报, 2009 (5): 121-129.

[197] 王鹏. 基于时变高阶矩波动模型的 VaR 与 ES 度量 [J]. 管理科学学报, 2013 (2): 33-45.

[198] 王绍洪, 齐子漫, 陈灿平. 股票市场、汇率和房地产对中国货币需求影响的实证分析 [J]. 软科学, 2013, 27 (3): 70-75.

[199] 王昭伟. 外汇市场的协同波动与联合干预 [J]. 国际金融研究, 2011 (6): 50-58.

[200] 吴菲菲, 李媛. 中国股票市场的汇率风险研究 [J]. 技术经济与管理研究, 2016 (9): 83-87.

[201] 吴强. 经济发展中的资本积累 [M]. 北京: 中国金融出版社, 1993.

[202] 吴晓, 谢赤. 人民币汇率行为描述与风险管理——汇率风险套期保险研究 [M]. 长沙: 湖南人民出版社, 2010.

[203] 夏仕龙. 推广的高阶 CAPM 理论模型及其实证检验 [J]. 数量经济研究, 2021, 12 (4): 1-16.

[204] 肖卫国, 兰晓梅. 人民币汇率预期对我国房地产价格影响的非线性机

制研究：基于 STR 模型的分析 [J]. 软科学，2017，31（12）：129-133.

[205] 谢赤，张鹏，曾志坚. 开放进程中人民币汇率间相依性研究：基于动态 COPULA-GJR-T 模型的分析 [J]. 金融经济学研究，2014（1）：79-89.

[206] 徐文舸. 人民币汇率价格信息传导机制的实证研究：基于离岸和在岸的远期市场 [J]. 投资研究，2014（11）：58-71.

[207] 徐文舸. 人民币汇率价格信息传导机制的实证研究：基于离岸和在岸的远期市场 [J]. 投资研究，2014，33（11）：58-71.

[208] 许启发. 高阶矩波动性建模及应用 [J]. 数量经济技术经济研究，2006，23（12）：135-145.

[209] 严佳佳，孙莉莉，黄文彬. 香港离岸人民币市场利率与汇率的联动效应 [J]. 金融论坛，2015（8）：57-65.

[210] 严敏，巴曙松. 境内外人民币远期市场间联动与定价权归属：实证检验与政策启示 [J]. 经济科学，2010（1）：72-84.

[211] 杨娇辉，王曦，王凯立. 人民币境内外远期外汇市场有效性之动态比较分析 [J]. 中山大学学报（社会科学版），2015，55（4）：184-197.

[212] 杨雪峰. 离岸人民币市场发展对我国货币政策的影响 [J]. 世界经济研究，2016（5）：11-17+134.

[213] 杨子晖，温雪莲. 价格国际传递链中的"中国因素"研究：基于非线性 Granger 因果检验 [J]. 统计研究，2010（2）：87-93.

[214] 易文德. 基于高阶矩波动和 Copula 函数的相依性模型及其应用 [J]. 管理评论，2012（1）：58-66.

[215] 余豪. 高阶矩风险被理性定价了吗?：来自中国 A 股市场的证据 [J]. 经济论坛，2017（1）：77-79+98.

[216] 余永定，肖立晟. 人民币汇率形成机制改革方向 [J]. 中国经济报告，2017（2）：4-5.

[217] 袁增霆. 全球化下的初级商品价格与实际汇率 [J]. 国际金融研究，2010（7）：51-57.

[218] 张大永，姬强. 中国原油期货动态风险溢出研究 [J]. 中国管理科学，2018（11）：42-49.

[219] 张海波，陈红. 人民币汇率风险度量研究：基于不同持有期的 VaR 分析 [J]. 宏观经济研究，2012（12）：25-31+67.

［220］张红地，钟祝赞．在岸人民币市场与香港离岸人民币市场联动关系的实证研究［J］．金融教育研究，2014（4）：8-14.

［221］张化桥．"双轨制"本身就是扭曲［J］．金融研究，1987（11）：26-27.

［222］张杰．时变、资产价格与通胀对冲：基于 MS-VECM 模型实证［J］．西部金融，2018（9）：8-15.

［223］张龙斌，王春峰，房振明．考虑基差对高阶矩影响的市场风险度量研究［J］．系统工程学报，2010（2）：222-227.

［224］赵丹丹，丁建臣．我国商业银行系统性高阶矩风险测度研究：基于 CCA 拓展模型的分析［J］．工业技术经济，2018（5）：79-87.

［225］赵华．人民币汇率与利率之间的价格和波动溢出效应研究［J］．金融研究，2007（3）：41-49.

［226］赵磊，陈果．我国股票市场的有效性分析［J］．陕西财经大学学报，2012（S4）：18-20.

［227］赵胜民，谢晓闻，方意．人民币汇率定价权归属问题研究：兼论境内外人民币远期外汇市场有效性［J］．经济科学，2013（4）：79-92.

［228］甄宗政．人民币汇率的均值回复检验及 Hurst 指数计算［J］．现代经济信息，2016（1）：274-275.

［229］郑振龙，孙清泉，吴强．方差和偏度的风险价格［J］．管理科学学报，2016（12）：110-123.

［230］郑振龙，郑国忠．隐含高阶协矩：提取、分析及交易策略［J］．统计研究，2017（4）：101-111.

［231］中国工商银行江苏省分行课题组，姜乔，顾柳柳．汇率风险与商业银行外汇资产结构优化［J］．金融论坛，2017（6）：61-68.

［232］周爱民，韩菲．股指期货与现货市场的风险溢出研究［J］．财贸经济，2017（8）：52-65.

［233］周浩．中国商业银行汇率风险研究［D］．西南财经大学博士学位论文，2009.

［234］周先平，向古月，皮永娟．不同类型人民币离岸金融市场之间风险传递路径研究［J］金融理论探索，2019（2）：24-33.

［235］朱钧钧，刘文财．香港人民币外汇期货市场对离岸人民币汇率的影响

研究［J］. 上海金融，2013（12）：116-119.

［236］朱新玲，黎鹏. 人民币汇率波动高阶矩风险的测度研究［J］. 区域金融研究，2015（4）：17-21.

［237］朱新玲，黎鹏. 人民币汇率高阶矩风险的持续性研究［J］. 金融与经济，2015（3）：6-8+27.

［238］朱新玲，黎鹏. 人民币汇率高阶矩风险的持续性研究［J］. 金融与经济，2015（3）：6-8.

［239］邹宏元，崔冉. 实际汇率和关税税率变动对中国进出口的影响［J］. 数量经济技术经济研究，2020（2）：143-161.

［240］邹宏元，罗大为. 人民币分行业实际有效汇率及其对我国各行业出口量的影响［J］. 数量经济技术经济研究，2014（11）：37-52.

［241］邹宏元，罗大为. 中国分行业名义有效汇率研究［J］. 国际金融研究，2013（9）：43-55.

［242］邹宏元，文博，邓晓霞. 金融风险管理［M］. 成都：西南财经大学出版社，2010.

［243］邹宏元，张杰. 国内投资视角下的外汇避险能力研究［J］. 财经问题研究，2019（5）：73-79.

［244］邹宏远，张杰，王挺. 中国分行业的汇率传递机制研究：基于出口价格角度［J］. 财经科学，2017（12）：40-54.